Mujer, deseo y placer

Mujer, deseo y placer

Mireia Darder
Luana Salvadó
Eugènia Gallifa

VERGARA

Papel certificado por el Forest Stewardship Council®

Primera edición: julio de 2018

© 2018, Mireia Darder, Luana Salvadó y Eugènia Gallifa
© 2018, Penguin Random House Grupo Editorial, S. A. U.
Travessera de Gràcia, 47-49. 08021 Barcelona
© 2018, Luana Salvadó, por las ilustraciones

Printed in Spain – Impreso en España

ISBN: 978-84-16076-46-8
Depósito legal: B-10.587-2018

Compuesto en Comptex & Associats S. L.

Impreso en Black Print CPI Ibérica
Sant Andreu de la Barca (Barcelona)

VE 76468

Penguin
Random House
Grupo Editorial

A todas las mujeres.
Para que re-conozcan y re-descubran
su sexualidad y disfruten de ella plenamente

Índice

Pero sabemos que el hombre de piel blanca no puede entender nuestra manera de ser. Para él, la Tierra no es su hermana, sino su enemiga. Trata a la madre Tierra y al hermano cielo como si fueran objetos que se compran y se venden [...].

Su hambre inmensa devorará la Tierra, y tras de sí dejará solo un desierto [...]. No hay ningún lugar tranquilo en las ciudades del hombre de piel blanca, ningún lugar donde se pueda escuchar en la primavera cómo se abren las hojas de los árboles [...]. Hace falta que enseñéis a vuestros hijos [...] que la Tierra es nuestra madre. Todo lo que acontece a la Tierra, acontecerá a sus hijos. Cuando los hombres escupen a la Tierra, se están escupiendo a ellos mismos [...].

Sabemos una cosa: la Tierra no pertenece al hombre, es el hombre el que pertenece a la Tierra.

Discurso del indio Seattle

Introducción

Por Mireia Darder

Una vez terminado mi libro, *Nacidas para el placer*, un terapeuta amigo mío me sugirió que impartiera talleres de sexualidad femenina; pero «prácticos», puntualizó. Y me contaba que cuando tenía pacientes con problemas sexuales y las mandaba a alguno de los cursos que había disponibles en aquel momento, no les servían de mucho ya que «solo explicaban teoría». Así que intenté dar respuesta a esta aparente necesidad social, realizando talleres vivenciales de sexualidad femenina, y para asegurarme de ofrecer una formación más amplia e inclusiva, le pedí a Luana Salvadó que se uniera al proyecto. Yo sabía que Luana era sexóloga y que, por lo tanto, debía de tener un conocimiento sobre el cuerpo femenino del que, desde luego, yo carecía. Por otro lado, ella tenía veinte años menos que yo, lo que garantizaba una manera distinta de vivir y entender la sexualidad. En seguida, empezamos a dar cursos sobre sexualidad femenina que fueron todo un éxito. Aprendimos qué significaba tener una sexualidad distinta de la patriarcal, es decir, una sexualidad femenina que nos perteneciera y que nos empoderara. Poco después pensé en Eugènia Gallifa, que se había recorrido todas las escuelas de Tantra de la ciudad para poder experimentarlo en su propia piel, y la invité a colaborar con nosotras en estos talleres. Me parecía que el Tantra podía aportar una mirada que coincidía plenamente con la que ya ofrecíamos y que podía convertirse en el eslabón que nos faltaba a la hora de crear una formación en sexualidad femenina más abierta e innovadora. Y así es como tres mujeres tan diferentes coincidimos en el espacio y en el tiempo para crear unos cursos que transforman y enriquecen a todas las que se atreven a probarlos. Y justo cuando nos pusimos manos a la obra en la creación de unos apuntes para dicha formación, apareció Yolanda Cespedosa —nuestra editora actual—. Era el momento más oportuno, el momento perfecto y, como tal, Yolanda nos planteó la genial idea de transformar aquellos apuntes en un libro. ¿Qué mejor que hacer un libro a modo de continuación de *Nacidas para el placer*? Al fin y al cabo, como ella nos aseguró, tras leer esta primera obra, una parece quedarse con la incógnita de cómo llevar a la práctica todo lo que aparece en ella. Y este es justamente el libro que tienes en las manos. Un libro lleno de propuestas prácticas que podrás poner en marcha de inmediato.

En este libro hemos querido aunar las tres visiones distintas que nos caracterizan: la feminista y más política; la fisiológica, desde la sexológica, y, por supuesto, la tántrica. No sabría decir si lo hemos conseguido o no, porque, a veces, nos han parecido totalmente incompatibles y, en cambio, en otras ocasiones era obvio que en el fondo todas hablábamos de lo mismo. Pero lo importante es que hemos querido ofrecerte una visión eminentemente práctica acerca de cómo trabajamos la sexualidad y cómo puedes mejorarla. Es obvio que muchas de las ideas que aparecen en el libro se pueden practicar y que, solo por el mero hecho de verlas plasmadas en un papel, no te van a cambiar la vida. No obstante, sí que te pueden abrir una pequeña puerta pues, como decimos a lo largo de todo el libro, el sexo es un aprendizaje y, si no lo practicas, nunca lo aprenderás. ¡Atrévete!

Por Luana Salvadó

En las conferencias y talleres de sexualidad femenina que llevo años impartiendo junto a Mireia Darder, siempre digo que explorar nuestra propia sexualidad es uno de los caminos que llevan al maravilloso viaje del autoconocimiento. Y aunque el mío se inició hace muchos años, el día que Mireia me propuso impartir junto a ella talleres de sexualidad dirigidos exclusivamente a mujeres, se abrió ante mí un nuevo mundo que aunaba lo personal con lo profesional y que sigue logrando fascinarme encuentro tras encuentro. Por esta razón, entre otras, le estoy tremendamente agradecida por confiar y contar conmigo.

Son ya varios años los que vamos llevando a cabo este taller y en cada uno de ellos se produce la magia de lo humano, de lo femenino. A lo largo de cada uno, Mireia y yo nos dábamos cuenta de que lo que ocurría era que se estaba creando una sexualidad nueva, más real. Y tan solo estaba iniciándose ¡a lo largo de un único fin de semana! Poder observar y formar parte de este proceso es muy gratificante y este es el motivo que nos ha llevado a ampliar la duración de los talleres, convirtiéndolos en formación, contar con la colaboración y aportación de otra mujer maravillosa, como es Eugènia Gallifa, y embarcarnos en la redacción de este libro.

En los talleres, siempre intento transmitir dos ideas que, a mi parecer, son claves. La primera, es que todas somos normales. Aunque debo añadir que, en la medida de lo posible, preferimos alejarnos de este tipo de términos que no ayudan demasiado a la naturalización de ciertas prácticas, gustos o formas de ser y estar en el mundo. A lo que me refiero con esta afirmación es que, lo que te pasa a ti, le pasa con toda seguridad a alguien más ahí fuera. No eres rara. O quizá sí, en tu auténtica esencia, pero ¡qué más da! Lo importante es que te sientas «normal», escuchada, comprendida y apoyada por tus hermanas mujeres, que es justo lo que ocurre en nuestros talleres.

Solemos considerar problemáticos muchos de los supuestos trastornos que se producen, tanto en el ámbito personal como en el relacional, porque alguien de nuestro entorno (familia, amigos, sociedad, etc.) nos ha hecho creer que lo es. Pero ¿es así realmente?, ¿lo es para ti? Se trata, por lo tanto, de tomar conciencia de la situación en la que nos encontramos. Detectarla, reconocerla, darle un sentido, extraer un aprendizaje y, finalmente, resolverla y/o aceptarla.

La segunda idea clave para disfrutar de una sexualidad plena en el ámbito conductual —emocional, mental y sensorial—, la resumo en esta frase: «Para disfrutar del sexo, hay que ser egoísta compartiendo el placer». Y para eso hay que conocerse: saber quién eres, qué quieres y cómo puedes conseguirlo.

Yo tuve la suerte de adentrarme en el camino del autoconocimiento desde muy joven, pero lo cierto es que se trata de un proceso que continúa a lo largo de toda nuestra vida. En mi caso, algunos años después de terminar la licenciatura de Psicología y movida por mi afán de conocimiento, además de por algunas cuestiones personales vinculadas a la sexualidad y las relaciones, decidí especializarme en Sexualidad Humana y Terapia de pareja. Fue un camino muy gratificante, iniciado desde la voluntad y apoyado por esas pequeñas causalidades mágicas que te hacen darte cuenta de que todo es perfecto y que estás exactamente en el lugar que el destino ha previsto para ti.

Más tarde completé todo este saber con otras formaciones, como la Terapia Corporal y la Astrología Psicológica que, combinadas con mi dedicación a la danza desde los cuatro años de edad, me han hecho la persona y la profesional que soy en la actualidad.

Mi aportación a este libro, al igual que en los talleres, es el saber más técnico o científico. No obstante, como descubrirás a medida que vayas adentrándote en su lectura, mi verdadera misión es facilitarte todo este conocimiento para, justo después, cuestionar su influencia sobre nosotras. En mi opinión, es imprescindible restar la importancia excesiva que la ciencia ha querido imponer sobre todos los ámbitos y entender que las personas somos mucho más que un cuerpo físico. Somos energía, y nos movemos por la motivación y el deseo de querer hacer o evitar algo. Es de suma importancia para este viaje que entendamos las funciones más básicas —como la anatomía y el funcionamiento físico de nuestro cuerpo— para poder ir escalando y comprendiendo que la clave, al final, está en conocerse, entenderse y aceptarse. Aprender cómo funcionamos nos da el poder de la tranquilidad, y créeme cuando te digo que estar y sentirse tranquila es uno de los mayores regalos que podemos hacernos a nosotras mismas porque nos da libertad, y esta nos empodera.

Con el presente libro queremos que inicies, o continúes, tu viaje de autoconocimiento sexual y que descubras nuevas sendas por las que pasear acompañada por tres guías que esperan poder aportar algo más de claridad a este camino en constante evolución. Pero, sobre todo, lo que más nos importa es que disfrutes de ser quien eres durante todo el viaje. ¡Feliz lectura!

Por Eugènia Gallifa

El libro que tienes en las manos quiere ser la continuación de *Nacidas para el placer,* de Mireia Darder. A muchas mujeres, este libro nos tocó, nos sentimos identificadas, nos empoderó... ¡y lo quisimos introducir en nuestra vida!

La mayoría de las mujeres solemos entrar en la sexualidad compartida de la mano de un hombre. Por lo general, no sabemos —ni él ni nosotras mismas— lo suficiente sobre cómo funciona nuestra energía sexual femenina; tampoco conocemos nuestro cuerpo y mucho menos su potencial para el placer. Tenemos muchas fantasías, falsas creencias e ideas de lo que *debería ser* y, por desgracia, poca escucha y respeto hacia nuestras necesidades específicas como mujeres. Llegamos a nuestro despertar sexual torpes y temerosas, casi *a ciegas* y, por consiguiente, desperdiciamos nuestro gran potencial sexual.

A menudo, aceptamos una sexualidad muy limitada, consumista, lineal, falta de espontaneidad y liviandad, que no tiene en cuenta nuestros ritmos y nuestra esencia. Nos adaptamos, por lo tanto, a una sexualidad masculina empobrecida por falta de información, autoescucha y autoestima.

Es preciso que las mujeres y los hombres sepamos despertar la energía sexual femenina. Las mujeres necesitamos darle un espacio a nuestra sexualidad. La nuestra. La de cada una. Y que no es la que se nos ha impuesto desde el patriarcado. Para ello, debemos permitírnoslo. Permitirnos el tiempo y también el espacio. Y hacerlo juntas, en comunidad, de la mano. Tan solo de esta manera lograremos recuperar y restablecer nuestra sexualidad femenina.

Cuando era muy joven, un día de Sant Jordi, encontré un libro sobre sexualidad tántrica que me maravilló. ¡Al fin leía algo sobre sexualidad y relaciones afectivas que coincidía con mi sensibilidad y percepciones! Fue uno de esos momentos mágicos en que un libro te hace feliz, te hace sentir menos sola, te ayuda a expandirte y pone en palabras aquello que intuías, pero no te habías permitido sentir, decir o pedir hasta entonces. Mi sexualidad se enriqueció. Y desde hace algunos años, he comenzado a vivir el Tantra en talleres y formaciones. El aprendizaje es intenso y profundo.

Tras el éxito de los talleres iniciados por Mireia Darder y Luana Salvadó, en 2014 deciden lanzar una formación en sexualidad femenina a la que me invitan a participar para aportar la mirada tántrica. Y precisamente de ahí es de donde surge la idea para este libro, de la gestación de la propia formación, de los materiales que recopilamos, de las experiencias que vivimos en cada sesión... Esta obra pretende ser una «guía práctica» del libro *Nacidas para el placer*, de Mireia Darder, para que tú, mujer, puedas conocerte mejor, explorar nuevos caminos, experimentar, relajarte, respetarte y, sobre todo, desatar todo tu potencial para el placer. Queremos ayudar a despertar la energía sexual femenina. Queremos que, al leernos, sientas la hermandad entre las mujeres, que te sientas «una entre muchas», que te acompañe y te «sientas mujer entre mujeres». Queremos dar un lugar de honor a la vida que fluye en nosotras.

Mireia, Luana y yo somos tres mujeres apasionadas por la sexualidad femenina, aunque cada una con recorridos vitales distintos, sensibilidades diversas e, incluso, con una formación de lo más variada. Muy a menudo nuestras miradas convergen, otras veces no tanto. Lo verás a lo largo del libro. Y lo cierto es que nos parece interesante que así sea. Porque cada mujer es diferente, y cada momento vital también lo es. Lo que te resuena a los veinte años seguramente no es lo mismo que lo que te apetece a los cincuenta. Como tampoco es idéntico lo que necesitas cuando vives en pareja que cuando no.

Te proponemos que recorras estas páginas con la ingenuidad de una niña, con la ilusión y las ganas propias de la adolescencia y con la madurez de la maravillosa mujer en la que te has convertido. Léelo todo, empápate y cuestiónate, pero quédate solamente con aquello que te inspire. Con aquello capaz de abrir una ventana cuando todas las puertas parecían cerradas y que te dé nuevos permisos para ser quien eres. Queremos que con este libro te des la oportunidad de revisar tu historia sexual, la forma en la que has vivido tu sexualidad hasta ahora, la relación que tienes con tu cuerpo y con el gozo que puedes sentir si eres una con él.

Te proponemos que experimentes y tomes conciencia de qué es lo que te sirve en este preciso momento de tu vida y qué es lo que no. Queremos ayudarte a conocerte, a expandirte, atreverte y, sobre todo, a gozarte. Y si este libro te permite ser más libre y más feliz, celebrar tu cuerpo y la vida que late en él, nuestro objetivo se habrá cumplido. Si acabas sintiéndote un poco más «diosa» y más digna de ser quien eres, habremos conseguido nuestro cometido. Si este libro te sirve para amarte, respetarte y sentirte un poco más, estaremos enormemente dichosas y agradecidas de habernos cruzado en tu camino. ¿Iniciamos la aventura?

1

La sexualidad existente

El patriarcado.
Conociendo nuestra historia

En el período del Neolítico, el sistema social estaba fundamentado en la rendición de culto a la gran diosa. Esta era la señora de todas las cosas. Ella tenía el poder y mandaba sobre las estrellas y los cielos. Se la representaba con símbolos sagrados relativos al mundo natural: la serpiente, el becerro, la manzana y el árbol. Además, sus santuarios estaban situados en los bosques o en los deltas de los ríos. Ella era madre e hija, virgen y prostituta, doncella y arpía. Todo al mismo tiempo. Satisfacía las necesidades, pero también eran suyos el poder de la muerte y el horror de la descomposición y la aniquilación. Ella era inicio y fin.

Para rendirle culto, sus devotos tendían a realizar ceremonias y ritos de fertilidad en los que se entregaban a los placeres del cuerpo y de la sexualidad, pues a través de estos fertilizaban tanto la tierra como a la mujer. La diosa estaba asociada al poder de la naturaleza y a la capacidad de reproducirse a sí misma. La virgen era la única que podía satisfacer las necesidades, pues su imagen sincretizaba la vida, la fertilidad y la abundancia. Por lo tanto, aquello asociado a la naturaleza era sagrado. Se establecía, además, una unión con lo natural y se veneraba el cuerpo, porque representaba la conexión última con la naturaleza. Pero todo eso cambió con la llegada a Europa de los pueblos indoeuropeos, que, lejos de venir con las manos vacías, trajeron consigo a sus dioses masculinos, relegando a la diosa al papel de esposa y madre. Y es así como empezó la historia y la disociación del hombre con la naturaleza. En otras palabras: el patriarcado.

Según Marion Woodman,[1] antes de que el mito fuera tergiversado por el patriarcado, la palabra *virgen* encarnaba a la mujer que mantenía relaciones sexuales con todos, sin límites, y cuya sexualidad podía expresarse de forma abierta y carente de tabúes. Es decir, representaba una naturaleza preñada, libre y sin control del hombre. Según lo anterior, se puede comprender por qué la Virgen María tiene al niño Jesús sin san José, sino que es fecundada por el Espíritu Santo, que viene a representar el espíritu de la naturaleza.

Según explica Steve Taylor[2] en *La caída*, esta confianza ciega en la naturaleza se ve afectada por un drástico cambio climático en África. La tierra deja de ser fructífera y ya no puede proveer lo necesario para la subsistencia de las especies. Este cambio es interpretado como una traición. Se instaura la creencia de que no es posible confiar en ella ni en las diosas y, por lo tanto, no se puede confiar en las mujeres, ya que es a quienes representa. Además, con la instauración de la cultura judeocristiana y otras religiones monoteístas, los elementos sagrados que simbolizaban a las diosas, el cuerpo y la sexualidad, fueron asociados al pecado y a lo perverso, dando lugar a un cambio de paradigma. El paraíso se desvanece ante la mirada atónita del hombre, que poco puede hacer para evitarlo. Comienza una nue-

1. Woodman, Marion, *Adicción a la perfección*, Luciérnaga, Barcelona, 1994.
2. Taylor, Steve, *La caída*, Ediciones La Llave, Barcelona, 2008.

va era en la que este deberá acumular para poder subsistir y conquistar a otros pueblos. La agricultura se establece como forma primaria de sustento y se normalizan el trabajo y el esfuerzo como medios de supervivencia. Desaparece la confianza en lo natural y nace la idea de que el Cielo solo se gana con esfuerzo y sufrimiento.

Para Taylor,[3] a quien Darder cita en su libro,[4] este cambio trajo como consecuencia que las relaciones se vieran motivadas por un sentido de individualidad. La empatía y la cooperación pasaron a un segundo plano y empezaron a surgir «la codicia, la guerra sistemática, el caudillismo, las jerarquías, la opresión de unos sobre otros, la sumisión de la mujer, la represión sexual, el trabajo duro, la explotación de la naturaleza, la conquista... y los primeros imperios [...]».

Esta nueva forma de entender las relaciones y la vida cotidiana se pone al servicio de la acumulación y la conquista de otros territorios. La fuerza física, asociada a lo masculino, cobra vital importancia para la supervivencia y se instaura la ideología patriarcal como sistema económico. La razón prima sobre lo instintivo y surge la necesidad de controlar todo lo relacionado con la sexualidad y el cuerpo. La mujer —como representante de estos aspectos— pasa a ser objeto de control y dominación.

Como consecuencia de todos estos cambios, se establece la preponderancia masculina sobre la femenina, dando lugar a todo un sistema de creencias a su alrededor que lo justifique y garantice su estabilidad. Tal y como sugiere Taylor,[5] los tres pilares que subyacen a esta ideología son:

3. Entrevista a Steve Taylor en «La Contra», *La Vanguardia*, 28 de agosto de 2009.
4. Darder, Mireia, *Nacidas para el placer. Instinto y sexualidad en la mujer*, Rigden, Barcelona, 2014, p. 83.
5. Taylor, *op. cit.*

⅄ La guerra como medio para la resolución de conflictos.

⅄ La competencia es connatural a lo humano.

⅄ La supremacía del hombre sobre la mujer.

Este nuevo paradigma, además de impulsar la acumulación y la conquista de territorios, instaura la creencia de que es necesario negar la sexualidad de la mujer para controlar las dinámicas reproductivas y garantizar que quienes compartan el linaje sean los *elegidos* para continuar con la acumulación de la propiedad.

A estas alturas, probablemente te estarás preguntando: ¿para qué explicar todo esto en un libro de sexualidad femenina? Pues, precisamente, para ayudarte a entender que, en la actualidad, las cosas no son como son porque sí, sino que nuestra forma de vivir la sexualidad y organizarnos en sociedad es el reflejo de algo que ocurrió hace más de 6.000 años. De todas formas, es importante saber que, como señala Christopher Ryan,[6] el patriarcado apenas lleva en el mundo un tercio del tiempo que el hombre en la Tierra. Debemos entender que la patriarcal es solo una forma más de organizar las relaciones entre seres humanos. Porque el modo en que nos cuentan las cosas puede llevar a pensar que esta forma de relación es natural, única y hasta deseable. Muchas veces se intenta hacernos creer que las cosas siempre han sido así y que no existen alternativas, con el único objetivo de asegurar los intereses de unos pocos. Sin embargo, conocer nuestra historia y entender que en el pasado los humanos nos hemos relacionado de acuerdo con mecanismos mucho más cooperativos, en fusión con la naturaleza y sin necesidad de estructuras relacionales de poder entre hombres y mujeres que implicaran la sumisión de unos a otros, nos puede ayudar a vislumbrar nuevas perspectivas en torno a la sexualidad, el placer y las relaciones interpersonales.

6. Ryan, Christopher y Cacilda Jethá, *En el principio era el sexo. Los orígenes de la sexualidad moderna. Cómo nos emparejamos y por qué nos separamos*, Paidós, Barcelona, 2012.

Como señala Taylor en una entrevista para *La Vanguardia*:[7] «En mi libro, *La caída*, muestro que los humanos de los primeros tiempos se sentían uno con su entorno y no entraban en conflicto con otros grupos. Hemos perdido esa noción de estar conectados con la naturaleza y, por lo tanto, el respeto hacia ella. Debemos recuperar esa conexión».

¿En qué consiste en realidad el sistema patriarcal?

Lo que comúnmente conocemos como «patriarcado» no es sino una estructura organizativa que se sostiene por tres pilares básicos:

⅄ La monogamia.
⅄ La familia (para asegurar la crianza de los hijos).
⅄ La transmisión de la propiedad dentro del propio linaje.

Además, dentro de este sistema se establecen relaciones de poder desiguales que garantizan la superioridad del hombre sobre la mujer —que se presume propiedad del hombre—, naturalizando la violencia, la fuerza física y el abuso para que esto se cumpla.

En paralelo a esto, o incluso como fundamento ideológico de este sistema, encontramos las religiones monoteístas, con sus dioses supremos masculinos, que castigan y premian a sus adeptos en función de unas reglas divinas. Estas religiones han sido clave —y lo siguen siendo— en el sometimiento histórico de la mujer, dado que ella no es el prototipo de divinidad y, por lo tanto, debe someterse a la ley del hombre. Esta es la ley de la razón, de lo lógico y lo racional, a diferencia de las necesidades de la naturaleza y los instintos. Por

---

7. Entrevista a Steve Taylor en «La Contra», *La Vanguardia*, 28 de agosto de 2009.

consiguiente, la sexualidad deja de estar en la vida cotidiana y es relegada al campo de lo privado. La sexualidad se limita a espacios oscuros y ocultos. El placer se convierte en perversión y pecado, deja de tener un espacio físico y acaba siendo aquello que *solo ocurre durante la noche cuando nadie lo ve*. La sexualidad, al igual que el placer, pasa a ser un campo privado y controlado, situación que se justifica al asociar ideas como que «la vida placentera nos llevó a la ruina y nos dejó sin comer».

El sistema monogámico absorbe la función reproductora del sexo y la impone como ley. La sexualidad queda confinada al interior de la familia conyugal, siendo la alcoba de los padres o los confesionarios el único lugar en el que es reconocida. En la alcoba, el sexo contribuye a la causa política del porvenir y en los confesonarios permite afianzar el poder interior del Estado, que busca ordenar las fuerzas colectivas e individuales para obtener su propio beneficio.

En una de sus obras más conocidas, *Historia de la sexualidad*, Michel Foucault[8] hace mención a la negación de la sexualidad en nuestra sociedad cuando afirma que esta se ha utilizado a lo largo de la historia como una forma de control social. A través de ciertas normas de comportamiento comúnmente aceptadas, la sexualidad se traslada al ámbito de lo privado, pudiendo hablarse y ejercerse tan solo en el seno de la familia y en la confesión de los pecados. El Estado y la Iglesia constituyen una alianza, y la confesión pronto se convierte en la forma de controlar la esfera privada y saber lo que ocurre en ella.

Según Ryan,[9] una de las guerras más significativas de nuestra cultura, es la guerra en contra del placer y, por consiguiente, en contra también de la sexualidad como medio para obtenerlo. No solo se

---

8. Foucault, Michel, *Historia de la sexualidad, vol. I, La voluntad de saber*, Siglo XXI, Ciudad de México, 1998.
9. Ryan y Jethá, *op. cit.*

niega la posibilidad del placer a las mujeres, sino que se niega el espacio físico para la sexualidad en la vida cotidiana. Aún en la actualidad, gracias a los talleres que realizamos, nos damos cuenta de que el sexo sigue sin tener cabida en el seno de la familia, y suele permanecer en la sombra de lo privado. Lo que sí existe en nuestra cultura, sin embargo, es una profusión de películas y mensajes que muestran un ideal sexualizado, que cosifica a la mujer y que poco o nada tienen que ver con la realidad.

Consecuencias del sistema patriarcal

Uno de los pensadores que mejor ha definido en estos últimos años las implicaciones de la ideología patriarcal en el momento presente es el filósofo coreano afincado en Alemania Byung-Chul Han.[10] En su obra, *La sociedad del cansancio*, afirma que vivimos en una sociedad positiva, que intenta convencernos de que podemos conseguir todo lo que queramos, que tan solo depende de nosotros y de lo mucho que lo deseemos. Si bien Foucault se refería al hombre como *sujeto de obediencia*, Han habla de *sujetos de rendimiento*. El ser humano pasa a ser una herramienta al servicio de unos pocos y solo cuenta en función de los resultados obtenidos. El rendimiento se impone sin precedentes, ya que es mucho más efectivo, rápido y productivo que la obediencia. Pero la violencia y la presión por producir que se ejerce sobre los individuos genera inevitablemente enfermedades como la depresión que, en la actualidad, está alcanzando niveles pandémicos. Aun así, la psicología positiva sigue fomentando un modelo de sociedad en el que todos seamos sujetos activos y, por lo tanto, productivos. El trabajo lo ocupa todo y no se permite la relajación y, mucho menos, el vacío y la contemplación.

10. Han, Byung-Chul, *La sociedad del cansancio*, Herder, Barcelona, 2012, p. 28.

Estamos viviendo en la positividad del «si quieres, puedes», en la hiperresponsabilidad sobre nosotros mismos. Nos hemos convertido en presos y carceleros al mismo tiempo. Hemos perdido la posibilidad de conectar con el azar, con la sorpresa o incluso con el «si Dios quiere», que decían nuestras abuelas. Nos hemos olvidado de que hay cosas que no dependen de nosotros; de que si nos relajamos y simplemente observamos pueden aparecer cosas nuevas, distintas y maravillosas.

Con tanta hiperactividad, nuestros cuerpos se acaban tensando de tal manera que no nos podemos relajar y, por consiguiente, empezamos a tener problemas musculares. Es más, nos forzamos tanto que caemos en la depresión solo porque no nos permitirnos desconectar y relajarnos. Y, como no podía ser de otra manera, en este estado de estrés en el que vivimos, es muy difícil dar cabida a una sexualidad plena y placentera, porque para ello se requiere de un cuerpo relajado y sin estrés.

María Mes[11] contribuye al debate cuando afirma: «La miseria psíquica, la soledad, los miedos, las adicciones y dependencias, la infelicidad y la pérdida de identidad constituyen el precio que pagan los seres humanos de los ricos países industrializados por su nivel de vida siempre creciente».

No somos del todo consciente de ello, y nos estamos negando lo esencial para la vida: descanso, espacio para nosotras mismas y para nuestros hijos, tiempo de calidad para las relaciones humanas (comunidad, amistad, intimidad y, por supuesto, también sexo). El patriarcado no deja espacio ni tiempo de calidad para la vida, para las relaciones humanas, la sexualidad consciente, los partos respetuosos, la crianza saludable, el cuidado de enfermos y ancianos, y ni siquiera para la muerte consciente y respetuosa. Por el contrario, delega estos aspectos tan básicos a espacios residuales y no reconocidos.

---

11. Mes, María, «Liberación del consumo, o politización de la vida cotidiana», en revista *Mientras Tanto*, n.° 48, enero-febrero de 1992, p. 75.

Si queremos acabar con este estado de guerra generalizado contra la vida, contra las mujeres, la naturaleza y el Tercer Mundo, necesitamos desarrollar con urgencia una nueva moralidad pospatriarcal; una nueva manera de entender la vida a través de la cual tomemos conciencia de que formamos parte de la naturaleza y de que estamos unidos a los demás de manera interdependiente. Esta nueva moralidad apela al respeto, a la solidaridad y a la responsabilidad. Y, sin duda, da prioridad a la vida por encima de todo lo demás.

Construcción de la mujer en la cultura patriarcal

Una de las ideas fundamentales que queremos que entiendas es que a la mujer se la educa para que sea y esté para el otro. Es decir, a la mujer se la define siempre en relación con el otro —el hombre—. En cambio, al hombre se lo educa para ser para sí mismo. No necesita más referente.

Queramos verlo o no, esto está directamente relacionado con

aquellas cosas que por norma no se les permiten a las mujeres. A diferencia de los hombres, desde siempre, a las mujeres no se les deja realizar actividades que tengan que ver con la curiosidad, con la exploración, con el juego o la experimentación.[12] Todas estas actividades están permitidas para los hombres y sin contemplaciones, mientras que a las mujeres se les niega este espacio individual. Tal situación arrastra importantes consecuencias hasta nuestros días, pues todo aquello —incluido el sexo— que pertenezca a un espacio que no se pueda explorar y que se tenga que ocultar, tenderá a reprimirse.

Pero, a diferencia de lo que pudiera parecer, las consecuencias afectan a ambos sexos: las mujeres tendemos a temer la libertad, puesto que implica un grado de elección individual y de acción en el mundo. Pero los hombres, por su parte, también presentan un gran temor a todo aquello que suponga un vínculo o relación de interdependencia con los demás, ya que eso les obligaría a estar por los otros.

No es necesario que digamos que esta forma de entender y educar a las mujeres determina peligrosamente la forma en que estas entienden y viven su propia sexualidad. Por norma general, las mujeres presentan poca o nula iniciativa de explorarse, curiosear, jugar consigo mismas y su sexualidad, y no digamos apropiarse de su deseo y satisfacerlo. Además, la imposición de una división de espacios ha favorecido que el hombre se adueñe del ámbito público, mientras que la mujer es relegada a la esfera de lo privado, lo cual es un trabajo minusvalorado, no remunerado y considerado de bajo rango. Por el contrario, el ámbito de lo público, patrimonio indiscutible del hombre, es altamente valorado y remunerado.

A las mujeres se nos educa en la creencia de que no somos perfectas y ni siquiera suficientes. Dado que no somos como el «Dios

---

12. Greer, Germaine, *La mujer eunuco*, Kairós, Barcelona, 2004 (1.ª ed., 1970). Este libro definió a las mujeres como seres castrados a los que no se les permite la exploración y la experimentación.

masculino», tenemos que estar todo el tiempo esforzándonos para mejorar y alcanzar el ideal masculino de perfección. En el pasado, las mujeres debían ser buenas madres y esposas y, si tenían suerte, no hacía falta ni que trabajasen. Con la revolución feminista conseguimos los mismos derechos legales que los hombres, así como la igualdad profesional —que permitió que fuéramos autónomas en el ámbito económico—, cosa que es muy de agradecer. Sin embargo, a su vez aumentó la presión sobre nosotras: ahora ya no solo tenemos que ser buenas madres y esposas, además debemos ser buenas profesionales, tener cuerpos equilibrados y atractivos, y todo un cúmulo de exigencias añadidas. En las últimas décadas, este nivel de demanda ha aumentado dramáticamente en nuestra sociedad.

Según el grupo Giulia Adinolfi,[13] las mujeres nos hemos integrado de forma acrítica en el conjunto simbólico de valores de la cultura masculina; un discurso que nos niega entidad, identidad y deseo como género. Si tenemos hijos y seguimos trabajando en la esfera pública solemos sufrir la doble jornada laboral. Ganamos en independencia económica (aunque con menos remuneración que los hombres), pero empeora nuestra calidad de vida. A consecuencia de esta doble jornada, las mujeres tenemos hambre de tiempo, de descanso, de espacios de nutrición y de no hacer. Además, la persistencia de un modelo de división sexual del trabajo impone la subordinación de lo femenino a lo masculino.

En cuanto a la sexualidad, con la segunda oleada del movimiento feminista, las relaciones sexuales legitimadas han dejado de estar confinadas dentro del matrimonio y esta se ha desvinculado de la procreación. Ha pasado a ser considerada un espacio de placer y comunicación. Finalmente, las mujeres comenzamos a reflexionar sobre nuestra propia sexualidad, sobre la necesidad de pasar de ser objetos de deseo a sujetos de deseo. Una pequeña diferencia de concepto,

---

13. Grupo Giulia Adinolfi, «Construirnos como sujeto, constituirnos en medida del mundo», en revista *Mientras Tanto*, n.º 48, enero-febrero de 1992.

pero un cambio de actitud clave para nosotras. Y, por si esto no fuera poco, en la actualidad, las mujeres han logrado disfrutar de la maternidad como una opción o proyecto de vida, y no como una obligación natural ligada a su condición de mujer. No obstante, esta «revolución sexual» sigue siendo limitada porque los cambios en nuestra sexualidad no han sido ni profundos ni generalizados. Por desgracia, la sexualidad sigue siendo masculina.

«La masculinización de la sexualidad tiene que ver con el consumo de sexo, con el sexo como medio para fomentar el consumo de masas convirtiéndolo al mismo tiempo en sexo consumista [...]. Y, como todo consumo, está constreñida por unas formas compulsivas cuyo resultado es un bajo nivel de erotismo y un elevado nivel de genitalidad, junto con una gran pobreza de comunicación verbal y corporal.»[14] Tal y como afirma este grupo: «Hace falta sacar de la marginalidad los tiempos y los espacios dedicados a las relaciones sexuales; diversificar las relaciones interpersonales dando cabida a la comunicación, los afectos o el erotismo... todo lo que conlleva la sexualidad, sin separarlos en compartimentos estancos; aprender a reconocernos y a afirmarnos en las vivencias diversas y plurales de la sexualidad».[15]

La igualdad exige el reconocimiento de las diferencias y, entre ellas, de la diferencia sexual, rechazando un único modelo de feminidad y reconociéndonos a través de nuestra experiencia. Para ello, es imprescindible reunirnos en grupos de mujeres y pensar desde, por y para nosotras. Crear espacios de mujeres y comunidad en donde se fomenten la reflexión y el empoderamiento.

14. *Ibíd.*, p. 24.
15. *Ibíd..*, p. 24.

Una visión desde la mitología

Maureen Murdock[16] es una de las mujeres, a nuestro entender, que mejor ha estudiado los efectos del proceso patriarcal en las mujeres. Y lo ha hecho, principalmente, desde el ámbito psicológico. En su libro, *Ser mujer: Un viaje heroico,* describe el viaje que podemos realizar las mujeres para descubrirnos a nosotras mismas. El viaje de la heroína es distinto del viaje del héroe. El viaje que hemos de realizar las mujeres es hacia nuestro interior. Debemos vernos por dentro y aceptarnos tal como somos más allá de la cultura patriarcal.

Murdock va más allá y nos compara con el mito de Atenea. Cuenta la mitología griega que Atenea, diosa de la sabiduría, la artesanía y la guerra, nació de la frente de Zeus y completamente armada después de que su padre devorara a su madre. Nunca se casó ni tuvo amantes, por lo que fue virgen toda la vida. Muchas mujeres de hoy estamos identificadas con este arquetipo y, al igual que Atenea, estamos inmersas en una lucha contra nuestra naturaleza más femenina en pos del éxito, colocándonos en la razón y en la competencia, tal y como marca el modelo masculino patriarcal que impera en nuestra sociedad. Nos convertimos en el ideal masculino de mujer saliendo como Atenea de la frente de Zeus, en lugar de estar conectadas con nuestro cuerpo y nuestra sexualidad más genuina. Abundan las mujeres ejecutivas que invierten toda la energía en su carrera profesional, que se comportan de forma tanto o incluso más agresiva y competitiva que los hombres. Muchas de nosotras nos hemos convertido en mujeres duras que dejan de un lado sus sentimientos y muestran un comportamiento rígido e inflexible. Siguiendo los dictados del modelo patriarcal imperante, nos guiamos casi en exclusiva por la lógica y la razón. Sin embargo, paradójicamente, y a pesar de todos estos esfuerzos, el papel que nos da la cultura patriarcal a las mujeres

---

16. Murdock, Maureen, *Ser mujer: Un viaje heroico,* Gaia Ediciones, Madrid, 1993.

sigue siendo de seres inferiores, dependientes e incapaces de hacer nada sin un hombre al lado. Por consiguiente, muchas mujeres, a pesar de sus logros profesionales, no se sienten realizadas si no llegan a tener una pareja que les permita cumplir su sueño de amor romántico —otro gran mito de nuestra cultura.

El amor romántico es, sin duda, uno de los mayores mitos en los que se sustenta la cultura patriarcal en la que vivimos. Coral Herrera[17] se ha convertido en una de las figuras más relevantes en contra del concepto de amor romántico. En su obra, Herrera afirma que el amor no es más que una construcción social de nuestro tiempo y denuncia su uso como dispositivo económico y de control. El amor romántico, defiende la autora, se ha erigido como una nueva utopía emocional debido al hundimiento de las utopías colectivas de carácter político e ideológico. El individualismo y la infantilización de la población ha llevado a la desaparición del espacio necesario para desarrollar nuestro lado social. Por consiguiente, la soledad se ha impuesto hoy en día como una de las enfermedades con más presencia en las democracias occidentales del siglo XXI, donde las relaciones de cooperación y ayuda se han debilitado hasta el punto de casi desaparecer. Además, el número de hogares monoparentales ha aumentado drásticamente y, tal y como comentábamos antes, las personas cada día tienen menos tiempo para el ocio y las relaciones sociales. Frente a este panorama desolador, el amor romántico se impone como la única posibilidad de autorrealización; alimenta en nosotros la necesidad de encontrar la pareja perfecta que nos permita ser felices. Convertimos, peligrosamente, el amor en una fuente de felicidad absoluta y de emociones compartidas que nos saca de la soledad a la cual parece que el ser humano está condenado.

Según Herrera, «el amor es una forma de religión posmoderna

17. Herrera Gómez, Coral, «L'amor romàntic com a utopia de la postmodernitat», en *En defensa d'Afrodita. Contra la cultura de la monogàmia*, Tigre de Paper Edicions, Barcelona, 2015.

individualizada que nos convierte en protagonistas de nuestra propia novela, que nos hace sentir especiales, y que nos transporta a una dimensión sagrada, alejados de la gris cotidianidad de nuestra existencia».[18]

Emociones y otros aspectos clave en la educación patriarcal

> Hay criminales que proclaman tan campantes: «La maté porque era mía». Así nomás, como si fuera cosa de sentido común y justo de toda justicia el derecho de propiedad privada que hace al hombre dueño de la mujer. Pero ninguno, ni el más macho de todos los supermachos, tiene la valentía de confesar: «la maté por miedo». Porque, al fin y al cabo, el miedo de la mujer a la violencia del hombre es el espejo del miedo del hombre hacia la mujer sin miedo.
>
> Eduardo Galeano

La rabia

En general, pero sobre todo a las mujeres, se nos ha prohibido conectar con lo instintivo, con el placer, con el deseo y también con la rabia. De entre todos nuestros instintos, la rabia es la fuerza que permite la autonomía, la defensa de los demás y, lo más importante, la posibilidad de actuar en el mundo.

Para ilustrar un poco más este asunto, a continuación vamos a hablar de los sistemas emocionales instintivos. Según Van der Hat y Ogden,[19] los sistemas operativos emocionales se dividen en dos grandes ramas: los sistemas organizados para la defensa o supervivencia

18. Herrera, *op. cit.*, p. 24.
19. Citado por Mario Salvador, *Más allá del yo*, Elefhteria, Barcelona, 2016, p. 106.

y los sistemas para desenvolvernos en la vida cotidiana —también llamados sistemas de acción—. Ambos se activan sin la participación de nuestra conciencia, pero solo puede funcionar uno por vez, dado que tienen la capacidad de inhibirse mutuamente. Estos programas psicobiológicos producen secuencias organizadas de conductas sin la intervención de la voluntad consciente. Nos convierten en animales activos y no solo en seres que procesan información, es decir, nos capacitan para interactuar con el entorno de manera activa.

Sin embargo, muchas de estas conductas resultan contradictorias a los dictados de la educación que las mujeres hemos recibido hasta ahora. Y, en cambio, otras conductas salen todavía más reforzadas de lo que deberían si dejásemos a la naturaleza hacer.

Entre los sistemas para la defensa destacan las siguientes conductas:

- ◆ Aquellas contrarias a la educación recibida:
  - ❖ Hipervigilancia y exploración del entorno.
  - ❖ Lucha.
  - ❖ Huida.
  - ❖ Estados de recuperación (cuidado de las heridas, descanso, aislamiento del grupo).

- ◆ Aquellas que salen reforzadas:
  - ❖ Llanto de apego.
  - ❖ Congelación o sumisión total.

Entre los sistemas para desenvolvernos en la vida cotidiana ocurre lo mismo que con los anteriores, con algunas conductas reprimidas y otras reforzadas:

- ◆ Aquellas contrarias a la educación recibida (las que no nos están permitidas):
  - ❖ Exploración (interés y curiosidad).
  - ❖ Juego (alegría y risa).

❖ Regulación de la energía (comer o descansar).

❖ Sexualidad (gobernada por la lujuria y el deseo sexual).

◆ Aquellas que salen reforzadas (que se nos exigen como mujeres):

❖ Apego.

❖ Sociabilidad (motivada por el afecto y la convivencia).

❖ Cuidado de los otros (impulsada por la ternura y la compasión, y en detrimento del cuidado de uno mismo).

Este análisis muestra cómo a las mujeres se nos priva de una parte sumamente importante de nuestros sistemas operativos emocionales, una tarea nada fácil, por otro lado, porque tal y como hemos visto antes, estas conductas no pasan por la voluntad consciente. Con este intento de represión de nuestros instintos más básicos, se nos hace menos capaces de adaptarnos al ambiente y, por lo tanto, se reducen nuestras posibilidades de ser más autónomas, y nos convertimos, de este modo, en seres más dependientes.

La pregunta es: ¿qué hemos hecho con todas estas capacidades que tenemos de forma inherente?, ¿cómo hemos logrado controlarlas?, ¿cómo hemos podido esconderlas?, ¿cómo lo hemos conseguido si están fuera de nuestra voluntad? Las respuestas a estas y a otras preguntas seguramente habría que buscarlas a lo largo de generaciones de violencia y abuso por parte de los hombres. No obstante, somos conscientes de que estamos generalizando al dar por supuesto que, como mujeres, hemos controlado y reprimido muchas de las capacidades que nos venían de serie. Sin embargo, estamos casi convencidas de ello, en vista de nuestra experiencia y observaciones. La forma en la que actuamos habitualmente demuestra que hay una gran mayoría de mujeres que están en esta situación, y lo peor es que ni siquiera son conscientes de ello.

En el caso de los hombres, la rabia —en forma de violencia— sí que está permitida. Y, no solo eso, sino que es el medio a través del cual han sometido a las mujeres a lo largo de la historia. Es probable que esta afirmación te haya sonado más cercana a una acusación que a un argumento científico. Es más, seguramente en estos momentos estés pensando que exageramos, que no es para tanto. Nosotras también pensábamos eso hace un tiempo. Pero, tras haber investigado y leído numerosos estudios científicos que prueban cómo el cerebro cambia en función del trato recibido en la infancia o cómo se pierden capacidades importantísimas para el desarrollo humano después de haber pasado por traumas, nuestro punto de vista ha cambiado radicalmente.

Ya en la Grecia antigua, encontramos anécdotas en las que los hombres decían que las mujeres eran malas y que había que domesticarlas. Pero ¿cómo se hace eso? Pues muy sencillo: a base de violencia y abuso sistematizado. No hace mucho, una amiga que había convivido con indios mexicanos durante aproximadamente un año nos contaba que cada noche se oía a un hombre maltratar a su mujer y, cuando ella preguntaba qué pasaba, la mujer de la casa en la que ella vivía, le decía algo así como: «Seguro que algo ha hecho para que ahora su marido la esté pegando». La violencia ha estado presente a lo largo de toda nuestra historia en forma de castigo y siempre justificada por no cumplir con los mandatos de la ley divina que marca la religión, de la cual ya hablamos antes. Se nos ha exigido ser de una manera que va en contra de nuestros instintos más profundos. Se nos ha obligado a aplacar nuestros propios programas adaptativos, aquello imposible de controlar de forma consciente. Y dado que se trata de un mecanismo indomable, sus efectos siguen surgiendo en nosotras (la rabia, por ejemplo). Así, mientras sigan surgiendo, el castigo estará justificado. Sin embargo, la represión de estos instintos a lo largo de tantas generaciones ha favorecido la adaptación. Poco a poco, nos hemos transformado de manera que estos comportamientos ya no son accesibles, puesto que los hemos sustituido por otros que sí nos están permitidos. Desde la biología, se sabe que cuando un comportamiento se impone a lo largo de cuatro generaciones consecutivas, este se acaba generando de forma automática en la siguiente.

Es importante entender que los sistemas operativos emocionales necesitan encontrar una salida, puesto que son necesarios para la subsistencia. Una de estas vías de escape son las enfermedades, tanto físicas como mentales. En los estudios de personas que han sufrido traumas en la infancia, se observa que, con frecuencia, en la edad adulta, desarrollan enfermedades relacionadas con el corazón o los pulmones. En otras ocasiones, esa energía se desvía hacia los comportamientos permitidos. En lugar de enfadarnos y llevar a cabo acciones para conseguir lo que queremos, solemos llorar, deprimirnos y desarrollar conductas de apego. En lugar de buscar nuestro propio placer y disfrutar de la lujuria, nos apagamos y nos volvemos dependientes de los demás. En lugar de luchar por lo que queremos, renunciamos y nos resignamos, nos acomodamos e incluso nos volvemos sumisas. En lugar de usar los mecanismos de recuperación que nos brinda el cuerpo, nos aislamos y nos convertimos en adictas a toda clase de ansiolíticos y tranquilizantes.

Con este tipo de educación se nos polariza hacia un comportamiento concreto, es decir, se nos empuja a adoptar un rol predeterminado dentro de la sociedad. Se espera que seamos apegadas, sociables, que nos motiven el afecto y la convivencia —especialmente dentro del entorno familiar— y, por supuesto, que nos entreguemos en cuerpo y alma al cuidado de los demás para hacer honor a la ternura y la compasión que al parecer nos caracteriza. Y, frente a todo esto, solo se nos permite el llanto y la sumisión.

En Gestalt decimos que cuando uno solo puede estar en una polaridad, la cual se rigidifica y nos impide adaptarnos al ambiente que nos rodea, nos volvemos menos flexibles y corremos el riesgo de rompernos. Así, el cuerpo se tensiona y somatiza. De hecho, no es casualidad que los anuncios publicitarios de medicamentos sean protagonizados casi siempre por mujeres porque, en su mayoría, son ellas quienes más los usan.

En el otro extremo de la polaridad, encontramos una de las conductas clave que, como mujeres, no se nos permite desarrollar: hablamos de todo lo relacionado con la acción, la capacidad de explorar el mundo que nos rodea usando nuestro propio interés y curiosidad, el juego —facilitado por la alegría y la risa—, la regulación de nuestra propia energía, cosas tan simples como comer, descansar o consumir y, ante todo, la capacidad sexual —gobernada por la lujuria y el deseo—. Todas ellas conductas potenciadas en la educación de los hombres y apenas presentes en la educación de las mujeres. Y es precisamente de todas estas acciones de las que queremos hablar cuando nos referimos a la sexualidad femenina. Porque, como dice Isabel Allende: «¿Cómo no voy a estar rabiosa cuando se requiere que las mujeres cambien para adaptarse al mundo siendo ellas el 50 por ciento de la población?».[20] Y, como ella, muchas mujeres sentimos rabia por dentro al darnos cuenta de cómo se nos trata.

La culpa

En las sociedades patriarcales, la norma dice que los hombres culpan a los demás y las mujeres se culpan a sí mismas. No obstante, es importante entender que se trata de un mecanismo socialmente aprendido: los hombres culpan a las mujeres y estas sostienen la culpa. Así de sencillo. Este mecanismo es crucial por cuanto genera las dinámicas necesarias para garantizar el mantenimiento y continuidad de la preponderancia masculina. Además, dado que a las mujeres se las educa en unos valores y creencias que justifiquen su sentimiento de culpa, podemos afirmar que, en la medida en que la mujer la asume, sustenta a su vez el mecanismo que sostiene el patriarcado.

20. Conferencia magistral de Isabel Allende en el II Congreso Internacional «La Experiencia Intelectual de las Mujeres en el Siglo XXI», celebrado en Ciudad de México en marzo de 2012.

Julio Olalla,[21] uno de los creadores del Coaching Ontológico, afirma que cuando sentimos culpa estamos transgrediendo algún valor personal. En el caso de las mujeres, muchas veces es porque hemos interiorizado los valores patriarcales que nos hacen culpables tan solo por el mero hecho de no ser hombres y, por lo tanto, perfectos. En resumen, se nos educa para sentirnos culpables.

En la propia construcción del mito de la creación en la Biblia, se culpa a la

> **Ejercicio**
> Haz la lista de todas las cosas de las que te sientes culpable. Revisa cuántas de ellas tienen que ver con tu educación. ¿Tiendes a asumir más culpa que los demás, especialmente, más que los hombres que te rodean?

mujer de haber tentado a Adán. Es por nuestra culpa que salimos del Paraíso. Eva es la culpable de que Adán decidiera desobedecer el mandato de Dios. Y no solo eso, sino que además todos los símbolos que aparecen en el mito: la manzana, la serpiente o el árbol, representaban a la antigua diosa del Neolítico. Esta es la culpa original con la que nosotras cargamos y, de ahí, todas las demás.

La mayor acusación que hace el patriarcado a las mujeres es en torno a la violación. Si una mujer es violada, ya no vale. Y, peor todavía, es su culpa que le haya pasado. Hoy sabemos que la violación es un arma de guerra. Una de las más usadas y más violentas. Violencia y sexualidad se unen en contra de las mujeres y en favor de los intereses del hombre. Pero ¿por qué tenemos que hacer frente a un doble castigo? Además de la violencia implícita en una violación, las mujeres tenemos que soportar el juicio moral y legal de una sociedad que casi siempre nos culpa por ser violadas. Si para el patriarcado lo más importante es mantener la estructura monogámica, es decir, controlar las relaciones sexuales —y especialmente a las mujeres— para saber de quién son los hijos, lo que hay que prohibir son las relaciones espontáneas, las que se dan de forma furtiva, instintiva y sin control.

---

21. Julio Olalla, reconocido como uno de los fundadores y maestro en la práctica del Coaching Ontológico por la Federación Internacional de Coaching (ICF).

No puede existir sexualidad fuera de la relación conyugal para la mujer y, para evitar que esto ocurra, la violación se impone como el peor castigo que puede recaer sobre ella, culpándosele por ello y haciéndola sentir «casi muerta» si llega a suceder.

Al ocultarse, la sexualidad se vuelve perversa. Y, al relegarla a espacios oscuros y prohibidos, la llenamos de culpa. Debemos entender que mientras hay culpa, hay sumisión. La culpa pone de manifiesto que existe una regla dentro de nosotras mismas, que no hemos cumplido. Una creencia sobre cómo tienen que ser las cosas que nos hemos saltado. Pero, lo que no nos cuestionamos es por qué hemos asumido tal valor sin antes cuestionarlo. Cuando sentimos culpa es por algo que otra parte dentro de nosotras, distinta de los valores o creencias, ha realizado. Teniendo en cuenta que a las mujeres se nos educa para dejar de ser como somos, tal y como explicamos en el apartado anterior, es lógico que estos mecanismos emocionales aparezcan de vez en cuando y nos sintamos culpables. La salida a la culpa pasa por asumir que tenemos instintos y responsabilizarnos de ellos. Responsabilizarnos de nuestras ganas de explorar el mundo, de ser interesadas y curiosas a la vez. Nuestras ganas de jugar, de reírnos, de regularnos, de disfrutar de la comida, de permitirnos descansar y, por encima de todo, de vivir abiertamente nuestra capacidad para el placer, para el deseo y la lujuria. A todo esto, tenemos derecho tan solo por el mero hecho de existir. Son nuestros mecanismos instintivos de acción en el mundo. No dejes que te culpen por cosas que forman parte de tu naturaleza.

La vergüenza

Olalla sostiene que, así como la culpa es transgredir un valor personal, la vergüenza es transgredir un valor cultural o social. La vergüenza es una de las formas de control más frecuentes y extendidas que el patriarcado ejerce sobre las mujeres, especialmente en lo que al cuerpo se refiere. Se nos educa para que no mostremos nuestros cuerpos y para que sintamos vergüenza de ellos. Prueba de esto es que la mayoría de las mujeres tiene algún complejo y dedica una gran parte de su tiempo vital a mejorar su cuerpo, cambiarlo o incluso disfrazarlo. El control, y por lo tanto la presión, que se ejerce sobre el cuerpo de las mujeres es enorme y produce tal insatisfacción que la cantidad de mujeres que hacen dieta, acuden a centros de estética o incluso de cirugía para intentar corregir aquello que no cumple con los cánones establecidos, va en aumento. Por otro lado, es curioso que se nos exija estar siempre estupendas, pero al mismo tiempo ser las responsables de no excitar a los hombres. Toda una contradicción. Y es tal la asunción de este rol que nos hemos llegado a creer que la vergüenza es parte de la naturaleza de la mujer. Somos nosotras mismas las que, como guardianas de nuestra feminidad, nos tapamos para evitar mostrar nuestros cuerpos y hacer honor a dicha esencia.

Existen, y siempre han existido, mujeres que muestran sus cuerpos sin pudor y los utilizan como una herramienta más para atraer a los hombres. Sin embargo, no solo son calificadas como mujeres de mala reputación, sino que, además, ningún hombre querrá fundar nunca una familia con ellas. Cuando una mujer se atreve a transgredir las reglas sociales y a mostrarse tal cual es, debe saber que queda sujeta a las consecuencias que la cultura patriarcal tiene para ellas, y, por desgracia, la mayoría de estas pasan por la vergüenza y la exclusión.

Agresividad *versus* placer

Como hemos dicho antes, cuando se le reprime el instinto a una mujer, se reprime también su capacidad para la agresividad y para defenderse.[22] Se le vuelve dependiente y sumisa. Por lo tanto, recuperar nuestra capacidad de ser agresivas es una forma de recuperar nuestra fuerza y nuestra sexualidad.

22. Actualmente, existen cursos de defensa personal para mujeres en centros cívicos, grupos feministas y centros de apoyo a mujeres de algunas administraciones públicas, entre otras entidades. ¡Te animamos a experimentarlos!

Cuando entendemos que los circuitos neuronales de agresividad y de sexualidad son los mismos, nos damos cuenta de que cuando se reprime la agresividad, se reprime también el deseo y el placer. Para ello, existen terapias sexuales que trabajan sobre la agresividad reprimida y que obtienen muy buenos resultados porque, cuando sacamos esa pequeña fiera que todas llevamos dentro, resulta mucho más fácil conectar con nuestro instinto sexual, nuestro placer y nuestro deseo.

Paradójicamente, al tiempo que se reprime la capacidad de agresividad de las mujeres, la cultura patriarcal normaliza toda violencia que pueda ejercer el hombre en el seno de la familia, incluidos los abusos infantiles. Estas dinámicas están tan naturalizadas y arraigadas, que ni siquiera se cuestionan. Se conoce su existencia y se permiten. Por lo tanto, cuando alguien se atreve a denunciar este tipo de situaciones, no se interpretan tanto como violencia o abuso sino como parte de las dinámicas familiares.

El deseo

Una de las características más importantes de la cultura patriarcal es la negación del deseo de la mujer. Existen numerosas palabras e insultos para designar a las mujeres que ejercen su sexualidad con libertad y muestran su deseo abiertamente. Desde prostituta, puta, ramera hasta zorra, buscona o fácil. Las opciones son extensas y todas ellas creadas como mecanismo de control y disuasión para evitar que las mujeres ejerzan su derecho a disfrutar de su propia sexualidad. Cosa que no ocurre con los hombres. De hecho, no existe todo un vocabulario de insultos para los hombres que ejercen su sexualidad de forma libre. Y esto nos da una idea de cómo el patriarcado ejerce una presión casi sistemática sobre las mujeres para que se lo piensen dos veces antes de mostrar su parte instintiva, en este caso, su deseo. Como ya vimos en *Nacidas para el placer*,[23] ¿qué tipo de relación se

23. Darder, *op. cit.*

puede dar entre una persona que sí tiene deseo y otra que no? La respuesta nos la da el patriarcado y el tipo de relación que alimenta entre mujeres y hombres: la del abuso. Al privar a la mujer de su deseo, el acto sexual se convierte en una obligación, en una moneda de cambio e, incluso, en un acto de guerra. Y así, la esencia de muchas mujeres es violada cuando la sociedad las empuja a tener relaciones sexuales sin deseo, sin ganas. Recordemos que una mujer violada es una mujer marcada para siempre, se vuelve inservible, porque lo que se valora de una mujer no es su deseo sino su virginidad y su pureza.

La tristeza

Como ya hemos dicho antes, uno de los fundamentos del patriarcado es la superioridad del hombre con respecto a la mujer. Constantemente se le dice a la mujer que no puede ser autónoma, que tiene que cuidar de los demás y que no debe usar su fuerza. Esto, sumado a las exigencias de la vida cotidiana, genera frustración y tristeza. De hecho, la tristeza es la emoción asociada a no poder expresar nuestra fuerza, autonomía y capacidades. Para dar rienda suelta a esta frustración, hacemos uso del llanto, uno de los pocos comportamientos permitidos dentro de la educación patriarcal de la mujer. Todo lo contrario de lo que sucede con el hombre, porque como suele decirse: «Los hombres no lloran» o, al menos, no deberían hacerlo de acuerdo a los postulados del sistema patriarcal.

Según Bert Hellinger,[24] creador de las constelaciones familiares, existen distintos tipos de emociones y podemos dividirlas fundamentalmente en dos grupos: las primarias y las secundarias. Las primeras son genuinas, adaptadas al contexto, cortas e intensas, se viven con los ojos abiertos. Su característica principal es que desaparecen cuando se expresan dado que surgen del cuerpo de forma instintiva.

24. Bert Hellinger, nacido en 1925, es teólogo, pedagogo y filósofo conocido por haber desarrollado las constelaciones familiares.

Son las emociones que usamos para adaptarnos al entorno en el que vivimos. Las emociones secundarias, en cambio, son más elaboradas. Surgen como resultado de una evaluación, no están ligadas al contexto y, normalmente, esconden una emoción primaria. Según esta definición, bien podría ser que la tristeza en las mujeres no sea más que una emoción secundaria que, en realidad, esté tapando la rabia o tal vez el miedo, emociones no permitidas a las mujeres. El mensaje que nos llega es claro: «no puedes enfadarte, pero sí te está permitido llorar». Así como los hombres no lloran, las mujeres no se enfadan.

De la misma manera que la rabia nos ayuda a transformar las situaciones que vivimos a diario, y a enfrentarnos a lo que no queremos poniendo límites a los agresores, la tristeza tiene la función de ayudarnos a aceptar lo que sea que esté ocurriendo. Cuando sentimos tristeza podemos descansar emocionalmente, soltar lo que pasó. Y, por ello, la tristeza es necesaria y útil en muchas ocasiones. No obstante, el problema reside en usar la tristeza para adaptarnos a situaciones que podemos cambiar. En estos casos, la tristeza se convierte en una emoción que limita y disminuye nuestra capacidad de acción. Es más, nos roba la energía vital. Y, así, el aparato cognitivo de creencias establece una serie de razones para desconectarnos del mundo emocional. Impide toda posibilidad de autorregularnos en el ámbito emocional y cortamos la relación con lo instintivo. Nos quedamos atascadas y bloqueadas.

El miedo

El miedo es la principal herramienta que el patriarcado ha usado para definir las relaciones entre hombres y mujeres. Se impone una jerarquía en la cual al hombre se le otorga un rango superior a la mujer y se establece una relación de poder —desigual— entre ellos. El miedo reside en la base del uso de la violencia y la guerra. Es un elemento de control. La manera que tiene cualquier sistema represivo de someter a la población.

Como hemos comentado en el apartado de la rabia, tenemos dos grandes ramas en los sistemas operativos emocionales: sistemas organizados para la defensa o supervivencia y sistemas para desenvolvernos en la vida cotidiana. Los dos se activan sin la participación de la conciencia y solo puede haber uno funcionando a un tiempo, puesto que uno inhibe al otro. Si una persona tiene que estar defendiéndose todo el rato porque el entorno no es seguro, estará constantemente activando el sistema de defensa o supervivencia e impidiendo que se activen los sistemas para desenvolvernos en la vida cotidiana y, por lo tanto, impidiendo que aflore nuestra creatividad. En la medida en la que no puedo ser creativa, no puedo buscar soluciones distintas a lo que estoy haciendo, con lo que perpetúo la rueda de la inhibición y la dependencia. Justo lo que les ha pasado a tantas de nuestras antepasadas, atascadas en dinámicas de abuso y maltrato, que se reproducían generación tras generación sin posibilidad de cambio.

En el mundo salvaje —y no en el cultural en el que vivimos—, los animales que experimentan una situación traumática cuentan con un mecanismo biológico de liberación que consiste en moverse espontáneamente para soltar toda la tensión acumulada. Esta es la salida que tiene nuestro organismo para sobrevivir a los traumas. Pero ¿qué pasa en los sistemas culturales como el nuestro, donde esto ya no es posible, puesto que hemos perdido el contacto con los mecanismos espontáneos reguladores de nuestro cuerpo? Pues que el tiempo pasa sin que podamos descargar la tensión de forma adecuada y nos estancamos en el trauma. En el mundo de lo humano, la cultura ha reprimido estas reacciones instintivas de autorregulación. Aunque queramos, uno no puede mostrarse loco o descontrolado. Nos falta la conexión con el cuerpo para poder hacer esto.

La alegría

La alegría se produce cuando se está en conexión con el cuerpo y con los demás, y podemos celebrar lo que nos está pasando. La relación con el cuerpo es la clave para sentir conexión con la vida y con las ganas de vivir, esto es, la alegría. Esta está ligada al concepto de «virgen» mencionado por Woodman.[25] Es la unión con el fluir de la vida. El lugar donde la naturaleza se expresa con todo su esplendor.

Prueba de esto es que cuanto menos racional es un pueblo, más alegre es, y la razón principal de ello es que están más en contacto con el cuerpo, con lo instintivo y con lo natural. Cuanto más contacto hay con lo corporal, tenemos más alegría. De hecho, los estudios dicen que la alegría y el humor ayudan a la sexualidad. Y, por desgracia, eso lo hemos perdido con la civilización y la represión. En Gestalt, decimos que los «deberías» son los que interrumpen el contacto con nuestra sabiduría organísmica. Pero para poder conectar con esta alegría, es necesario salir de los sistemas de defensa y poder estar también en los de acción para la vida cotidiana.

La transgeneracionalidad

Todo se transmite de generación en generación. Esta es una de las grandes lecciones que debemos aprender. En los óvulos de tu abuela ya estaban los cromosomas de tu ADN. Es decir, que tus cromosomas han vivido la vida de tu abuela. Su forma de vivir su sexualidad o los abusos que ella pudo haber sufrido, si es que los vivió, están presentes en algún lugar de tus células. En otras palabras, los sucesos que nuestros antepasados vivieron, de alguna manera, también los vivimos nosotros.

Como decíamos antes, cuando un comportamiento se da durante cuatro generaciones, en la siguiente ya se encuentra dentro de la información genética de nuestras células. Por lo tanto, hasta que cuatro generaciones no tengan un comportamiento sexual abierto, no estará directamente accesible a quien venga después. Esta idea es clave para entender nuestros comportamientos actuales en torno a la

25. Woodman, *op. cit.*

sexualidad, porque venimos de cuatro generaciones de mujeres que tuvieron que reprimir su deseo y su capacidad de acción en el mundo. Y eso siempre pasa factura.

Los arquetipos del patriarcado

A diferencia de otras culturas como la griega o la hindú, en las que aparecen personajes femeninos jugando distintos roles, el patriarcado —y principalmente la cultura religiosa— nos ofrece un modelo de mujer muy limitado. El principal modelo de mujer que se nos presenta como deseable es el de la Virgen María, alguien que concibe sin tener relaciones sexuales. Es decir, una mujer pura y casta, además de virgen. El concepto de virgen, tal y como lo entiende el cristianismo, es aquel en el que las mujeres tienen valor mientras sean intercambiables como riqueza, y eso solo pasa cuando son vírgenes. Como hemos visto, este concepto se ha tomado prestado de las culturas antiguas y se ha cambiado su significado. En el modelo patriarcal, tanto los niños como las mujeres están bajo el poder del hombre, que puede disponer de ellos como crea conveniente. Por eso, hasta hace muy poco tiempo, la violencia doméstica ejercida por los hombres sobre las mujeres y los niños era algo aceptado y permitido. El hombre era el cabeza de familia y, debido a ello, se le otorgaba el derecho a ejercer su poder sin límites. De hecho, solo hace algunos años que este tipo de violencia y abusos en el seno de la familia ha comenzado a denunciarse abiertamente y a ser penado por la justicia.

Para poder salir de este modelo es imprescindible desafiar la creencia de que las mujeres no están hechas a imagen y semejanza de Dios. Ser divina significa que ya eres perfecta tal y como eres, que no hace falta que cambies. Necesitamos encontrarnos con las divinidades femeninas del pasado para poder recuperar nuestro espacio, sin diferencias con los hombres y estableciendo relaciones de cooperación e igualdad. Por eso, hemos decidido dedicar un apartado del libro a conocer los arquetipos de las diosas de la Antigüedad, porque necesitamos poder contar con modelos femeninos distintos a los patriarcales.

La menopausia (la mujer vieja)

El papel principal que le da nuestra cultura a la sexualidad es el de la reproducción, y de ahí que la función más importante de la mujer sea la de dar hijos al hombre. Muchas mujeres se sienten útiles y de valor mientras son capaces de dar a luz. Es decir, tan pronto como llega el momento de la menopausia, sienten que sus vidas ya no tienen sentido y dejan de sentirse útiles para sí mismas y para la sociedad. Es curioso ver las caras de pena en la gente que nos rodea cuando se enteran de que no tienes hijos y que, por supuesto, ya no puedes tenerlos. Circunstancia que se hace más patente —y más dramática— si cabe cuando viajas fuera de Europa a países donde la mujer sigue confinada al espacio doméstico y a su rol de madre y esposa. Es como si tuvieras que justificarte, asegurando que estás bien y que tienes una vida agradable. Y, aun así, muchas personas todavía intentarán «salvarte» con sus discursos.

La menopausia es una etapa de la vida en la que el sistema hormonal de las mujeres cambia, deja de tener ciclos y se vuelve más estable. Pasamos de importarnos mucho los demás a sentirnos más desapegadas y con mayor capacidad de acción en el mundo; tenemos más energía y comenzamos a parecernos un poco más a los hombres en la manera de funcionar. Es el momento en donde podemos hacer cosas de forma independiente. Es el momento en el que podemos salir de nuestro núcleo familiar ya que, en el caso de tener hijos, estos ya habrán crecido. Aunque es importante abrir un paréntesis aquí porque, puesto que cada vez los hijos se tienen más tarde, no sabemos cómo será nuestra vida familiar durante la menopausia en el futuro.

Pero el gran problema está en creerse que, como ya no podemos tener hijos, se acabó nuestra vida sexual. Al relacionar la procreación con la sexualidad, corremos el riesgo de creer que se terminó el sexo para nosotras. Y esta es una de las grandes sorpresas que algunas nos hemos llevado en la vida. El descubrir que el deseo y el placer sexual son posibles aún con la llegada de la menopausia. Sin ir más lejos, una ginecóloga nos explicaba que la mayoría de las mujeres que tenían relaciones sexuales regulares, más o menos de dos a tres veces por semana, no presentaban síntomas menopáusicos. Resulta cuando menos curioso que algo tan importante como esto no se diga o se explique de forma habitual en nuestra sociedad. Cada vez que lo mencionamos en algún taller de sexualidad en el que da la casualidad de que hay algún profesional médico entre los asistentes, estos nos corroboran la información y nos dicen que se trata de un saber médico que simplemente no se ha hecho llegar a la población. Y, mientras tanto, nosotras nos preguntamos: ¿cómo es posible que esto no se explique?, ¿será porque la creencia de que las mujeres solo sirven para la reproducción continúa vigente en nuestra sociedad? Y, obviamente, decir que las relaciones sexuales sanan a las mujeres durante la menopausia y les evitan numerosos sufrimientos, supondría ir en contra de dicha creencia. ¿O será que existe un interés económico dentro del estamento médico y farmacéutico que les empuja a vender toda clase de productos para paliar los sufrimientos de las mujeres menopáusicas?, ¿acaso imaginar a una mujer mayor teniendo relaciones sexuales no entra dentro del esquema de la cultura patriarcal y, por lo tanto, mejor evitar que suceda? Sea como sea, nos gustaría que supieras que disfrutar del sexo, incluso después de la menopausia, está en tu mano y en tu capacidad como ser sexual.

La monogamia

La monogamia es la base de la cultura patriarcal, y la familia es la estructura que sostiene todo lo demás. La pareja heterosexual es, por lo tanto, el único modo de relación permitido. Hasta tal punto es así que cualquier otro modo de relación sexual se considera una perversión. Se nos ha querido hacer creer, y hasta cierto punto se ha conseguido, que este tipo de relación es la natural y la única posible entre humanos.

Ryan y Jethá, en su libro *En el principio era el sexo,*[26] intentan averiguar cuáles eran las relaciones que tenían los cazadores recolectores en el Neolítico y cómo era la vida sexual en la prehistoria. Sin duda, una tarea difícil puesto que no hay apenas indicios de cómo eran dichas relaciones. No obstante, una de las conclusiones a las que llegaron es que, biológicamente, estamos preparados para tener más de una relación a la vez y que, con seguridad, los hombres y mujeres de aquel período tenían relaciones mucho menos pautadas que las nuestras y mucho más libres. Por lo tanto, es evidente que la monogamia no tiene el carácter natural que se nos ha hecho creer desde el patriarcado. A continuación, veremos por qué: en primer lugar, la exclusividad sexual, apunta Ryan,[27] quizá no es la mejor opción para la salud reproductiva, dado que, al repetirse de forma constante la misma combinación, no permite la variabilidad cromosómica. En segundo lugar, como humanos, tenemos muchas otras posibilidades de relación además de las heterosexuales. Existen muchos ejemplos en la naturaleza de animales que mantienen relaciones sexuales con miembros del mismo sexo dentro de su especie. Nuestro objeto de deseo no tiene por qué ser exclusivamente personas de sexo distinto. En tercer lugar, porque la separación entre hombres y mujeres es un hecho más cultural que biológico. El abanico de posibilidades que existe entre la definición estanca de los sexos que tenemos en nuestra cultura es enorme y no siempre la percibimos. Por fortuna, en la actualidad están apareciendo múltiples posibilidades de definición sexual, transexual y homosexual.

Curiosamente, el modelo patriarcal se ha fijado tan solo en aquellos modelos de la naturaleza que le son afines para justificar sus postulados. El más común es el de los chimpancés, una estructura basada en el poder y en la fuerza, y con un macho dominante que tiene derecho a copular con todas las hembras. Hasta hace veinte años,

26. Ryan y Jethá, *op. cit.*
27. *Ibíd.*

la comunidad científica estaba convencida de que esta especie animal era la más cercana a nosotros. Pero no es así, pues hace poco se ha descubierto que existen unos monos llamados bonobos, que hasta ahora se habían confundido con chimpancés, que son empáticos y pueden distinguir las emociones en la cara de los demás. Y no solo eso, sino que además se relacionan a través de la sexualidad en lugar de la fuerza, mantienen relaciones sexuales entre todos, machos y hembras, hembras con hembras, machos con machos, y cualquier acuerdo es sellado con una relación sexual. Las dominantes son las hembras; la única relación sexual que no se da es la de la madre con su hijo y, dado que las hembras jóvenes cambian de grupo cuando maduran sexualmente, no existe el incesto. Es más, este modelo garantiza el equilibrio entre el número de machos y de hembras, ya que los machos no luchan por el poder y no mueren en la batalla.

En la actualidad, están empezando a aparecer modelos alternativos de relación, como es el caso del poliamor, que permiten la apertura de la relación monógama. Y no solo eso, sino que las familias reconstruidas están a la orden del día y la monogamia secuencial es una forma de lo más común en estos momentos. Sin embargo, si bien es cierto que las cosas han cambiado —es probable que tu bisabuela conociera a su marido en la boda y que tu sobrina, en cambio, ya haya probado varias relaciones a pesar de su corta edad—, en el fondo, el mito del amor romántico y la relación para toda la vida sigue vivo en nosotros. Como dice una amiga: «Walt Disney ha hecho mucho daño». Y es que la mayoría seguimos esperando encontrar la relación perfecta que se nos prometía al final de tantos cuentos: «Y fueron felices y comieron perdices para siempre jamás».

Como dice Na Pai en el libro *En defensa d'Afrodita*,[28] no se ha-

28. Pai, Na, «Desmuntant la cultura monogàmica», en *En defensa d'Afrodita. Contra la cultura de la monogàmia*, AA. VV., Tigre de Paper Edicions, Barcelona, 2015.

bla —y apenas llegamos a imaginar— la opresión que comportan para nosotros las relaciones monógamas. De hecho, ni siquiera existen palabras para referirnos a los perjuicios que conlleva este tipo de relación.

2

Nuestro punto de vista

Previo a las creencias e incluso al cuerpo

Después de haber analizado cuál es el estado de la sexualidad en nuestra cultura y cómo sus mandatos influyen sobre nuestros cuerpos, a continuación, vamos a hablar de cómo creemos que podemos construir una sexualidad más abierta y espontánea. A lo largo de los siguientes capítulos queremos proponerte, a partir de nuestra experiencia personal y la obtenida en los talleres, algunas tareas, consejos y ejercicios para que trabajes tu sexualidad y consigas desarrollar una relación mucho más cercana y real con ella. Lo primero que veremos será cómo conectar contigo misma y con tu cuerpo para después trasladar ese conocimiento a la relación con el otro —con independencia de cuál sea el objeto de tu deseo o la forma de sexualidad que elijas.

El reto principal que nos planteamos en estas páginas es que puedas descubrir cuál es tu deseo y, después, le des el lugar que quieras en tu vida. Quizá ya sepas cuál es tu deseo, sin embargo, el trabajo que te proponemos aquí te servirá también para profundizar en él.

La experiencia nos dice que para conseguirlo es necesario trabajar muchos factores, pero para nosotras, los más importantes son: las creencias, los valores y las decisiones que tomamos alrededor de ellos.

Como ya hemos visto antes, nuestras creencias y valores están influenciados por muchos años de patriarcado que no han hecho otra cosa que bloquear nuestras partes más instintivas, tanto es así que muchas de nosotras no tenemos acceso a ellas de forma inmediata. Además, no hay que olvidar que, en nuestra cultura, la sexualidad continúa siendo algo oculto y escondido de lo que poco sabemos a ciencia cierta y para lo que no existen escuelas de aprendizaje. Y, por supuesto, mucho menos las mujeres, de las cuales, históricamente, se ha considerado que no teníamos deseo sexual o incluso que no debíamos tenerlo. Así que esto es lo que sabemos sobre nuestra sexualidad: nada o muy poco.

Hace unos cuatro años, a raíz de la publicación del libro *Nacidas para el placer*, comenzamos a impartir los primeros talleres de sexualidad femenina y, sinceramente, al principio pensamos que iban a ser muy aburridos. Veníamos de haber estado trabajando la sexualidad en talleres con Marcelo Antoni,[29] del cual alguna de nosotras incluso se puede decir que aprendió este trabajo. Eran talleres en los que participaban hombres y mujeres y con los que trabajamos la sexualidad a través de la relación con el otro y lo que este nos despertaba. Pensamos que, en el trabajo solo con mujeres, íbamos a perder mucha riqueza. Sin embargo, no caímos en la cuenta de que, a veces, es necesario encontrar primero la propia identidad para, después, poder compartirnos con los demás.

Y eso fue exactamente lo que pasó. Para nuestra sorpresa, con

29. Marcelo Antoni es uno de los terapeutas que en los años setenta introdujeron el crecimiento personal en Barcelona. El trabajo que hacíamos y continuamos haciendo consiste en propiciar un espacio de experimentación para que las personas, a partir de distintos lugares, puedan vivenciar experiencias sexuales consigo mismas y con los demás. Él aprendió este trabajo de John Heron.

cada experiencia descubríamos que lo que estábamos haciendo era construir una sexualidad femenina propia, algo que no existe en la cultura patriarcal. *A priori*, creíamos saber mucho sobre el tema, pero pronto nos dimos cuenta de que no éramos tan expertas como pensábamos. Y lo cierto es que no podíamos serlo porque la sexualidad que experimentamos a lo largo de nuestra vida está inevitablemente influenciada por el hombre y sus deseos. Nos descubrimos aprendiendo cosas nuevas que no sabíamos y que, poco a poco, fueron apareciendo en cada taller. Entendimos que, en la actualidad, las mujeres estamos inmersas en un proceso de aprendizaje y construcción de algo que, seguramente, nuestras antepasadas pertenecientes a culturas anteriores al patriarcado o en lugares donde este no pudo llegar, sabían y disfrutaban con plenitud, y que nosotras hemos perdido, o está oculto en lugares remotos.

Debemos entender, por lo tanto, que todas las creencias que tenemos están influenciadas por nuestra propia historia personal, por cómo es nuestro cuerpo en el sentido más biológico y, por supuesto, por el entorno en el que nos hemos movido y nos movemos, porque es lo que determinará si podemos satisfacer nuestros deseos o no.

Por todo ello, lo que te proponemos a continuación es un esquema de trabajo que incluye: creencia, biología y neurociencia.

Creencias

En nuestra experiencia de años de talleres de sexualidad trabajando con las creencias de los participantes, nos hemos encontrado con que la mayoría de los mismos se han criado en un ambiente en el que no se hablaba de sexualidad y donde no se hacía ninguna referencia a ella. Cuando preguntamos a los participantes de dichos talleres qué mensajes han recibido de pequeños, llegamos a la conclusión de que la creencia que han desarrollado es que el sexo no existe. Esta idea se corresponde con todo aquello que hemos explicado antes sobre el papel que se le da al sexo en nuestra cultura. Este mensaje condiciona nuestra actitud de tal forma que nos incapacita para tratar con una parte de nosotras mismas tan importante como es nuestra propia sexualidad. Es como si fuéramos seres amputados.

El primer paso, por lo tanto, es reconocer el instinto sexual en nosotros y también en nuestras familias, más que nada porque, de no existir la sexualidad, ninguno de nosotros estaríamos aquí, y la especie se habría extinguido hace tiempo. Es necesario entender que, solo por el mero hecho de ser un espécimen del género humano, ya tienes unos mecanismos biológicos sexuales que se activan más allá de nuestra conciencia. Esto es especialmente importante para nosotras, las mujeres, que muchas veces creemos que no tenemos ese impulso primario y salvaje. No obstante, disponer de esta posibilidad no significa que la podamos activar de forma espontánea, cuando y donde nos apetezca. Puede haber en nuestra historia, y de hecho es muy probable, experiencias que hagan que no nos resulte tan fácil conectar con esta capacidad.

Bruce H. Lipton,[30] en su libro *La biología de la creencia*, afirma que las creencias que tenemos sobre las cosas afectan a la base misma de nuestro organismo: las células. La biología es tan plástica y tiene tantas posibilidades que, dependiendo del ambiente en el que vive la célula, puede llegar a activar en su núcleo ciertas potencialidades y no otras. Así, las influencias medioambientales —que incluyen tanto la nutrición y el estrés, como algunas emociones— pueden modificar estos genes sin alterar su configuración básica. Los pensamientos, que no son otra cosa sino la energía de la mente, influyen de manera directa en el control que el cerebro físico ejerce sobre la fisiología corporal. La «energía» de los pensamientos puede activar o inhibir la producción de proteínas en la célula mediante las interferencias constructivas o destructivas. Por lo tanto, la forma en la que

---

30. Lipton, Bruce H, *La biología de la creencia: la liberación del poder de la conciencia, la materia y los milagros*, Gaia Ediciones, Madrid, 2011.

vivimos las cosas determina, inevitablemente, el desarrollo de nuestra biología.

Como decíamos en el capítulo anterior, se ha demostrado que los niños que han sufrido traumas en la infancia tienen una fisiología cerebral distinta. Y, ¡qué mujer no ha sufrido algún tipo de trauma en su infancia relativo a la sexualidad! Obviamente, no todos tienen por qué tener consecuencias dramáticas para la vida del individuo, pero se calcula que una de cada cuatro mujeres ha sufrido algún tipo de abuso a lo largo de su vida. Por lo tanto, los episodios que se hayan producido con respecto a la sexualidad a lo largo de tu vida, y especialmente aquellos que ocurrieron cuando eras niña, están marcando tu manera de vivir la sexualidad hoy en día. Y todo esto sin necesidad de ser consciente de ello.

Una buena manera de rebati, las creencias que hemos desarrollado a lo largo de nuestra vida es tomar conciencia de todo lo que nos está impidiendo (o que nos ha impedido) hacer y sentir en nuestro día a día. Nuestro organismo funciona de tal forma que todas las vivencias que no hayamos integrado permanecerán enquistadas en nuestro cuerpo hasta que logremos resolverlas. Y para ello es necesario dar rienda suelta a todas las sensaciones que durante el trauma o el episodio que vivimos no pudimos sentir. Sin ir más lejos, una de las creencias más arraigadas, y consecuencia directa de aquello de que «el sexo no existe», es que las mujeres no tenemos deseo. Esto no solo nos lo encontramos a menudo en nuestros talleres, sino que hasta una ginecóloga nos lo contaba de esta forma: «A las mujeres que trato les pregunto sobre su deseo; muchas veces me responden negativamente diciendo que no tienen. Y lo más terrible para mí es que esto no lo consideran un problema y, por supuesto, no era el motivo de consulta». Pero más allá de nuestros condicionamientos personales, existe una creencia que, como mujeres y en el marco de nuestra cultura, no se nos ha enseñado o permitido: la de saber que tenemos el derecho de sentirnos sexualmente satisfechas. Como vemos, la cultura patriarcal no solo ha dejado en un segundo plano la sexualidad femenina, sino que casi la ha considerado residual, por no decir inexistente. En otras palabras, el derecho a estar satisfecha sexualmente es la principal creencia que toda mujer debe tener para poder sentir placer y sentirse bien. No es verdad que en nuestra cultura hayamos llegado a un momento en que los hombres y las mujeres seamos iguales en cuanto al sexo y al placer. Y para muestra un botón: cuando un hombre sufre un problema de próstata, los médicos hacen todo lo posible para que el paciente no pierda su capacidad de erección. Sin embargo, cuando una mujer tiene cualquier problema en los órganos reproductores, lo primero que se hace es vaciarla, sin pararse a valorar qué efectos tendrá este procedimiento sobre su deseo y su sexualidad.

El cuerpo

El cuerpo es el gran olvidado en nuestra cultura. Si bien en la Antigüedad el cuerpo era imprescindible para sobrevivir, en la actualidad nuestra supervivencia no pasa por la agilidad o la fortaleza, por lo que el ser humano ha evolucionado inevitablemente hacia el sedentarismo. Esto hace que no lo tengamos en cuenta en absoluto, porque si estuviéramos más atentos a él seguro que llevaríamos otro tipo de vida más acorde con nuestros ritmos naturales.

Como ya hemos explicado en otros apartados, hace miles de años los humanos vivían en interacción con la naturaleza y todo lo natural era venerado. No existía una clara diferenciación entre lo natural y las personas, ya que estas últimas estaban totalmente integradas en la Tierra. Pero la aparición de la escritura marca el comienzo de un período determinante para el ser humano: la Historia. En esta etapa, y empujado por las circunstancias, el hombre se individualiza y toma conciencia de sí mismo, con lo que se inicia un proceso de alejamiento paulatino de la naturaleza y, por lo tanto, también del cuerpo, ya que este es nuestra propia naturaleza. El resultado lo vemos a diario en la forma en que tratamos a nuestro cuerpo, exactamente igual que tratamos lo natural: desconfiamos de él y le tenemos miedo, tanto que intentamos controlarlo por encima de todo. Por consiguiente, nos desconectamos de él por completo y perdemos la capacidad de escuchar y estar atentos a sus señales. Este es el gran peligro de la desconexión: no saber cuáles son nuestras necesidades ni cómo satisfacerlas.

Es cierto, sin embargo, que en nuestra sociedad existe un gran culto al cuerpo, pero desde un punto de vista meramente estético. Dedicamos mucho tiempo y esfuerzo para poder lucirlo. Nos pasamos horas en el gimnasio para darle la forma exacta que queremos que tenga. Sometemos a nuestro cuerpo a las exigencias de la moda. Nos convertimos en víctimas de nuestro ideal de físico perfecto y de nuestros valores estéticos. Pero, en el proceso, hemos perdido la conexión con nuestro interior, con las sensaciones y las emociones, y no habría ningún problema si estas no fueran el indicador de lo que necesitamos, pero da la casualidad de que ellas son el camino directo hacia nuestra salud.

No desvelamos ningún secreto al decir que, en la actualidad, vivimos en la era de la esclavitud de la imagen. Tanto hombres como mujeres, todos queremos tener una imagen perfecta, y eso acaba por convertirse en una tiranía que no nos deja vivir en paz con nuestro cuerpo. En el caso de las mujeres, la presión es aún mayor, porque detrás del cuerpo perfecto se esconde la necesidad de agradar al sexo masculino. Esta tiranía nos provoca una gran tensión y, en algunos casos, hasta sufrimiento. Y, lo que es más importante, hace que tengamos una autoimagen totalmente negativa de nosotras mismas, porque nunca seremos capaces de alcanzar la perfección que se espera de nosotras. Esta situación forma parte inequívoca de la presión social a la que la mujer está sometida en nuestra cultura. Además, está demostrado que el grado de satisfacción que cada persona tiene con su cuerpo —es decir, el nivel de autoestima— está directamente relacionado con su satisfacción sexual. Con lo cual, cuanto más satisfecha estés con tu cuerpo, más placer serás capaz de experimentar.

La autorregulación del cuerpo

Nuestro cuerpo tiene capacidad para la autorregulación, por supuesto, siempre y cuando no haya interferencias en nuestra mente o estemos demasiado traumatizadas. Como ya explicamos en los apartados anteriores, las mujeres tenemos toda una serie de creencias que no nos ayudan en absoluto a conectar con nuestros impulsos, es decir, con nuestro cuerpo y nuestra naturaleza. Por decirlo de alguna manera, se nos educa para que no estemos en contacto con esa parte natural tan nuestra, concretamente con nuestra rabia, con la capacidad de investigar, de jugar y, por supuesto, con nuestro deseo. Aunque esta situación no es exclusiva de las mujeres, como cultura, podemos afirmar que vivimos de espaldas a sentir el cuerpo. Los hombres, en su gran mayoría, también están muy desconectados de sus cuerpos y, en especial, de sus emociones.

¿Sabes cómo recupera el cuerpo su equilibrio perdido?

Al sentir las señales corporales, es decir, los dolores, las presiones, los vacíos o la intranquilidad, sabemos que necesitamos algo del entorno para funcionar adecuadamente. Debemos entender que no somos organismos aislados; de hecho, sin nuestro entorno no podríamos sobrevivir. Si tenemos la sensación de tener la boca seca y una cierta intranquilidad, podemos suponer que tenemos sed y que necesitamos beber agua. Si sentimos un vacío en el estómago, podemos deducir que lo que tenemos es hambre, y si lo que sentimos es una cierta excitación en los genitales, podemos suponer, sin riesgo a equivocarnos, que deseamos tener relaciones sexuales.

Lo más maravilloso de esto es que todo empieza con una sensación, porque es desde el cuerpo que empieza la vida, lo absolutamente básico, lo más importante. Es en el cuerpo donde se encuentra la sabiduría de miles de años de evolución del universo que nos permite funcionar sin pensar y de forma autorregulada. Es ahí donde está la vida y donde está nuestra naturaleza. Que todo empiece con una sensación es increíblemente importante, porque significa dar prioridad a lo natural por encima de lo racional. Nuestra parte racional es la más nueva del cerebro y, curiosamente, aun habiendo llegado la última al universo parece que pretende decidir cómo ordenar el mundo que nos rodea. Estamos demasiado acostumbrados a funcionar desde la mente, desde ese cerebro racional que quiere imponer una manera determinada de funcionar o de cómo deben ser las cosas. Esto hace que nuestro cuerpo y nuestras emociones se queden bloqueadas o coartadas, hasta tal punto que acabamos perdiendo el contacto con nuestras sensaciones. Los «deberías» en nuestra cabeza —deberías hacer esto, o ser de esta manera, etc.— son los que nos interrumpen a la hora de darnos cuenta de lo que estamos sintiendo.

Y es por esta razón que consideramos tan importante que todo empiece con una sensación, porque con ello va la recuperación del cuerpo y de nuestra propia naturaleza. Todo comienza con la toma de conciencia de lo que nos está pasando, de lo que estamos sintiendo, porque sin ella no sería posible percatarnos de lo que le ocurre al cuerpo. Y desde ahí se inicia todo el ciclo de autorregulación y de satisfacción de nuestras necesidades.

Te ponemos un ejemplo para que veas cómo funciona el proceso de autorregulación[31] de nuestro cuerpo: cuando sientes una cierta intranquilidad y que tus órganos genitales están humedecidos y recubiertos de una sensación de placer, tomas conciencia de que tienes deseo sexual. Entonces, normalmente buscas la manera de tener

---

31. En la terapia Gestalt creemos que el ciclo de la experiencia, o también llamado ciclo de satisfacción de necesidades, empieza con una sensación física; después de esto tomamos conciencia de la sensación, para después energizarnos, pasar a la acción que nos lleva al contacto con lo que necesitamos. Entonces satisfacemos la necesidad, y es ahí donde podemos empezar otro ciclo con otra necesidad. Seguir todo el proceso es poder cerrar una Gestalt.

relaciones sexuales y, una vez que las tienes, ya te quedas satisfecha. A partir de aquí, se cierra el ciclo de autorregulación de tu cuerpo y das lugar a que se abra uno nuevo con el foco en otra necesidad.

¿Cómo mantenerse en contacto con las sensaciones?

Estar en contacto con la sensación tan solo es posible si tenemos un cuerpo distendido, algo que por desgracia no es muy común en el mundo en el que vivimos. Nos pasamos el día sometidos a un ritmo rápido; somos seres sedentarios y absolutamente sobrepasados por el estrés y por la exigencia de hacer demasiadas cosas a la vez. Esta es la gran paradoja del hombre moderno: no movemos lo suficiente los músculos del cuerpo, pero, por otro lado, estamos continuamente activando los mecanismos de alerta y tensando los músculos. Nos cargamos y no nos movemos: este es el gran problema.

Es cierto que en ocasiones conseguimos ir al gimnasio varias veces seguidas, algunos practican deporte de forma regular e, incluso, de vez en cuando, hasta tenemos relaciones sexuales (con suerte, claro). Pero no es suficiente. Nos pasamos largas horas en la oficina, sentados frente a una pantalla haciendo trabajos que no suelen ser manuales, sino más bien intelectuales y, además, hablamos mucho. Esto cambia un poco si el trabajo que realizamos es de carácter físico, pero, aun así, muchas veces este tipo de empleos también son rutinarios y sin espontaneidad. Después, resulta que nos sentimos mal porque no dormimos debido al insomnio y que, para evadirnos, necesitamos ingerir grandes cantidades de comida, alcohol u otras sustancias que no hacen más que maltratar nuestro cuerpo. En la actualidad, vivimos totalmente separados y disociados de él, algo que en la Antigüedad no ocurría porque la actividad física era clave en la realización de las tareas diarias como, por ejemplo, conseguir comida y cobijo, etc. Es por eso que, para lograr estar más integrados con la naturaleza y con nuestra propia esencia, te proponemos comenzar a tener más en cuenta el cuerpo.

¡Y todo empieza por algo tan sencillo como una sensación! De lo que hablamos es de algo previo a la manera en la que actuamos desde el carácter o la personalidad. Queremos que entiendas que existe la posibilidad de conectar con nuestro cuerpo, a pesar de la experiencia de vida que hayas tenido y las estructuras psicológicas que hayas desarrollado. Hablamos de la conexión con el cuerpo por el cuerpo mismo. Cuando vivimos en esa conexión, sentimos alegría y podemos sentir la vida. Por alguna razón se dice que los pueblos —mal llamados— primitivos son más alegres.

Pero entonces, ¿cómo sería tener integrado el cuerpo en la vida diaria? Pues sería algo tan sencillo, en apariencia, como permitir que el cuerpo se autorregule por sí mismo en el día a día; conseguir conectar con las sensaciones y ser conscientes de ellas para poder satisfacer nuestras necesidades. La práctica del katsugen,[32] por ejemplo, puede considerarse como una autorregulación en movimiento, ya que permite poner en marcha los mecanismos de relajación y equilibrio de nuestro sistema nervioso. Además, este contacto con el cuerpo nos da vitalidad, lo que a su vez nos conecta más fácilmente con el placer y nos permite poder vivir las emociones en paz.

Conocer nuestra fisiología es de vital importancia a la hora de comprender cómo funcionamos y, por ello, deberíamos saber que nuestro organismo dispone de sistemas propios para poder equilibrar y regular nuestro cuerpo. Por un lado, el sistema nervioso extrapiramidal[33] regula los movimientos involuntarios del cuerpo, y con la práctica del katsugen se puede aprender a sensibilizar dicho

32. El katsugen es una práctica corporal que nos ayuda a autorregularnos. Trabaja con el movimiento involuntario.
33. El sistema extrapiramidal: este sistema motor está formado por los núcleos basales y núcleos subcorticales que complementan al sistema piramidal, participa en el control de la actividad motora cortical y en funciones cognitivas. Su función es mantener el balance, postura y equilibrio mientras se realizan movimientos voluntarios. También controlan movimientos asociados o involuntarios. Tiene el control automático del tono muscular y de los movimientos asociados que acompañan a los movimientos voluntarios.

sistema. Por otro lado, el sistema piramidal es el encargado de los movimientos conscientes y voluntarios, es decir, la parte que nos permite hacer lo que queremos. Es desde aquí que podemos desajustar o, por lo menos, ir en contra de lo que nuestro cuerpo necesita en cada momento y en pro de nuestros objetivos. Mientras que la actividad inconsciente, derivada del sistema extrapiramidal, solo trabaja para regular el cuerpo.

El sistema extrapiramidal se entrena con el katsugen, y eso incide en el funcionamiento y equilibrio del sistema simpático y parasimpático.[34] Los sistemas simpático y parasimpático son la parte del sistema nervioso que rige la actividad diaria de todos los órganos internos. Estos dos sistemas conectan todos los órganos del cuerpo, entre otros, ojos, lagrimales, glándulas salivares, vasos sanguíneos, glándulas sudoríparas, intestinos, corazón, laringe, tráquea, bronquios, pulmones, estómago, glándulas suprarrenales, riñones, páncreas, intestinos, vejiga y genitales externos.

Simplificando, el sistema nervioso parasimpático es el freno del cuerpo, impulsa las funciones relacionadas con el crecimiento y el restablecimiento, el descanso y la relajación, y es el principal responsable de la energía corporal, garantizando el descanso a los órganos vitales cuando no están de servicio.

Por otro lado, el sistema nervioso simpático hace todo lo contrario, acelera el metabolismo para poder hacer frente a los desafíos externos. Su estimulación moviliza las reservas del cuerpo para que la persona se pueda proteger y defender. Aparece entonces el mecanismo llamado de lucha o huida: se dilatan las pupilas, aumentan la intensidad y la velocidad de los latidos del corazón, se constriñen los vasos sanguíneos y aumenta la presión arterial. La sangre fluye desde el depósito del intestino hacia los músculos, los pulmones, el cora-

---

34. Extraído de la tesina de Lola Alberola: «Katsugen, yuky y la autorregulación organísmica», y de Northrup, *La sabiduría de la menopausia*, Urano, Barcelona, 2010.

zón y el cerebro, preparados para la batalla. Los intestinos y la vejiga dejan de funcionar temporalmente para conservar la energía necesaria tanto si se lucha como si se huye. Esta es la función opuesta al sistema nervioso parasimpático, que contrae las pupilas, hace más lento el ritmo cardiaco, mueve los intestinos y relaja los esfínteres de la vejiga y el recto.

Dado que el sistema parasimpático se encarga sobre todo de restaurar y conservar la energía corporal y el descanso de los órganos vitales, cualquier actividad o pensamiento que active este sistema equivale a fomentar la salud. A la inversa, si se activa el sistema nervioso simpático cuando no existe un peligro real, equivale a tensar el organismo sin motivo y gastar energía inútilmente.

En las sociedades modernas, y dado el ritmo que llevamos a diario, es frecuente colocarnos en un estado de alerta y huida constante, sin la consiguiente descarga posterior. Además, al no haber un peligro real del que tengamos que huir o contra el que luchar, toda esa energía corporal se malgasta de forma sistemática. Por otro lado, cuando la tensión sin descarga es muy constante, no nos damos el espacio y el tiempo suficientes para poder entrar en estados de restablecimiento y crecimiento, con dramáticas consecuencias para la salud, tanto para nuestros órganos como para nuestros músculos. Estos mecanismos de lucha-huida (e incluso parálisis) no solo se ponen en marcha a causa del estrés, también se activan en función de los traumas que hayamos tenido a lo largo de nuestra vida. Si hemos vivido situaciones traumáticas —de vida o muerte— y no las hemos superado, cualquier situación que nos recuerde a dicha experiencia traumática pondrá en marcha este mecanismo.

Por lo tanto, la propuesta que te hacemos es la siguiente:

❖ **Primera fase:** hacer un trabajo corporal que implique tensión muscular y que, a la vez, te permita descargar toda la energía acumulada en los estados de estrés.

❖ **Segunda fase:** darte el tiempo y el espacio para hacer un trabajo de relajación que te permita activar el sistema parasimpático en sus funciones de restablecimiento y crecimiento.

El trabajo corporal tendría que atender la polaridad contracción-distensión para garantizar la salud de nuestro cuerpo y, desde ahí, recuperarnos a través del contacto con nuestras sensaciones. A menudo, la mayoría de los trabajos corporales que se ofertan activan tan solo una de las dos partes de la polaridad, es decir, o bien se ocupan de contraer o bien están centrados en la relajación y la conciencia corporal. Sin ánimo de desvalorar ningún trabajo corporal, nuestra recomendación es operar desde los dos lados de la polaridad para reeducar a nuestro cuerpo en el ritmo natural de activación-relajación.

No debemos subestimar, por lo tanto, el trabajo de distensión, puesto que es el que nos permite conectar con el sistema nervioso entérico,[35] pieza clave a la hora de sentir placer. Además, el trabajo corporal como método para aflojar el cuerpo nos permite saber qué es preciso en cada momento para estar en homeostasis con el ambiente. Estos trabajos corporales ayudan a relajar el cuerpo a través de la distensión y siguiendo el movimiento que el cuerpo necesita en cada momento. Por eso, muchos de ellos —incluido el katsugen— tienen muy presente el cuerpo energético del que hablan los chamanes[36] y otras teorías. El cuerpo energético existe como un cuerpo in-

---

35. El sistema nervioso entérico (SNE) produce y almacena el 95 por ciento de la serotonina en nuestro cuerpo. La serotonina es un neurotransmisor, una sustancia química que juega un papel importante en las emociones y el humor en general; en este caso en la inhibición de la ira o cualquier conducta impulsiva orientada a la agresión, la temperatura corporal, el apetito, el placer sexual o el placer en general.

36. La teoría chamánica dice que tenemos cuatro cuerpos: el físico, el energético, el astral y el mental. Estos, en la medida en que están limpios, permiten que la personalidad y el alma se conecten entre sí; en Kampenhout, Daan Van, *La sanación viene desde afuera. Chamanismo y constelaciones familiares*, Editorial Alma Lepik, Buenos Aires, 2007.

dependiente del físico, aunque está totalmente ligado a él. Es decir, que si hay algún bloqueo en el cuerpo físico este también se da en el energético, y la manera de trabajarlo es la que tiene que ver con la distensión y el movimiento, no tanto con la tensión ni el forzar el cuerpo. Los movimientos no están ligados al esfuerzo, sino a la expresión de lo que aparece mediante el movimiento y la voz.

Se trata de una manera más femenina de trabajar el cuerpo, no tanto desde la fuerza sino más bien desde el fluir con lo que hay a cada momento. El objetivo es llegar a conectar y activar los mecanismos de autorregulación, confiando en la idea de que nuestro cuerpo buscará el bienestar. Ten en cuenta que este proceso que hemos descrito no se realiza en un día, requiere práctica y la ayuda de alguien que haya pasado antes por estos espacios para que nos guíe. Al no confiar en nuestro cuerpo, la idea de soltarlo nos da auténtico pavor, y lo que puede aparecer después si no estamos preparados, nos da más miedo todavía. El katsugen, por ejemplo, se practica en grupo con un instructor especializado y se empieza siempre con unos ejercicios respiratorios.

La base del trabajo que te proponemos es que te dejes llevar a través del movimiento a un lugar de placer y bienestar del cuerpo. Es importante confiar en que puedes llegar a un lugar donde no haya tensión corporal; es muy probable que cuando intentes llegar al lugar de la distensión o el bienestar te aparezcan todas aquellas dificultades y bloqueos que almacenas en tu cuerpo, y estos son precisamente los que te impiden estar ahí de forma habitual. Hay que dar espacio a estas trabas justo en el momento en que se presentan para poder deshacer los nudos que impiden la autorregulación del cuerpo por sí mismo, y siempre sin perder de vista que el objetivo no es forzar el bloqueo, sino buscar el bienestar y el placer en el cuerpo.

Podemos afrontar estos bloqueos de formas distintas. Una de ellas, tal y como se realiza en el trabajo de katsugen, consiste en seguir con el movimiento hasta que el bloqueo desaparece. De hecho, este es el mecanismo inconsciente que usan los animales después de haber pasado por algún peligro, en el que han sentido que su vida estaba en juego. Cuando el depredador ya se ha ido y el peligro ha desaparecido con él, los animales se sacuden y se mueven de forma descontrolada hasta sacarse toda la tensión muscular acumulada, hasta restablecer su sistema homeostático y quedarse relajados como si nada hubiera pasado. Esta distensión corporal nos facilita el acceso a otros aspectos del ser humano más allá de los estados emocionales y corporales, permitiendo que nuestra esencia pueda expresarse o, por lo menos, que tengamos más facilidad para conectar con ella. En realidad, llegar a soltar el cuerpo de forma fluida puede convertirse en toda una forma de meditación que nos conduce a la comunión con el Todo. En el siguiente apartado, explicaremos otras maneras de abordar los bloqueos cuando veamos en profundidad el tema de las emociones y cómo regularlas.

El mundo energético emocional

Según la teoría chamánica, nuestro cuerpo, además de tener un cuerpo físico, tiene otro energético —del que hemos hablado antes—. Existe también un tercer cuerpo, el astral y en el que están alojadas todas las emociones bloqueadas que hemos experimentado a lo largo de nuestra vida. Desde la osteopatía también se habla de «quistes emocionales» que se encuentran en el espacio que hay entre la fascia (tejido que recubre el músculo) y el músculo propiamente dicho. Estos quistes son emociones que no han podido ser expresadas, y que se quedan ahí, trabadas y produciendo interrupciones en el fluir de la energía corporal. Si describimos la sexualidad como una energía, los bloqueos corporales afectarán a nuestro placer sexual. Por lo tanto, habrá que hacer un trabajo de desbloqueo de estas emociones guardadas para que podamos disfrutar del goce que nuestro cuerpo tiene la capacidad de darnos.

Tras muchos años de prohibiciones a la hora de abrir y experimentar con los cuerpos, la cultura oriental ha profundizado como ninguna otra en el estudio de las energías, especializándose en los trabajos energéticos. Según esta filosofía, el cuerpo se divide en varias partes, lo que conocemos como chakras. Los chakras son centros vibratorios que se encuentran tanto dentro como fuera del cuerpo y que nos influyen en el ámbito energético. A continuación, hablaremos de los siete chakras principales, puesto que son los más sencillos de encontrar y relacionar con zonas muy concretas de nuestro cuerpo. De hecho, su ubicación es paralela al sistema endocrino, de manera que forman un vínculo entre nuestra anatomía física y nuestra anatomía vibracional. Además, como veremos más adelante, los chakras guardan relación directa con aspectos tanto psicológicos como espirituales de la persona.

Donna Eden y David Feinstein, en su obra *Medicina energética*,[37] lo resumen así: «Cada chakra influye en los órganos, los músculos, los ligamentos y las venas, así como en el resto de las partes del cuerpo que se hallan en su campo energético. Los chakras también ejercen cierta influencia en el sistema endocrino y, por lo tanto, están muy relacionados con los estados de ánimo, la personalidad y la salud. La evolución física y psicológica, así como el camino espiritual de cada uno, quedan inevitablemente reflejados en ellos». Eden y Feinsten afirman, además, que «cada evento importante externo o emocional queda grabado en la energía de los chakras»,[38] así como que «las funciones espirituales atribuidas a los chakras están vinculadas a ámbitos metafísicos tales como la memoria ancestral, las vidas pasadas y los arquetipos».[39]

Veamos la relación entre los distintos sistemas y los chakras:

37. Eden, Donna, y David Feinstein, *Medicina energética (salud y vida natural)*, Ediciones Obelisco, Barcelona, 2011, p. 182.
38. *Ibíd.*, p. 175.
39. *Ibíd.*, p. 178.

Chakra	Nombre	Sistema endocrino relacionado	Partes corporales asociadas	Sentido predominante
1.º	Raíz	Testículos/ovarios	Pies, piernas, perineo, ano, genitales e intestino grueso	Olfato
2.º	Sacro	Suprarrenales	Genitales, vejiga y útero/próstata	Gusto
3.º	Plexo solar	Páncreas	Sistema digestivo (intestino delgado), riñones, hígado, vesícula biliar, bazo, estómago y páncreas	Vista
4.º	Corazón	Timo	Corazón, pecho, pulmones, costillas, espalda y hombros	Tacto
5.º	Garganta	Tiroides/Paratiroides	Garganta, oídos, nariz, boca y cuello	Oído
6.º	Frontal	Glándula pituitaria	Ojos y base del cráneo	Ninguno
7.º	Corona	Glándula pineal	Área superior del cráneo y corteza cerebral	Ninguno

Existen divergencias entre autores a la hora de situar el centro energético sexual en el ser humano. La disputa principal está entre el primer y el segundo chakra, y la razón es seguramente porque ambos están muy implicados con la sexualidad y no se pueden separar. Aunque, en cierta manera, la verdad es que podemos encontrar la sexualidad en todos y cada uno de los chakras. Donna Eden, por ejemplo, sitúa la sexualidad en el chakra raíz, sobre todo cuando nos referimos al deseo sexual animal que está regido por impulsos primarios. Eden afirma que «la energía del chakra raíz va en busca de la energía de otro chakra raíz, como dos imanes que se atraen, o incluso como un misil termodirigido. En eso consiste precisamente la atracción sexual diseñada por la naturaleza para asegurar la continuación de la especie».[40] Por su parte, Christiane Northrup[41] en su obra *Cuerpo de mujer, sabiduría de mujer*, denomina «centros inferiores femeninos» a los tres primeros chakras. No obstante, nosotras somos de la opinión de que el cuarto y el quinto chakra también están muy relacionados con las mujeres.

Cada chakra está relacionado, a su vez, con unos órganos del cuerpo determinados y unos estados emocionales concretos. Veámoslos muy por encima:

❖ El **primer chakra** está relacionado con la pertenencia y la lealtad hacia la tribu. Implica saciar los impulsos más primarios, es decir, los instintos de supervivencia tales como alimentarse, sentirse seguro, proteger a los miembros de la familia, copular y acumular posesiones. Para estimular la sexualidad del chakra raíz, por ejemplo, lo ideal es practicar la danza africana.

---

40. *Ibíd.*, p. 191.
41. Northrup, Christiane, *Cuerpo de mujer, sabiduría de mujer: Una guía para la salud física y emocional*, Urano, Barcelona, 2010, p. 129.

❖ El **segundo chakra** está relacionado con las relaciones y con la creatividad. Las mujeres almacenamos la mayoría de nuestra energía vital en este chakra. De ahí la importancia de no tenerlo bloqueado. Este chakra está relacionado con el placer y por esa razón se lo asocia a la sexualidad.

❖ El **tercer chakra** manifiesta el poder personal. Es el centro de la autoestima. En él se almacenan los juicios, las opiniones y las creencias, tanto propias como ajenas. Es el centro del ego. Un chakra muy emocional. Es de suma importancia que este chakra no esté bloqueado, ya que es el punto de unión que permite que la energía entre el segundo y el cuarto chakra fluya.

❖ El **cuarto chakra** nos hace relacionarnos desde el amor más incondicional y puro. Pero, también, con el rechazo y la capacidad de poner límites a aquello que nos hace daño.

❖ El **quinto chakra** está relacionado con la comunicación, y es en el que se encuentran la mayoría de los sentidos. En las relaciones sexuales es muy importante comunicar, ya sea a través de la palabra o de los sentidos. Expresarse mediante los dedos y las caricias también implica comunicarse desde el centro laríngeo. Así pues, es altamente recomendable expresarse durante el acto y fuera de él. Además, para que exista una sexualidad sana y relajada, el cuello tiene que estar destensado, porque es allí donde se encuentra el control, y no hay otra forma de alcanzar el orgasmo y el placer máximo que dejando de controlar.

❖ El **sexto chakra** está relacionado con la percepción, el pensamiento, la moralidad y la intuición.

❖ El **séptimo chakra** nos permite conectar con otras dimensiones. Es el chakra espiritual por excelencia. La meditación y los rituales son formas de intensificar esta conexión con el cosmos.

¿Cuál es nuestra propuesta de trabajo con los chakras?

Para empezar, decir que no vamos a aportar nada nuevo con respecto al trabajo de chakras. De hecho, lo que vamos a utilizar son herramientas que tienen millones de años y que han sido desarrolladas de forma magistral por culturas milenarias como, por ejemplo, la hindú. Nos basaremos principalmente en técnicas de yoga y de baile para poder desbloquear las emociones retenidas dentro de nosotros. Existen numerosas técnicas que han usado la sabiduría de los chakras, combinada con otras terapias corporales, como los Centros de Energía[42] o Río Abierto. Y nos vamos a inspirar precisamente en ellos para explicar nuestra propuesta de trabajo con los chakras.

Como decíamos antes, si nos movemos mediante el baile o la danza, el yoga o los estiramientos, podremos dar salida a muchas de las emociones retenidas. Nuestro objetivo es que puedas dar rienda suelta a la expresión de tus sentimientos mediante el movimiento. Para comenzar, te proponemos abrirte a la posibilidad de expresar aquello que ha sido bloqueado o retenido en tu interior. Para ello, sabemos que hay determinados movimientos que ayudan enormemente a que nuestros músculos y tendones se muevan de forma fluida. Sabemos también que hay otros movimientos que favorecen que nuestros cuerpos recuperen el estado de flexibilidad que perdieron. Conocemos, además, qué tipo de movimientos corresponden a cada chakra y, por lo tanto, a qué tipo de actitud nos va a llevar di-

---

42. Todo lo que estoy contando aquí es un saber que he aprendido con la práctica en Centros de Energía, una práctica de trabajo corporal desarrollada por Hugo Ardiles en Argentina. Yo la he aprendido de Patricia Ríos, que la ha desarrollado en España.

cho movimiento. Como ya hemos comentado antes, cada uno de los chakras guarda una relación estrecha con una emoción o estado concreto.

Encontrando el instinto en nosotros

Tal y como hemos visto antes, ubicamos la sexualidad en los dos primeros chakras. De hecho, podríamos llamarlos «chakras instintivos», porque son los que nos pueden llevar a la conexión con nuestra parte más atávica. El espacio que corresponde al **primer chakra** se sitúa en la parte posterior de las piernas y los glúteos. Y, para poder conectar con ellos, lo más importante es trabajar sobre la musculatura de las piernas y teniendo siempre en cuenta los pies. Al final, es justo a través de los pies que nos conectamos con la tierra y que podemos absorber la energía que viene de ella. Cuando somos conscientes de cómo pisamos y cómo nos sostenemos, cuando podemos abrir nuestros pies al contacto con el suelo, es cuando podemos sentir la fuerza del instinto. Para empezar, algo tan sencillo como esto ya nos resulta complicado puesto que la mayor parte del tiempo llevamos zapatos, los cuales nos impiden conectarnos realmente con la tierra y sentirla. Y no solo eso, sino que, además, los zapatos que utilizamos están más pensados para que sean estéticos que para la comodidad o la conexión. El simple hecho de poder descalzarnos y pisar con ímpetu el suelo nos ayuda a volver al presente y poder sentir que estamos vivos. El chakra raíz nos conecta con la vida y la fuerza que necesitamos para poder seguir adelante. En él está la rabia, entendida como fuerza de acción para la transformación del mundo. Para poder conectar con él necesitamos flexibilidad en las piernas y fuerza en los músculos. Un buen ejemplo de conexión con este chakra lo tenemos en los luchadores de sumo. Si los observamos, veremos que cuando levantan una pierna y se quedan apoyados en la otra, ni siquiera titubean a pesar de la cantidad de kilos que pesan. La mayoría de las mujeres no estamos conectadas con este chakra porque implica una gran dosis de fuerza y agresividad, y ya sabemos que no estamos educadas para ello. No obstante, tampoco todos los hombres están conectados al instinto ya que, poco a poco y como sociedad, nos hemos ido alejando de él.

Si queremos disfrutar de una sexualidad de calidad, es necesario que conectemos con este chakra y no lo tengamos bloqueado. Este también es el chakra que nos da la sensación de pertenencia a una tribu o clan. Una buena forma de conectarse con la naturaleza exterior, y de paso también con nuestra propia naturaleza, son los bailes rituales en los que todos los miembros llevan el mismo paso de forma rítmica y en donde cada uno tiene su lugar. Muchos de los bailes tradicionales de las culturas que, en esta parte del mundo, solemos llamar «primitivas» tienen este tipo de rituales en los que todos participan del baile con el mismo ritmo. Este chakra nos une con el entorno, nos da la sensación de que somos uno con lo natural y de que existimos.

Otro de los chakras clave para poder disfrutar de una buena sexualidad es el **segundo chakra**, también llamado lumbo sacro. Es el chakra donde está situado el Hara o Tantien que, para los orientales, es el lugar donde está el motor de la energía del cuerpo. Si el primero es el que nos da la energía, este es el que la distribuye. La parte correspondiente en el cuerpo son las piernas por delante y por dentro hasta la cintura. Como se puede ver, los dos chakras son complementarios por las partes del cuerpo que ocupan en las piernas. Si con el anterior ya teníamos dificultades al no estar conectados con él, este todavía es peor porque somos muchas las mujeres —y también muchos hombres— que apenas tenemos movilidad en esta zona. Bien distinto es lo que sucede en otras culturas como, por ejemplo, la hawaiana en la que las mujeres mueven esta parte del cuerpo de forma rápida y libre, con una facilidad que nos deja atónitos. Esta parte del cuerpo se asocia con la sexualidad de forma casi natural y es que el poder tener una pelvis suelta y relajada posibilita que la energía fluya y se distribuya por todo el cuerpo, lo que facilita obviamente las relaciones sexuales. Sin embargo, lo habitual es que este chakra encierre muchos prejuicios e introyectos[43] depositados a lo largo de toda nuestra vida y que suelen salir a la luz en forma de bloqueos, dolor o emociones, cuando empezamos a movernos. Soltar la pelvis libremente nos puede traer gran placer y goce; sin embargo, como culturalmente no nos está permitido hacer este tipo de movimientos en público, nos acostumbramos a reprimirlos, y de ahí al bloqueo hay un paso. Si conseguimos soltar la pelvis, que también significa poder soltar la cabeza y todos los mensajes que hemos recibido sobre la sexualidad, descubriremos que esta se mueve de forma relajada y fluida. De forma natural. Como si fuera su única y exclusiva razón de ser: fluir. Este movimiento tiene que permitirnos poder rotar, especialmente la articulación del fémur con la cadera que debe poder moverse hacia fuera. Y es con este movimiento que podemos sentir todo lo que necesitamos y disfrutar del placer que nos puede dar la sexualidad. No obstante, para ello es muy importante que no tengamos tenso el chakra del cuello. Tanto la pelvis como el cuello son los dos extremos de nuestra columna vertebral, y si uno de ellos está tenso, el otro también lo estará y no se podrá desbloquear. Por lo tanto, para poder relajar la pelvis tenemos que relajar primero el cuello.

En las sociedades modernas, cada vez hay más personas que tienen problemas de cervicales. Desde nuestro punto de vista, esto es solo un reflejo del alto grado de exigencia al que estamos sometidos. El cuello es un lugar de paso en donde se concentran un gran número de nervios, venas y músculos en poco espacio. Es el lugar ideal para bloquear todas las informaciones que vienen del cuerpo para que nuestra cabeza pueda seguir con los planes que tiene entre manos. De esta forma, evitamos ser conscientes de las sensaciones que nos manda nuestro cuerpo cuando nos avisa de que no puede con el ritmo que estamos llevando y que necesita descansar. Todo el estrés se concentra aquí, acumulándose y desencadenando el consiguiente

---

43. Introyectos: mecanismo a través del cual integramos determinadas ideas, normas o conceptos de otras personas o del conjunto de la sociedad.

dolor de cervicales. Y no solo eso, sino que, además, este es el lugar de la expresión a través de la palabra, y cuando no nos permitimos —o no nos permiten— expresar lo que sentimos libremente, también acumulamos tensión en esta zona. Mover los músculos de la cara, hacer sonidos y expresiones forzadas es, sin duda, una manera sencilla a la vez que divertida de relajar toda la tensión acumulada. Aunque seguro que lo has oído millones de veces, el estrés es uno de nuestros peores enemigos, pero en este caso, con más razón. El estrés es el mayor obstáculo para el placer y el sexo porque nos tensa y no nos permite relajarnos.

Este chakra es el lugar donde controlamos y nos controlamos, así que estaría relacionado con la capacidad de razonar. En nuestra cultura, se ha priorizado este aspecto por encima de los cerebros más instintivos y emocionales; de hecho, hemos usado la razón para controlarlo todo y reprimir aquello que no sea razonable. La razón, tal y como la entendemos, estaría localizada en el hemisferio izquierdo del cerebro. Es el hemisferio lógico, preciso, lineal, secuencial, racional y matemático, características que solemos identificar con lo masculino. Cuando trabajamos con este centro nos permitimos que afloren también las características del hemisferio derecho: lo global, lo atemporal y lo emocional. Si conseguimos dejar nuestro cuello relajado podemos poner palabras a lo que nos está ocurriendo y expresarlo, podemos comunicarnos con los demás, más allá de cómo creemos que nos tenemos que sentir y cuál sería la manera correcta de hacerlo. Cuando este chakra está bloqueado, lo que hacemos es priorizar nuestra mente y nuestros «deberías» por encima de lo que sentimos y somos. Tratamos de adaptarnos a los esquemas de nuestra cultura sin tener en cuenta lo que nos ocurre. Este exceso de mente en el que vivimos es el que nos provoca muchas de las enfermedades que sufrimos en la actualidad.

De la misma forma que podemos tener bloqueos en las cervicales, es frecuente encontrar dolores y bloqueos en las lumbares. En su mayor parte, suelen estar relacionados con bloqueos en nuestra capacidad para dejar fluir la energía y la sexualidad. Así como los dolores menstruales muchas veces están provocados por un exceso de energía en esta parte del cuerpo. Por muy descabellado que parezca, porque todas hemos sentido esos dolores alguna vez y lo único que queremos es estar quietas y acurrucadas, está demostrado que el movimiento mejora dichos dolores porque, en muchos casos, no se trata más que de una sobrecarga de la zona. Si conseguimos hacer movimientos sensuales y seductores desde nuestra pelvis podremos dar rienda suelta a nuestra energía sexual y a nuestro placer. Soltar nuestras ingles y nuestras caderas nos dará la posibilidad de sentirnos libres y sexuales; conectar con la alegría, con la risa o con el juego y disfrutar del baile sin trabas.

En su obra, Northrup[44] enumera algunos de los tipos de estrés que afectan a los tres primeros chakras:

◇ La rabia no resuelta.
◇ El resentimiento y la sensación de rechazo.
◇ La necesidad de venganza.
◇ El miedo a dejar una relación debido a las consecuencias económicas.
◇ La vergüenza del propio cuerpo.
◇ La vergüenza de los antecedentes familiares o de la posición social del marido.
◇ El maltrato a los hijos o el haber sido una hija maltratada.
◇ Un historial de incesto o violación.
◇ El sentimiento de culpabilidad tras un aborto.
◇ La incapacidad de concebir.
◇ La incapacidad de dar a luz las propias creaciones.

No resulta muy complicado, por lo tanto, relacionar muchas de las dolencias que sufrimos frecuentemente las mujeres con bloqueos

44. Northrup, *op. cit.*, p. 131.

energéticos, ya sean de los propios órganos, de los meridianos o de los chakras. Y los siguientes son solo algunos ejemplos:

Caroline Myss afirma que «casi todo el mundo de esta cultura ha sufrido al menos una violación psíquica o emocional de su yo más profundo. Esa es una explicación del porqué tantas mujeres que jamás han sufrido abusos sexuales físicos padecen, sin embargo, de dolor pelviano crónico y otros problemas del segundo chakra».[45] Y «otro problema para muchas mujeres es la vergüenza, que ataca a los primeros tres centros femeninos y a los órganos internos relacionados, entre ellos, el útero y los ovarios».[46]

¿Cómo fluir con nuestras emociones?

Los dos chakras siguientes son los más emocionales. Esto significa que ahí es donde podemos sentir nuestras emociones. Es la parte de nuestro cuerpo que compartimos con otros mamíferos.

El **tercer chakra** es donde se alojan las emociones más viscerales; no es raro dado que en esta porción del cuerpo es donde están todas las vísceras. El chakra va desde dos dedos por debajo del ombligo hasta el diafragma. Su punto energético está situado en el plexo solar, es el centro del poder personal, que correspondería con la boca del estómago. Para poder conectar con él es necesario tener flexibilidad en nuestra respiración y en nuestra caja torácica. Sin embargo, lo más frecuente es tener la boca del estómago dura puesto que es un fiel reflejo de nuestro exceso de pensamientos.

«El entorno influye en gran medida en el tercer chakra. Es allí donde se graban los mensajes familiares. Es allí donde se codifican las expectativas por parte de la sociedad. Y es allí donde se disputa el conflicto entre el quién soy, quién quieren los demás que sea y quién debería ser.»[47]

---

45. *Ibíd.*, p. 144.
46. *Ibíd.*, p. 145.
47. Eden y Feinstein, *op cit.*, p. 197.

El movimiento de los codos, como cuando bailamos, puede ayudarnos a flexibilizar esta zona porque desde ahí podemos abrir el plexo solar y cerrarlo de forma fluida. El movimiento por realizar sería el de abrirnos y cerrarnos; abrirnos para usar nuestro poder y cerrarnos a aquello que no nos gusta. El centro medio corresponde a la zona de la cintura y no tiene casi huesos, por lo que nos permite hacer un movimiento ondulante y fluido, como centro de estrechamiento que es. Se puede decir que en este chakra está la conexión con nuestras partes blandas y a la vez viscerales. Nos permite conectarnos con lo que nos pasa, saber lo que necesitamos y también cómo estamos, y esto lo hacemos a través de un movimiento dionisíaco, ondulante. Cuando dejamos salir las emociones y permitimos que fluyan, es cuando las podemos expresar. En el fluir del centro medio puedo saborear lo que me gusta y desechar lo que me disgusta. Puedo confiar en mi poder para resolver las cosas de la vida y mi capacidad emocional para lidiar con lo que sea que venga. Puedo disfrutar de la pasión emocional y entregarme a ella. Además, si juntamos los chakras inferiores podemos juntar el placer sexual y la emoción al mismo tiempo.

El **cuarto chakra** es el del corazón y del amor incondicional. Es el centro desde donde puedo dar y recibir, es el lugar en el que puedo sentir ternura. Tiene menos movimiento porque hay muchos huesos en él, entre ellos las costillas, que construyen una caja para proteger el corazón. Se sabe, además, que el corazón actúa como un cerebro autónomo y es capaz de mandar ondas a tres metros de distancia. Así como los dos primeros chakras estaban relacionados con las piernas, este también incluye los brazos porque son los que nos permiten el contacto con los demás. Desde aquí podemos tocar a los otros y aceptarlos como son. Para abrir este centro es necesario desbloquear la caja torácica con unos sencillos ejercicios como pueden ser: abrir los brazos con las palmas de las manos hacia arriba, subirlos para elevar también la caja torácica y después soltarlos sin resistencia para que toda esa zona se relaje y suelte la energía. En nuestra cultura, a las mujeres se nos exige que tengamos muy desarrollado este centro, es decir, que seamos como la Virgen María, amorosas y cuidadoras. Pero esto solamente es posible si estamos conectadas con los centros anteriores, que son los que nos permiten la conexión con nuestras raíces, la expresión de nuestro deseo y el saber identificar qué es lo que necesitamos. Solo entonces podremos ver al otro y estar por él. Tan solo podemos entregarnos a los demás si sabemos quiénes somos y sabemos lo que nos gusta. Cuando nos conectamos con el corazón, podemos aceptar a los otros y su manera de ser, y eso solo puede ocurrir si estamos bien asentadas en la Tierra, sentimos que tenemos derecho a pertenecer a ella y que somos perfectas tal como somos.

Los dos chakras que quedan por explicar no tienen movimiento de forma directa, así que los veremos con más detalle en el apartado de la mente.

La mente y la conciencia

Cuando pensamos, acostumbramos a hacerlo de acuerdo con los moralismos sociales y culturales que hemos aprendido durante nuestros procesos de socialización. En consecuencia, hemos asumido los «deberías» como códigos de conducta que, según Francisco Peñarrubia,[48] nos llevan a la racionalización de nuestras necesidades y, por ende, a olvidarnos de sentir y escuchar la sabiduría interna de nuestro cuerpo. Por su parte, Claudio Naranjo[49] afirma que esta tendencia a vivir desde el «debeísmo» nos hace perder perspectiva de lo que realmente somos y nos resta posibilidades para responder a los cambios del entorno. Pero ¿cómo podemos aprender a pensar de forma

48. Peñarrubia, Francisco, *Terapia Gestalt: La vía del vacío fértil*, Alianza Editorial, Madrid, 2003.
49. Naranjo, Claudio, *La vieja y novísima Gestalt*, Cuatro Vientos, Santiago de Chile, 1993.

más integrada, sin responder a los «deberías» y dejándonos sentir lo que realmente necesitamos?, ¿cómo podemos poner nombre a lo que sentimos?, ¿cómo pueden ayudarnos nuestros pensamientos a sentir más placer y más goce?

Para intentar responder a estas preguntas, os proponemos nuestra visión gestáltica del mundo. Básicamente, se trata de cambiar nuestra manera de pensar y sustituirla por la conciencia. En la Gestalt hablamos de que lo importante es la actitud, algo que no solemos tener muy en cuenta porque estamos más centrados en los conocimientos.

Según Claudio Naranjo,[50] la actitud gestáltica está basada en tres fundamentos:

1. Vivir en el aquí y el ahora. Apreciar lo que está ocurriendo.
2. Ser consciente. Darse cuenta de lo que está ocurriendo.
3. Responsabilidad. Ser capaz de responder a lo que está ocurriendo.

Naranjo[51] afirma que estos tres elementos son aspectos de una forma única de estar en el mundo. Ser responsable implica estar presente. Y estar verdaderamente presente es ser plenamente consciente.

Este tipo de actitud nos pone en un lugar distinto del que estamos acostumbrados a vivir y a pensar. Nos da la posibilidad de aceptarnos como somos y poder sentir nuestras sensaciones y expresarlas. Nos aleja de los «deberías» y de los juicios, nos pone en otro lugar que no es el bien y mal. Nos permite fluir con lo que somos y sentimos y, lo más importante, apropiarnos de ello. Es desde ese lugar que podemos vivir lo que está ocurriendo en nuestro presente, sin estar todo el tiempo enfocados en los objetivos que nos marca nues-

50. *Ibíd.*
51. *Ibíd.*

tra cultura. Podemos dejar de estar en el futuro o vivir en el pasado. Es una actitud muy parecida a la de la meditación o el *mindfulness*. Con la diferencia de que, en este caso, me estoy dando cuenta de todo lo que me va pasando, y puedo decidir poner la atención hacia dentro de mí o hacia fuera. En el caso de la meditación, por ejemplo, la atención normalmente está hacia dentro.

En Gestalt distinguimos tres zonas de «darnos cuenta»,[52] una que tiene que ver con el mundo interno, es decir, el mundo de las sensaciones; otra que tiene que ver con el mundo externo, en otras palabras, lo que nos llega por los sentidos y, finalmente, una zona intermedia que está constituida por el mundo de los pensamientos, los juicios y las fantasías. Las dos primeras están compuestas por todo aquello que realmente podemos sentir, y la tercera está compuesta por todas aquellas ideas y pensamientos que no están en contacto con la realidad. Normalmente vivimos en esta tercera zona y pasamos la mayor parte del tiempo actuando en base a fantasías y juicios, sin estar presentes en las cosas obvias, las que nos llegan a través de las sensaciones.

En la teoría de los chakras, este observador está en el **sexto chakra**, que es donde reside nuestro ser esencial, capaz de manejar las polaridades de la vida. Es también donde reside la intuición y la capacidad de recordar los sueños y la creatividad. Es un centro de luz y visión. En las tradiciones orientales es el tercer ojo, y hace referencia a la capacidad de ver y construir imágenes.

El **séptimo chakra** es aquel a través del cual nos conectamos con todo aquello que está más allá de nosotros; es el chakra espiritual. Si lo relacionamos con la sexualidad podríamos decir que este puede ser un camino para conseguir la unión con el todo. Sin ir más lejos, este es precisamente el objetivo del Tantra, la unión con lo divino.

52. Peñarrubia, *op. cit.*

El inicio del camino

Como sugiere M. Murdoch,[53] el camino de la heroína es un camino que consiste en mirar hacia dentro y poder darnos cuenta de qué es lo que hay en nosotras. No debemos embarcarnos en un viaje hacia el exterior para conquistar el mundo, sino más bien hacia el interior, para conquistarnos a nosotras mismas. Nos sugiere enfocar nuestra atención bien adentro para poder autoobservarnos. Murdock propone un viaje en busca de las partes perdidas de una misma. Uno de los primeros personajes con los que nos encontramos en este descenso hacia nuestro interior se asemeja a Medusa, un ser mitológico que vive en el inframundo, y a la cual no se la puede mirar de cara sin quedarse petrificado. Medusa representa esa parte de nosotras que quiere destruir y anular completamente lo masculino. Representa nuestra parte femenina airada por haber sido ninguneada y jamás tenida en cuenta. Mientras estamos ancladas en el modelo patriarcal, nos encontramos inmersas en una guerra para ganar y destruir al adversario, características de un modelo que nos empuja a ganar porque, por encima de todo, valora la competencia y la razón. Y en esta guerra las mujeres pensamos solo en destruir lo masculino, creyendo que así nos sentiremos mejor. Pero, esta no es ni mucho menos la solución, porque siempre habrá alguien que saldrá perdiendo.

La salida de esta lucha interior pasa precisamente por conectarnos con lo instintivo, con el cuerpo y la sexualidad; pasa por recuperar lo natural que hay en nosotras. En la Antigüedad, se identificaba a la naturaleza con la diosa, es decir, con las mujeres. En esta etapa del viaje de la heroína, se trata de reencontrarnos con esta parte más instintiva y natural. Son muchas las mujeres que empiezan a reconocer sus deseos y a conectarse con lo que necesitan en etapas muy avanzadas de sus vidas porque, hasta entonces, habían estado pendientes tan solo de las necesidades de los demás. En lugar de ser cui-

53. Murdock, *op. cit.*

dadoras y de seguir el modelo de perfección, empiezan a decidir por ellas mismas escogiendo lo que les gusta y les da placer más allá de las normas sociales establecidas y del rol asignado a la mujer en nuestra cultura. En resumen, empiezan a hacer lo que realmente quieren.

Desde esta reconciliación con el cuerpo y la sexualidad podemos reencontrarnos con nuestra madre, que representa nuestra naturaleza divina, la naturaleza profunda de lo femenino. Y desde ahí, podemos reconstruir el linaje femenino y darle un valor tan importante como al linaje masculino. La madre recupera el papel protagonista que había perdido en nuestra vida cuando, como hijas, nos identificamos con los valores patriarcales —al igual que Atenea—, en lugar de con ella. Desde ahí, podremos poner a nuestra madre en el lugar que se merece. Como un modelo, no como alguien inferior.

3

La sexualidad
que te proponemos

La sexualidad es algo inherente al ser humano y no puede ser definida solo desde un punto de vista. Nos estaríamos equivocando, o más bien quedando cortas, si pretendiéramos definir nuestra sexualidad apenas por tener una determinada anatomía o por practicar según qué conductas sexuales.

Así que, para entender bien quiénes somos, qué queremos, qué nos gusta y qué tipo de sexualidad vivimos —entre otras muchas preguntas que podemos hacernos—, es imprescindible conocer bien nuestras estructuras morfo-anatómicas y su funcionamiento; pero también lo es profundizar en nuestra construcción psicológica —especialmente en nuestras creencias, valores y expectativas— y, por supuesto, no obviar la sociedad y la cultura de la que formamos parte. Todo ello nos convierte en las personas que somos.

Por esta razón, queremos presentarte una serie de propuestas para que descubras o reconectes con tu verdadera sexualidad; aquella que está fuera de las normas impuestas por el patriarcado y que te pertenece solo a ti.

3.1. Recopila tu biografía sexual a modo de aprendizaje

Antes de empezar con nuestras propuestas, es importante tener claro qué es aquello que ya sabes sobre tu sexualidad. Para ello, lo primero que te vamos a pedir es que construyas tu biografía sexual. Sí, sí, aunque pueda parecerte extraño, conforme vayas avanzando en la lectura de este libro, te darás cuenta de la importancia de conocer tu historial sexual al milímetro. Así que, comienza por anotar en un cuaderno todas aquellas experiencias sexuales que hayas tenido hasta ahora y que te han permitido llegar a ser la persona que eres hoy en día.

La clave que debemos tener siempre presente es que la sexualidad es un aprendizaje y, por lo tanto, nuestra sexualidad se construye con base en las experiencias que vamos teniendo. A continuación, realizaremos un breve análisis de las distintas etapas de nuestro desarrollo sexual por si te sirve de ayuda a la hora de reflexionar sobre tu vida sexual. No es necesario que lo sigas al pie de la letra, tan solo es una guía por si necesitas un apoyo. Por supuesto, si lo prefieres, puedes empezar escribiendo tu propia biografía sexual siguiendo los dictados de tu intuición, y después mirar la ficha para ver si hay aspectos que no has mencionado y que te gustaría incluir.

Previo a tu nacimiento

Sabemos que nuestra vida sexual muchas veces empieza en la fase intrauterina. Se sabe, además, que algunos niños se masturban incluso cuando todavía son fetos y lo más seguro es que la mayoría hayamos experimentado las sensaciones placenteras de nuestra madre cuando, estando embarazada de nosotros, ha tenido un orgasmo.[54]

---

54. Meizner, I., «Sonographic observation of in utero fetal "masturbation"», en *The Journal of Ultrasound in Medicine*, vol. 6, n.º 2, febrero de 1987, p. 111.

No obstante, aunque hemos intentado buscar documentación científica o bibliográfica que avalen esta idea, no hemos encontrado nada. Es más, reconocer que la sexualidad y el deseo existe en las mujeres embarazadas es todavía tabú en nuestra sociedad.

Es muy probable que haya factores previos a nuestro nacimiento que marquen nuestra sexualidad. Por eso, si tienes acceso a información sobre cómo fue la sexualidad de tu madre, de tus antepasadas, o incluso sobre cómo fuiste concebida, no dudes en comenzar tu tarea por aquí. Si no tienes información sobre este aspecto, te lo puedes saltar o incluso ponerte manos a la obra e investigar.

En el caso de que decidas indagar un poco más sobre el tema, te recomendamos que hables con tu madre para que te cuente cómo era la situación familiar en el momento en el que se quedó embarazada de ti. Pregúntale cómo vivió el embarazo, qué cosas sucedieron desde el embarazo hasta el momento del parto, etc. Intenta averiguar si fuiste deseada o si simplemente tu madre tuvo hijos porque «tocaba». Si quizás prefería niño o niña y, sobre todo, por qué. Haz todas las preguntas que se te ocurran a medida que te vaya contando. Sin embargo, ten presente que la mayoría de las madres mienten. Aunque, no te alarmes, tan solo lo hacen porque no quieren herirte o sentirse mal ellas por algo que sucedió hace tanto tiempo. Tampoco te sorprendas si la respuesta que recibes es algo parecido a: «todo fue normal». Como decimos, muchas veces, las madres son reacias a hablar de ciertos temas que pueden haber sido causa de conflicto en el pasado. O, incluso, simplemente porque no consideran que sucedió nada digno de contar. Por eso, quizá la mejor manera de saber lo que ocurrió en realidad antes y durante tu nacimiento, es hablar con varios familiares distintos y contrastar informaciones por ti misma.

No olvidemos que otro de los datos clave que te ayudará enormemente a la hora de confeccionar tu biografía sexual, es si tu madre ha tenido abortos. En caso afirmativo, averigua si sucedieron antes de que tú nacieras o después, porque está comprobado que los abortos y el duelo posterior influyen de forma determinante en el estado de ánimo de las mujeres que los han sufrido. Además, deberías averiguar también si alguna de tus antepasadas sufrió por motivos amorosos o sexuales. O si las mujeres de tu familia han disfrutado del placer sexual o no. Todo esto, aunque resulten preguntas incómodas de hacer y de hacerse a una misma, pueden marcar una cierta tendencia familiar con respecto a la sexualidad, que es sumamente importante saber identificar.

Primeras experiencias sexuales

El siguiente punto sería indagar sobre cuáles son tus primeros recuerdos sexuales, es decir, cuándo empezó tu vida sexual. En este apartado, podrías relatar tus primeros descubrimientos o juegos sexuales y cómo te hicieron sentir. Puedes distinguir entre dos tipos de experiencias:

- ⅄ Las que tuviste tú sola, por ejemplo, a través de la masturbación.
- ⅄ Las que tuviste con más compañeros/as de juego, si es que las hubo.

Experiencias en la adolescencia

Seguiremos avanzando hasta llegar al momento en que te vino tu primera regla y cómo te sentiste ante la aparición de los primeros indicios de desarrollo sexual en tu cuerpo: crecimiento del pecho, aparición del vello, etc.

Puedes seguir anotando tus primeras experiencias amorosas en la adolescencia: los besos, los abrazos, etc. El primer amor, si es que lo tuviste. Todos estos detalles son de vital importancia. Sobre todo, la forma en que te hicieron sentir.

Describe cómo fue la primera vez que tuviste relaciones sexuales con otra persona, tanto si hubo coito como si tan solo hubo masturbación. ¿Cómo viviste este proceso de iniciación en el sexo? ¿Te sentiste cómoda descubriendo y explorando tu sexualidad?

Experiencias en la edad adulta

Puedes seguir con aquellas experiencias sexuales que te hayan resultado significativas a lo largo de tu edad adulta. Una vez más, no nos interesa tanto conocer los detalles, sino cómo las has vivido. ¿Cómo te han hecho sentir? ¿Cómo ha ido evolucionando tu sexualidad a lo largo de los años? Cuenta todo aquello que creas que puede ayudarte a entender cómo ha sido tu vida sexual y cómo es ahora.

Recuerda siempre describir lo que ocurrió, pero también cuáles fueron tus sentimientos y sensaciones en cada una de esas situaciones.

Experiencias en la menopausia

Si ya has llegado a esta etapa de la vida, describe cómo fue tu menopausia y qué cambios se dieron en tu sexualidad.

Además, puedes dedicar también un apartado a hablar sobre cómo es tu sexualidad actualmente.

DIÁLOGO CON TU SEXO:
EXPLORANDO TUS PRIMERAS EXPERIENCIAS SEXUALES

¿Qué necesitas?: Un espacio tranquilo en el que puedas relajarte y en el que sepas que no serás interrumpida.

Busca un lugar en el que te sientas lo más cómoda posible. Puedes sentarte en una silla, manteniendo la planta de los pies siempre en contacto con el suelo y los brazos sin cruzar. También te puedes tumbar en el suelo, si lo prefieres, y relajarte.

Cierra los ojos y lleva tu atención dentro de tu cuerpo. Enfoca la atención hacia dentro. Si surgen pensamientos, no intentes cambiarlos. Déjalos pasar. Probablemente, también aparecerán sensaciones de tensión o dolor en el cuerpo. No trates de cambiarlas y mantén el foco de atención hacia dentro.

Lleva tu atención a la respiración. No trates de controlarla y observa cómo es su ritmo. Permite que el aire que entra permanezca en el estómago y salga naturalmente. Si mientras haces esta respiración surgen bostezos, tos u otra sensación, no los contengas y, sencillamente, déjalos fluir. Es lo que tu cuerpo necesita en este momento.

Ahora, además de llevar el aire a tu estómago, llévalo también a los pulmones. Infla toda la caja torácica. Poco a poco, suelta el control de la respiración y sitúa tu atención en el hueco que hay justo debajo de tu nariz y enfócate en cómo entra y sale el aire.

Céntrate en tu frente. Trata de soltar y relajar toda la tensión que puede estar en ella. Sigue bajando y haz lo mismo con tus párpados, pómulos, mandíbula y lengua. Sigue bajando por tu cuerpo y relaja el pecho, los intestinos, los muslos y el sexo. Continúa bajando por tus piernas, las rodillas, el empeine y los dedos de los pies intentando que estos estén un poco abiertos.

Sube nuevamente a la cabeza y trata de sentir cómo está apoyada sobre el sillón. Céntrate en el punto medio de la cabeza y deja que el cuero cabelludo se relaje. De ahí, ve bajando y relajando tus cervicales, las vértebras de la columna vertebral y los omóplatos. Relaja también tus riñones, el hueso de la cadera y el ano. Ve sintiendo cómo los glúteos, las pantorrillas y los pies se van soltando y haciéndose pesados.

Vuelve de nuevo a la cabeza, relaja las sienes y las orejas. Ahora, suelta la tensión de la parte lateral del cuerpo. Relaja el cuello, el lado de los hombros, los brazos, los codos, las muñecas, manos y dedos. Relaja todo el cuerpo.

Por último, sube otra vez a la cabeza para que, desde allí, puedas hacer un escáner de tu cuerpo observando si te duele alguna parte o está tensionada. Si la encuentras, imagina que la respiración va a ese lugar y la relaja. Haz esto tantas veces como lo necesites.

Cuando hayas relajado todo el cuerpo, permite que empiecen a emerger tus primeras experiencias sexuales. De niña, de adolescente... ¿cómo descubrí el sexo y la sexualidad?, ¿cómo fueron mis primeros contactos?, ¿fueron placenteros?

No importa cómo se desarrollaron. Fue tu descubrimiento...

¿Cómo se dieron los siguientes contactos a medida que fui creciendo?, ¿cómo fue mi niñez?, ¿mi adolescencia?, ¿cómo fueron mis sensaciones?, ¿qué sentí?, ¿cómo viví la primera vez que sentí placer?, ¿cómo fue mi primera relación sexual con otra persona?

Deja que simplemente vengan esos recuerdos... sin juzgar...

Lleva tu atención a tu sexo. Centra tu atención allí y deja que simplemente te hable. Escucha qué tiene que decirte. Deja que te cuente cómo se siente, cómo lo tratas o simplemente qué quiere decirte. ¿Se siente bien tratado y tenido en cuenta?, ¿está satisfecho?, ¿cómo podrías hacer para que se sintiera mejor?, ¿qué necesita de ti?

Ahora, conecta tu sexo con tu corazón y deja que este último hable. Permite que dialoguen entre ellos y tú solamente escucha. Luego, si quieres decirles algo, dilo sin miedo.

Dale las gracias a tu sexo y a tu corazón por la conversación que acaban de tener. Escucha si tienen algo más que decirte y si tú tienes algo más que añadir.

Por último, trata de respirar más hondo. Inspira y expira lentamente, y toma conciencia del lugar en el que te encuentras. Empieza a mover los dedos de las manos, los dedos de los pies. Despierta tu cuerpo poco a poco. Mueve ligeramente tu columna y estira tu cuerpo como si te desperezaras.

Disfruta de tu cuerpo distendido y, cuando sea tu momento, levántate y escribe lo que has descubierto con esta experiencia.

Otra de las herramientas que te recomendamos para sacar el mayor partido a este trabajo de autodescubrimiento y toma de conciencia sobre tu sexualidad es rellenar el siguiente formulario propuesto por la doctora Christiane Northrup en su libro *Cuerpo de mujer, sabiduría de mujer*.[55] Al realizarlo obtendrás una radiografía de ti misma con la que podrás hacerte una idea del estado de tu salud actual y, por lo tanto, de tu calidad de vida. ¿Estás preparada?

HISTORIAL DE SALUD. ¿DÓNDE ESTOY?

Rellenar este formulario te será útil para hacerte una idea de cómo están tu salud y tu vida ahora.

Situación médica

Salud general
- ☐ Excelente
- ☐ Buena
- ☐ Regular
- ☐ Mala

Medicación (vitaminas, remedios, recetados o no): _____

_____

_____

_____

_____

Hospitalizaciones y operaciones

Fechas	Diagnóstico / Operación

---

55. Northrup, *op. cit.*, p. 743.

Embarazos (incluidos abortos, espontáneos y provocados)

Fechas	Tiempo de embarazo	Sexo	Peso	Problemas

Problemas médicos, del pasado y actuales

- ☐ Sarampión
- ☐ Rubéola
- ☐ Varicela
- ☐ Otras enfermedades infantiles
- ☐ Problema cardiaco
- ☐ Hipertensión
- ☐ Colesterol alto
- ☐ Accidente cerebrovascular
- ☐ Ictericia /Hepatitis
- ☐ Epilepsia
- ☐ Artritis
- ☐ Colitis
- ☐ Fracturas
- ☐ Varices
- ☐ Flebitis
- ☐ Defectos de coagulación
- ☐ Tendencia a hemorragias
- ☐ Transfusión de sangre
- ☐ Diabetes
- ☐ Problema renal
- ☐ Fiebre reumática
- ☐ Cáncer
- ☐ Asma
- ☐ Cansancio crónico / Epstein Barr
- ☐ Anorexia / Bulimia
- ☐ Otro

Hábitos

Preferencias / restricciones dietéticas: _____

_____

Ejemplo de un menú diario:
Desayuno: _____

Comida: _____

Cena: _____

Tentempiés: _____

Ejercicio (tipo, frecuencia, duración): _____
_____
_____

Consumo de tabaco (cuánto ahora, antes): _____

Consumo de alcohol (cuánto, frecuencia): _____

Consumo de cafeína (cuánta): _____

Consumo de sustancias que alteran el ánimo (marihuana, cocaína, etc.
Antes y ahora): _____

Cosas que hago por diversión y placer
Aficiones:

Deportes de grupo: _____
Actividades musicales / artísticas: _____
Actividades de grupo o clubes: _____
Actividades voluntarias: _____
Prácticas religiosas / espiritual: _____
Otras: _____
_____
_____
_____
_____

Estrés
Estrés familiar: _____

Estrés laboral: _____

Estrés personal: _____

Historia familiar
Para cada familiar anota la edad (si aún vive), enfermedades
importantes (alcoholismo, hipertensión, cáncer, diabetes, enfermedad
cardiaca, osteoporosis, otras adicciones, otras enfermedades) y causa
de la muerte y edad, si es pertinente.

Madre: _____

Padre: _____

Hermana(s): _____

Hermano(s): _____

Abuela materna: _____

Abuela paterna: _____

Tía(s) materna(s): _____

Tía(s) paterna(s): _____

Tío(s) materno(s): _____

Tío(s) paterno(s): _____

Historial ginecológico

Edad de la primera regla: _____

¿Alguna citología anormal? Si sí, ¿cómo la trataron? _____

¿Eres activa sexualmente? _____

¿Tienes relaciones sexuales con coito? _____

¿Tienes orgasmos habitualmente? _____

¿Sabes dónde está tu clítoris? _____

¿Practicas el sexo seguro? _____

¿Estás tratando de concebir? _____

Actual método anticonceptivo (y desde cuándo): _____

¿Algún problema con él? _____

Métodos anticonceptivos anteriores: _____

Normalmente (no con píldoras ni terapia hormonal), número de días entre el comienzo de una regla hasta el comienzo de la siguiente: _____

Número de días de flujo menstrual: _____

Cantidad de sangrado: _____

Cantidad de dolor: _____

Síntomas premenstruales (y cuándo comienzan): _____

¿Algún cambio actual en tu ciclo? _____

¿Pérdidas de sangre entre reglas? _____

¿Dolor, opresión o hinchazón pelvianos no habitual? _____

¿Algún flujo o picor vaginal no habitual? _____

¿Algún problema o preocupación sexual? _____

¿Alguna infección de las trompas anterior? _____

¿Alguna enfermedad de transmisión sexual anterior? _____

¿Tu madre tomó dietilestilbestrol cuando estaba embarazada de ti?____
Otros: _____
_____
_____

Síntomas actuales

Generales	Vejiga
Fiebre o escalofríos	Micciones frecuentes
Sofocos	Micción dolorosa
Vellosidad no habitual	Sangre en la orina
Erupciones en la piel	Incapacidad de vaciar la vejiga
Cambio de peso	Necesidad de levantarse a orinar por la noche

Abdomen	Pecho
Hinchazón	Dolor
Acidez, indigestión	Respiración dificultosa
Espasmos o dolor	Soplo en el corazón
Náuseas o vómitos	Prolapso de la válvula mitral
Cambio de hábito en evacuación	Palpitaciones
Heces sanguinolentas o negras	Tos crónica
Diarrea	Tos con sangre
Estreñimiento	Respiración sibilante, asmática
Hemorroides	
Flatulencia	

Cabeza	Pechos
Dolores de cabeza	Bultos
Mareos	Emisión de sangre
Defectos visuales	Sensibilidad
Defectos auditivos	Otros
Problemas en los senos nasales	
Desmayos	

Perfil de la vida diaria

En cada afirmación indica si describe o no tu vida actual haciendo una marca en el lugar correspondiente. Este cuestionario tiene la finalidad de llevar a tu percepción los efectos de tu estilo de vida y estrés en tu bienestar físico.

BARRIO	SÍ	NO
Me gusta mi barrio		
Mi barrio es demasiado ruidoso		
Mi barrio está demasiado poblado		
Mi barrio es demasiado silencioso		
No tengo suficientes amistades /vecinos		
Es un barrio peligroso para vivir		
Me irrita tener tanto trabajo doméstico		
El clima de aquí me fastidia		

FLEXIBILIDAD, CAPACIDAD DE RECUPERACIÓN	SÍ	NO
Cada noche duermo profundamente, al menos ocho horas de sueño reparador		
Me cuesta conciliar el sueño		
Me cuesta continuar durmiendo si me despierto		
Me cuesta mantenerme despierta		
Al despertar por la mañana me siento cansada		
Mi estado anímico es tranquilo y estable		
En general, soy feliz		
Me siento nerviosa la mayor parte del tiempo		
Con frecuencia me siento deprimida		
Me preocupo muchísimo		
Enfermo con frecuencia		
He pensado en suicidarme		
Tengo algunos problemas sexuales		
A veces me siento débil o mareada		
Suelo tener dolor de hombros, cuello o espalda		
Con frecuencia siento deseos de llorar		
Busco alimentos nutritivos y enteros		
Me gusta la buena comida y la buena compañía		
Bebo demasiado café		
Fumo demasiado		
Suelo beber demasiado alcohol		
Como más que antes		
Como mucho menos que antes		
Me preocupa mi peso		
Me irrito o me enfado más que antes		
Creo que me iría bien una terapia		
Otros problemas o preocupaciones:		

3.2. Conócete a ti misma

> Déjate ser lo que eres en realidad,
> muestra lo más genuino que hay en ti.
>
> Premisa gestáltica

¿Cómo es posible dejarse ser lo que una es, si una ya es eso? La misma frase es una paradoja. Lo normal sería que pudiéramos ser lo que somos en realidad sin tener que hacer nada más. Pero eso está lejos de nuestro día a día porque, como ya hemos visto, estamos condicionados por «deberías», obligaciones y juicios sobre cómo tenemos que ser.

Y es precisamente desde esta idea de lo que «deberíamos ser», desde donde desarrollamos nuestro autoconcepto, en otras palabras, el conjunto de creencias que limita nuestro potencial. El autoconcepto es un mecanismo que está al servicio de cumplir las expectativas de nuestro entorno, es decir, del sistema familiar, los amigos, la pareja y la sociedad en conjunto. Con la esperanza de recibir el amor que necesitamos, no dudamos en negar gran parte de lo que somos para agradar al otro y sentir, de esta forma, que pertenecemos a algo o alguien. Esto ocurre a menudo con la sexualidad. Adaptamos nuestros instintos a lo socialmente establecido y cohibimos nuestros deseos y necesidades para no ser juzgadas, expulsadas y negadas. Tal incoherencia nos aleja inevitablemente de nuestro verdadero ser y, con ello, de nuestra libertad.

La construcción del autoconcepto se consolida a través de la mirada que recibimos desde niñas por parte de nuestros padres y del resto del mundo. Ideas que se mantienen a pesar de las experiencias y la realidad que podamos vivir a lo largo de nuestras vidas. Como cultura, estamos profundamente arraigadas a la idea de que tenemos que ser perfectas y no completas. De ahí que, en ocasiones, nos hayamos encontrado con clientas que tenían un mal concepto de sí mismas creyendo que su cuerpo no era lo suficientemente bonito, a pesar de tenerlo escultural y que respondía perfectamente a los cánones de belleza que nuestra cultura considera atractivos. Para la terapia Gestalt todos tenemos un «sí mismo» que ya es completo, y esa es nuestra parte genuina. Es precisamente esta idea de plenitud la que nos permite aceptar todas nuestras partes, nuestras capacidades y nuestras cualidades. Cuando intentamos ser perfectas, nos vemos obligadas a relegar o negar aspectos importantes de las personas que somos con tal de alcanzar el ideal al que queremos llegar.

Por lo tanto, el camino que proponemos en estas páginas es la aceptación de todas nuestras partes, polaridades u opuestos. Es decir, todas aquellas cualidades que sabemos que tenemos y nos negamos a reconocer. Por ejemplo, queremos ser fuertes y no débiles, valientes y no temerosas, tiernas y no rabiosas o queremos ser libres sexualmente y no vergonzosas. Desde la perspectiva gestáltica, para poder adaptarnos mejor al entorno necesitamos todas nuestras polaridades u opuestos, ya que estos incorporan capacidades y actitudes imprescindibles para poder adaptarnos a un entorno en constante evolución. Es decir, a veces necesitamos ser cobardes, vergonzosas y rabiosas. Y hemos de permitírnoslo. De la misma forma, en ocasiones, lo que necesitamos es ser deseantes sexualmente, tiernas y fuertes.

Un estudio[56] realizado por tres investigadoras de la Universidad de Vigo nos sirve de ejemplo para ilustrar este tema. A través de dicha investigación, se llegó a la conclusión de que la autoestima y la imagen corporal determinan poderosamente el grado de satisfacción en las relaciones sexuales de las mujeres. El estudio demostró que una de las variables que más influía en el comportamiento sexual de las chicas universitarias analizadas era si aceptaban su cuerpo o no.

56. Calado Otero, María, María Lameiras Fernández y Yolanda Rodríguez Castro, *Influencia de la imagen corporal y la autoestima en la experiencia sexual de estudiantes universitarias sin trastornos alimentarios*, Universidad de Vigo, España, 2003. Para más información sobre este estudio, consultar: *http://www.redalyc.org/html/337/33740208/*

De hecho, aquellas que se percibían a sí mismas con menor atractivo físico, mostraban también una menor actividad sexual. Asimismo, se comprobó que cuanto mayor era la autoestima general de la mujer, más positivamente se relacionaba esta con su sexualidad y mayor índice de satisfacción mostraba. Es decir, a mayor insatisfacción corporal, menor actividad sexual. De hecho, el autoconcepto que hayamos construido sobre nosotras mismas y sobre nuestro cuerpo a lo largo de la vida, influirá de forma determinante en nuestro comportamiento, incluso en momentos tan importantes como durante las relaciones sexuales, que es cuando estamos en intimidad con el otro, intercambiamos afecto y nos nutrimos.

Como hemos mencionado en el capítulo 2: «Nuestro punto de vista», podemos distinguir tres partes en una misma persona: la instintiva (cuerpo), la emocional (emoción) y la racional (mente). Como consecuencia de lo vivido en la infancia, existe una tendencia a identificarse y actuar tan solo desde uno de estos aspectos. Por eso, encontramos personas más orientadas a la acción, otras a la emoción y otras más hacia la racionalización.

El estereotipo de mujer que impone nuestra cultura y para el cual se nos educa es el de la que pone siempre la relación con el otro por delante de sí misma. Pero ¿cómo sería si esta desviación cultural no existiera? Las mujeres en las que predomina el aspecto emocional tienden a estar más pendientes del otro y de la relación afectiva. Buscan satisfacer las necesidades ajenas antes que las suyas y usan con frecuencia la manipulación para conseguir lo que desean. Otras se sirven de la sexualidad para obtener amor y reconocimiento. Unas se relacionan más desde la seducción mientras que otras lo hacen desde la sobreadaptación a las necesidades del otro, y las hay quienes se muestran vulnerables tan solo para atraer al otro y sentirse amadas.

Sin embargo, también hay mujeres en las que predomina más el aspecto racional. Estas tienden a relacionarse desde el control y la necesidad de autoprotección. Asimismo, racionalizan las relaciones y pueden parecer frías y distantes a primera vista. Sin embargo, el miedo es su emoción predominante. En algunos casos, este mismo miedo al dolor es el que motiva el acercamiento al sexo y al placer como forma de evitación. Unas usan la sexualidad como forma de contacto sin dependencia y otras viven a los demás como una amenaza y utilizan la racionalización hasta el punto de desconectarse de lo instintivo.

Por último, existen mujeres que viven más desde lo instintivo y, por ende, están más conectadas con la rabia —entendida como la capacidad de ejercer acción en el mundo—. Estas mujeres se caracterizan por preferir el hacer y evitar el sentir. Para estas personas, el cuerpo es un lugar en el que se habita con mayor comodidad. De ahí que podamos encontrar mujeres que se muestran dominantes y que tengan una sexualidad abierta, recurrente, desapegada y sin tanta preocupación por lo afectivo. En nuestra sociedad, estas mujeres suelen mantener escondida esta tendencia, dado que, culturalmente, no está bien visto que la mujer sea dominante y goce plenamente de su sexualidad.

Otras mujeres orientadas a la acción pueden tener un comportamiento totalmente contrario. Pues a pesar de que sienten estos impulsos y son pasionales, les pesa más la moral y los «deberías» sociales. En consecuencia, viven en una confrontación constante entre sus deseos y su jueza interna, por lo que tienden a experimentar su sexualidad desde la culpa y la contradicción.

Por último, hay otras que, a pesar de estar en la acción, tienden a sobreadaptarse a la relación para evitar los conflictos. Tienen dificultades para conectar con los propios deseos y necesidades y, por lo tanto, no saben lo que necesitan porque se narcotizan y anestesian para no sentir.

INSTINTO, EMOCIÓN Y RACIONALIZACIÓN. ¿DÓNDE VIVES HABITUALMENTE?

¿Qué necesitas? Hoja y bolígrafo. Contesta las siguientes preguntas y luego compara tus respuestas con las descripciones anteriores.

Aspecto Emocional

- ¿Es importante para ti el amor en tu vida?
- ¿Tiendes a buscar el reconocimiento de los demás?
- ¿Buscas ser reconocida y puedes dar sexo para conseguir amor?
- ¿Tratas de ajustarte a las necesidades del otro y olvidarte de las tuyas?
- ¿Manipulas para conseguir lo que quieres?

Aspecto Racional

- ¿Lo racionalizas todo para sentirte segura?
- ¿Sientes miedo de mostrarte tierna y vulnerable y por eso tiendes a racionalizar tus relaciones?
- ¿Sueles buscar sexo y placer para evitar contactar con tus emociones y/o circunstancias dolorosas y desagradables?
- ¿Sientes el mundo como un lugar amenazante?
- ¿Vives la emoción como una forma de dependencia?

Aspecto Instintivo

- ¿Tiendes a ver la vida de forma práctica?
- ¿Vives la sexualidad como algo placentero a pesar de que lo experimentas como una contradicción desde la moral?
- ¿Utilizas la sexualidad como una forma de dominación?
- Eres capaz de sentir placer, sin embargo, ¿te narcotizas y anestesias para no sentir?

Por desgracia, este tipo de autoconceptos no nos permiten experimentar la totalidad de la realidad. En el caso de la sexualidad, lo que te proponemos es ir a la experimentación de sensaciones y vivencias para que puedas saber cuán importante es para ti la sexualidad y qué espacio le quieres dar en tu vida. En la medida en que puedas tener un cuerpo flexible y relajado, podrás sentir la armonía —entendida como la interacción de los tres aspectos— entre sensaciones, emociones y razón. Por consiguiente, podrás dar voz a tus necesidades y a tus deseos.

La sexualidad no tiene que tener la misma importancia para hombres y mujeres por igual. Es crucial que averigües si la sexualidad es tu motor de vida y entiendas que, si no lo es, no quiere decir que seas inadecuada. Hay personas para las cuales es más importante el arte que la sexualidad. Su motor es artístico y simbólico, sin embargo, para otras el conocimiento y la investigación es lo que mueve su mundo. En algunos casos, el amor puede ser más importante que la sexualidad, y esto no las hace mujeres inapropiadas.

Por lo tanto, nuestro concepto de autoestima tiene más que ver con la capacidad de reconocernos, integrar nuestros tres aspectos y aceptar nuestra manera de ser y lo que nos hace felices. Reconozcamos que somos únicas y, por consiguiente, no todas tenemos que ser iguales. La clave está en atreverse a experimentar la sexualidad. Y recuerda que, solo a través de la práctica, podemos integrar la sexualidad en nuestras vidas, teniendo en cuenta lo que somos y sintiéndonos en paz con nosotras mismas.

Abusos y trauma

A lo largo de nuestra experiencia profesional, nos hemos encontrado con personas que han vivido experiencias sexuales que no necesariamente se ajustaban al «ideal» o «deber ser» social, y que no han quedado traumatizadas por ello. Es decir, que no han tenido que excluir esta experiencia de su conciencia o de su vida y la reconocen como un primer acercamiento a la sexualidad. Sin embargo, también nos hemos encontrado con personas que han vivido acontecimientos y experiencias abusivas que las han llevado a sentirse violentadas y agredidas, y a través de ellas han desarrollado un bloqueo al que llamamos *trauma*. Tal y como hemos dicho antes, numerosos estudios demuestran que la violencia infantil está íntimamente relacionada con las enfermedades más comunes. Es decir, hoy en día sabemos que, si se hiciera prevención de este maltrato y abuso contra la infancia, lograríamos evitar más del 70 por ciento de las enfermedades que padecemos como adultos.[57] Además, las investigaciones también confirman que el abuso y la violencia sexual son mucho más comunes de lo que se cree. De media, se calcula que una de cada tres o cuatro mujeres ha sido víctima de abuso sexual en el mundo.[58]

Teniendo en cuenta lo anterior, consideramos que es importante dar un lugar especial a aquellas experiencias sexuales o físicas que hayan podido crear traumas y afectar, en consecuencia, nuestra sexualidad presente. Para ello, vamos a tratar los abusos desde el punto de vista del trauma.

Como decimos, es posible haber vivido experiencias sexuales distintas a las convencionales y, aun así, tener relaciones sexuales placenteras y agradables. Este tipo de experiencias pudieron haber ocurrido durante nuestra infancia o adolescencia con personas de nuestro entorno tales como hermanos, padres, familiares o profesores, entre otros. Sin embargo, también es posible que este tipo de experiencias nos hayan sobrepasado y, por ende, hayamos desarro-

---

57. Entre 1995 y 1997, Kaiser Permanente y los Centros para el Control y Prevención de Enfermedades reclutaron a 17.337 participantes para realizar un estudio a largo plazo. Este ha llegado a ser conocido como el Estudio de Experiencias Adversas en la Infancia o ACE (Adverse Childhood Experiences Study).

58. Las estadísticas aseguran que entre un 23 y un 25 por ciento de las niñas y entre un 10 y un 15 por ciento de los niños han padecido abusos sexuales antes de los 17 años. Fuente: Fundación Vicki Bernadet, basada en estudios en España, otros países de la Unión Europea y Canadá.

llado mecanismos disociativos[59] para poder hacer frente al suceso que experimentamos como traumático.

Antes de profundizar en el trauma, para nosotras es importante enfatizar que, desde la cultura y el sistema patriarcal, se ha ejercido una gran violencia sistemática para lograr someter a las mujeres. Es decir, que venimos de mujeres que han sido sometidas e, inevitablemente, nuestro sistema familiar ha guardado esta información de generación en generación. Por otra parte, la cultura patriarcal esconde la violencia que ocurre en el interior de la familia, así como los abusos infantiles. No podemos olvidar que el hombre, hasta hace bien poco, tenía el derecho de usar la violencia en el seno familiar y que, aún en la actualidad, existen contextos en los que estas dinámicas siguen estando naturalizadas. Además, cabe aclarar que no han sido solo las mujeres las que la han sufrido: los niños y las niñas también han sido víctimas de la violencia. De hecho, no fue hasta 1962 que se declaró la primera sentencia que reconocía el maltrato sufrido por un niño. Lo cual quiere decir que, antes de 1962, el maltrato infantil era algo natural.

Trabajando con las experiencias traumáticas de nuestros clientes, nos hemos podido dar cuenta de que las personas que han vivido experiencias de este tipo en la infancia son las personas más propensas a tener mayores dificultades para conectar con su propio cuerpo y fluir con el movimiento. Tal y como afirman Kestenberg, Loman, Lewis y Sossin,[60] tanto las experiencias físicas como las emocionales tienen un impacto en la forma en que las personas desarrollan su actitud corporal, sus movimientos y la estructura de la personalidad, por lo que cuando se viven sucesos traumáticos, las

59. Entendemos como disociativo el mecanismo que nuestro cerebro pone en acción, de manera automática e inconsciente, para desconectarnos de las sensaciones corporales y las respuestas emocionales que surgen ante un suceso que pone en riesgo nuestra integridad física y/o psicológica.
60. Kestenberg, K., Loman, S., Lewis, P. y Sossin, M. *The Meaning of Movement. Developmental and Clinical Perspectives of the Kestenberg Movement Profile*, Brunner-Routledge, Taylor & Francis Group, Nueva York y Londres, 1999.

experiencias quedan guardadas en el cuerpo y reflejadas en el movimiento.

Para entender mejor esta idea, veamos cómo funciona el cerebro en estos casos. Como ya hemos explicado antes, nuestra estructura cerebral está conformada por tres cerebros. Cuando una persona se enfrenta a un suceso que es considerado de vida o muerte —o que es lo suficientemente invasivo—, el cerebro reptiliano y el límbico provocan una paralización y disociación que funciona como un mecanismo de protección para garantizar la supervivencia. Este mecanismo se activa a un nivel inconsciente y, por eso, será necesario desarrollar un trabajo terapéutico posterior orientado a intentar recuperar el contacto que se ha perdido con el propio cuerpo al entrar en esta disociación. Es importante tener en cuenta que cuando tenemos una experiencia traumática, no es posible mantener el estado de disociación de manera permanente y que, de un modo inevitable, las sensaciones bloqueadas aparecerán en forma de *flashbacks* a lo largo de toda nuestra vida.

Cuando estamos disociados, es necesario entrar de nuevo en el trauma, sentirlo y soltar todo aquello que no pudo ser expresado cuando se vivió la experiencia. Para que el trauma pueda ser reelaborado, es fundamental que cuando se exprese, se tenga la seguridad de hacerlo delante de una persona que nos pueda escuchar porque, de lo contrario, no será posible conectar con el suceso y las sensaciones corporales que se experimentaron entonces. Es decir, es importante contar con la ayuda de un profesional que nos guíe a la hora de abrir estos espacios de disociación, para lograr revivirlo desde el cuerpo y expresar todo lo que quedó dentro durante la propia experiencia.

3.3. Trabaja tus creencias sociales y personales

Las creencias son un conjunto de ideas que damos por verdaderas, ya sea porque las hemos escuchado y aprendido en nuestros sistemas familiares y/o porque a través de nuestras vivencias hemos establecido una conclusión absoluta sobre la vida y sobre nosotros mismos. A menudo, estas creencias son las que determinan nuestro autoconcepto y las que nos impiden identificarnos abiertamente con ciertos aspectos de nosotros mismos.

Desde la terapia Gestalt entendemos las creencias como introyectos. Un introyecto es aquello que nos hemos tragado sin digerir, aquellas ideas enquistadas dentro de nosotros mismos de las que no hemos tenido conciencia y que, por ende, hemos naturalizado y dado por absolutas. El gran problema con los introyectos es que, al tomar estas ideas como medida de la realidad, acabamos adaptando nuestros comportamientos a ellas, actuamos según nos marcan nuestras creencias o introyectos. De ahí la importancia de reconocerlas para identificar cómo nos han afectado en el pasado y nos afectan hoy. Pero, sobre todo, para cuestionarlas haciendo hincapié en las limitaciones que nos imponen. Este proceso nos permitirá incorporar todo lo que no hemos vivido y relativizar el valor absoluto que le hemos dado a la creencia. Por ejemplo, analicemos uno de los introyectos más comunes entre las mujeres: «Todos los hombres son malos. Solo quieren sexo». ¿Qué crees que te ha impedido esta creencia? Pues lo más probable es que te haya impedido confiar en los hombres y, por lo tanto, entregarte sin reparos. Además, esta creencia seguramente te limita a no reconocer la sexualidad como algo bueno que puedes desear. No obstante, no debemos olvidar que toda creencia o introyecto está ahí por una razón. Es decir, nacen para cumplir una función. En este caso, esta creencia tiene una parte justificada dentro de la cultura patriarcal, porque surge de un intento de cuidado hacia la mujer, dado que esta se valora en términos de virginidad.

Las creencias e introyectos también pueden condicionarnos aun cuando son positivos. Creencias del tipo «¡Disfruta!» muchas veces nos impiden poder profundizar en las relaciones, pues estas no siempre son placenteras. De ahí la importancia de cuestionar los introyectos, con independencia de que los consideremos positivos o negativos, porque por el simple hecho de ser creencias no digeridas o cuestionadas, ya nos están impidiendo vivir una parte de la realidad.

¿Cuáles son mis creencias en torno al sexo?

Coge papel y boli y, a continuación, escribe tus respuestas a las siguientes preguntas, que te ayudarán a explorar las creencias que posiblemente te están limitando:

¿Cuáles son los mensajes que más te han marcado sobre el sexo?

¿Cómo era el ambiente en el que te criaste con respecto al sexo durante tu niñez y adolescencia?

¿Cómo reaccionaron tus padres ante la aparición de escenas sexuales en la televisión?

¿Qué imperativos había sobre lo que podían hacer las mujeres o cómo se tenían que comportar en relación con el sexo?

¿Qué decían tus padres sobre cómo tenían que actuar los hombres con respecto a la sexualidad?

Ahora, haz una lista de los mandatos que has recibido con respecto al sexo. De todos ellos, ¿cuáles son los que crees que más te han condicionado? Podrás saberlo porque, cuando los escribas o los recuerdes, surgirá en ti una emoción:

_____

_____

_____

Al costado de cada mandato, escribe también qué crees que este te ha impedido. Muchas veces, cuando estamos condicionados por los mandatos, es muy difícil identificar cómo nos han limitado. Por eso, te sugerimos que le preguntes a otras personas qué creen que impide cada mandato:

_____

_____

_____

_____

Creencias transgeneracionales

No solo recibimos creencias de nuestros padres; en muchos casos, también lo hacemos de todo aquello que les sucedió a otros miembros de nuestra familia. Sabemos que cuando se da un suceso muy traumático en el seno de la familia y este no se integra correctamente, lo más probable es que aparezca de nuevo en generaciones posteriores. En otras palabras, los hechos traumáticos ocurridos en una familia se convierten en creencias que se transmiten de generación en generación. Una manera de ser conscientes de estas creencias es hacer un genograma, es decir, un árbol genealógico familiar.

¿Qué familiares tenemos que poner en nuestro árbol?

A continuación, vamos a utilizar el método que se usa en las constelaciones familiares para hacer nuestro árbol genealógico, dado que creemos que es una de las herramientas más completas y que nos pueden aportar más información sobre nuestras creencias. Según Bert Hellinger,[61] todos los que nos precedieron —sin excepción— forman parte de nuestra familia, pero también quienes han tenido una relación importante con algún integrante o quienes han definido su suerte.

Podrías empezar por ti y tus hermanos o hermanastros, incluyendo los fallecidos o nacidos muertos. Este sería el primer nivel. En el segundo nivel, se encuentran los padres y los hermanos o hermanastros de estos, incluyendo los fallecidos a edad temprana o los nacidos muertos. En el siguiente nivel, se hallan los abuelos y, a veces, alguno que otro de sus hermanos o hermanastros. Esto último, sin embargo, es poco frecuente. En ocasiones, también pertenece al sistema alguno de los bisabuelos, aunque también es poco frecuente.

---

61. Hellinger, Bert, *Órdenes del amor. Cursos seleccionados de Bert Hellinger,* Herder, Barcelona, 2001.

Entre los hasta ahora mencionados, revisten especial importancia aquellos que tuvieron una suerte dura o que sufrieron alguna injusticia por parte de otros miembros del sistema, por ejemplo, en caso de una herencia, o aquellos que fueron excluidos, entregados, despreciados u olvidados. En nuestro caso, requerirán una especial atención los actos relacionados con la sexualidad, tales como violaciones o hijos fuera del matrimonio.

Después —y con frecuencia estas son las personas más importantes— siguen todos aquellos que hicieron sitio a otros en el sistema, aunque no haya ningún parentesco entre ellos. Es el caso, por ejemplo, de un cónyuge o novio anterior de los padres o abuelos, aunque incluso ya hayan muerto. También forman parte del sistema el padre o la madre de un hermanastro. Además, todos aquellos de cuya desventaja o pérdida otros miembros del sistema pudieron sacar algún provecho. Un ejemplo claro sería la persona que recibe una herencia porque otro murió pronto o fue desheredado.

También forman parte del sistema todos aquellos que aportaron algo a favor de un miembro del sistema y que después fueron tratados injustamente, por ejemplo, siendo manipulados. No obstante, hablamos de una desventaja importante o una injusticia grave.[62]

Una vez que tengas hecho el árbol, puedes buscar si tus creencias —aquellas que identificaste anteriormente y que determinan tu presente— están fundamentadas en tu árbol por hechos que ocurrieron en el pasado. Por ejemplo, en la creencia que hemos visto antes de que «Todos los hombres son malos. Solo quieren sexo», podríamos ver que en nuestro árbol hay mujeres que tuvieron hijos sin estar casadas y que esto supuso la exclusión del sistema para ellas.

Para hacer esta tarea correctamente, escribe tus creencias al lado del árbol y ve cuestionándole para encontrar en él alguna respuesta. Algunas de las preguntas que te pueden ayudar a obtener información sobre cómo ha sido la sexualidad en tu familia serían:

---

62. *Ibíd.*, p. 98.

❖ ¿Cuáles son las creencias predominantes en mi familia materna y, más concretamente, respecto a la sexualidad? ¿Qué tipo de relación han tenido las parejas de la familia? ¿Cómo se vincularon? ¿Cómo son las mujeres? ¿Cómo son los hombres?

Podemos hacer la misma pregunta con respecto a la familia paterna:

❖ ¿Cómo fue la relación de mis padres con respecto a las creencias heredadas de la familia? ¿Cómo resolvieron las crisis?

En el genograma es importante encontrar las repeticiones de pautas de funcionamiento: alcoholismo, incesto, suicidio, violencia, síntomas físicos, enfermedades comunes, etc. Como también la repetición de pautas vinculares: distancia, conductas polarizadas en roles, dependencia, repetición de estructura (se repite en la familia propia de alguna manera la estructura de la familia de origen, por ejemplo, misma cantidad de hijos), etc.

3.4. Conoce tu arquetipo de diosa predominante

En los años noventa, muchas autoras junguianas abordaron el tema de la mitología y las diosas. Uno de los libros de mayor éxito fue el de Jean Shinoda, *Las diosas de cada mujer*.[63] En él, se clasifica a las diosas griegas en tres apartados: las diosas vírgenes, las diosas vulnerables y las diosas alquímicas. Para nosotras, encontrar estos libros nos ofrece la posibilidad de tener modelos alternativos a la hora de actuar dado que, en nuestra cultura judeocristiana, solo se da

63. Shinoda, Jean, *Las diosas de cada mujer*, Kairós, Barcelona, 1995.

por bueno el modelo de mujer pura. Por desgracia, el resto de modelos solo existen y son nombrados de manera peyorativa. De ahí palabras como: puta, marimacho, arpía, bruja o histérica que, mayoritariamente, no encuentran su correspondencia en masculino.

Según Mary Elisabeth Marlow,[64] las imágenes de las diosas posibilitan entrar en contacto con las dimensiones de nuestro ser que pueden parecer ocultas pero que realmente están ahí, en la parte profunda del inconsciente. Cada diosa representa un arquetipo[65] femenino particular y sirven como punto de referencia para comprender qué parte de nuestro poder femenino está vivo, latente, inactivo o en actividad. Además, proporcionan múltiples posibilidades para expresar lo femenino que va más allá de los modelos culturales que nos han impuesto una idea de lo que es ser mujer y que poco tiene que ver con la realidad. A pesar de tener un arquetipo dominante, cuanto más conscientes seamos de ellos, más arquetipos podremos despertar.

Además, tener modelos de diosas es muy importante porque ser diosa significa ser perfectas y no tener que cambiar nada. Y esta idea es determinante en un nivel subconsciente. Como ya vimos antes, con la instauración de la cultura judeocristiana, se tomaron los elementos y símbolos sagrados que representaban a las diosas y se asociaron con el pecado y lo perverso. Esto significó que nuestras posibilidades de ser se redujeron drásticamente al no permitirnos validar comportamientos de pureza distintos. Por eso, creemos que es fundamental recuperar la idea de que somos diosas y desde allí explorar las múltiples facetas de lo femenino. Además, estos símbolos pueden cobrar gran importancia porque suelen aparecer en nuestros sueños y nos proporcionan información sobre el arquetipo que tenemos

64. Marlow, Mary Elizabeth, *El despertar de la mujer consciente. El ilimitado poder creador del espíritu femenino*, Gaia Ediciones, Madrid, 1995.
65. *Ibíd*, p. 125: «Hace referencia a los patrones que forman las poderosas fuerzas internas que todas poseemos; son inherentes a nuestra naturaleza, a pesar de que no seamos totalmente conscientes de que existen».

más desarrollado o el que debemos desarrollar. Para este trabajo, es importante recordar que el contenido simbólico de los sueños es personal y, por lo tanto, no se puede extrapolar directamente la aparición de un símbolo con un contenido específico.

Desde los talleres inspirados en Edward C. Whitmont[66] que Carmen Vázquez y Mireia Darder realizaron en los años noventa, se hizo evidente que existen múltiples posibilidades de ser mujer y de ejercer nuestra sexualidad. Este trabajo consistió en desarrollar un viaje a través del cual cada mujer iniciaba un proceso de integración de las distintas actitudes femeninas representadas en los cuatro arquetipos de diosas: a la primera, la llamaron Guerrera; a la segunda, Virgen; a la tercera, Bruja y a la cuarta, Madre.

Según Vázquez: «Estos cuatro aspectos de lo femenino nos describen cuatro actitudes rechazadas culturalmente, cuatro facetas de nuestra personalidad negadas (en diferentes grados según las vivencias que hayamos tenido), cuatro etapas del proceso de crecimiento personal y desarrollo espiritual, cuatro escalones en el proceso de ampliación de nuestra conciencia. Las cuatro se plasman en nuestro cuerpo simbolizando cuatro estados de nuestra energía vital».[67]

A continuación, vamos a verlas una a una:

1. Guerreras (la diosa virgen)

Palabras clave: Creación, combate por sus necesidades y derechos, perseverancia, constancia, asertividad, firmeza, solidaridad, defensa en sus convicciones.

El aspecto femenino que llamamos Guerreras se corresponde con las diosas virginales de Shinoda[68] y representa la fuerza que se ejerce sin violencia. Es una actitud ante la vida. Encarna la asertividad, la

---

66. Whitmont, Edward C., *El retorno de la diosa. El aspecto femenino de la personalidad*, Paidós, Barcelona, 1998.
67. Vázquez, Carmen, «Rescatar lo femenino», en revista *Sin Fronteras*, n.º 2, Asociación de Yoga Sadhana, 1994.
68. Shinoda, *op. cit.*

firmeza, la solidaridad, la defensa de las propias necesidades y los derechos.

Para la autora, estas diosas se caracterizan por ser independientes. No necesitan de un compañero para sentirse completas. En este sentido, se entiende lo virginal como la definición de una persona autónoma que no precisa pertenecer a otra. Estas diosas se resisten al anhelo erótico y los sentimientos románticos. No les conmueve el amor, la sexualidad ni el enamoramiento. Tienen la capacidad de enfocarse en lo que es importante para ellas y, por ende, poseen una capacidad para la concentración consciente que conduce a grandes realizaciones.[69]

Una mujer que tiene este arquetipo desarrollado se caracteriza por ser capaz de ir en pos de un objetivo y, por lo tanto, focalizarse en él. Asimismo, puede usar su fuerza y agresividad —entendida como la capacidad de ejercer acción en el mundo—. Representa la parte instintiva de la mujer y encuentra su poder en el primer chakra (véase el capítulo 2, «Nuestro punto de vista», p. 55). Según Vázquez,[70] la recuperación del aspecto femenino que encarna la amazona, propicia la recuperación del contacto con nosotras mismas y posibilita que lleguemos a dirigir nuestras acciones a partir de nuestras necesidades.

Según Harding,[71] citada por Shinoda, cuando este arquetipo es dominante en la mujer, esta es completa-en-sí-misma. Es decir, que *su* psique no pertenece a nadie y, por consiguiente, lo que hace, no lo hace para agradar, gustar o ser aprobada por otros o por sí misma. Tampoco busca dominar, manipular o captar intereses. Lo que hace, lo hace de verdad, porque su motivación está en seguir sus valores internos y llevar a cabo lo que tiene sentido para sí misma.

Dentro de las diosas guerreras, podemos encontrar distintas representaciones e imágenes de lo femenino. Entre ellas están:

69. Marlow, *op. cit.*
70. Vázquez, C., *op. cit.*
71. Shinoda, *op. cit.*

Artemisa
Diosa de la dirección. Diosa de la caza y de la Luna

Según Shinoda,[72] Artemisa, como diosa de la caza, deambulaba por bosques, montañas y prados salvajes con su grupo de ninfas y perros salvajes. Vestía una túnica corta y un arco con flechas en su espalda. Es la diosa del disparo certero. Como diosa de la Luna, se la representa como portadora de la luz, con antorchas en las manos y estrellas rodeando su cabeza.

Simboliza lo salvaje, la naturaleza y la vitalidad. Se satisface en la búsqueda constante y ama vivir la vida al límite. Goza de la sensación de libertad y no le gusta que le digan lo que tiene que hacer. Normalmente, se le ve representada en las mujeres jóvenes que aman la naturaleza y que buscan explorar lugares desconocidos tanto dentro como fuera de sí mismas.[73]

También se la conoce como la diosa de la hermandad femenina, por lo que una mujer con este arquetipo muy desarrollado puede tender a consolidar fuertes relaciones de amistad con otras mujeres. También puede buscar encuentros con hombres, pero más como aventuras porque teme conectarse demasiado y perder su libertad. Tiende a ser individualista y hace lo que le interesa sin necesidad de apoyo o aprobación por parte de los hombres o mujeres. Encuentra su sabiduría en su capacidad de independencia, estar en soledad y en armonía con su ser interior.[74]

Se la asocia, además, a animales no domésticos que simbolizan sus cualidades:[75]

➤ El ciervo, la liebre y la codorniz simbolizan su naturaleza huidiza.

➤ La leona representa su realeza y habilidad en la caza.

72. *Ibíd.*
73. Marlow, *op. cit.*
74. *Ibíd.*
75. Shinoda, *op. cit.*

⋏ El fiero oso, su aspecto destructivo y protector de las jóvenes (las jóvenes griegas se consagraban a Artemisa y bajo su protección se las llamaba *artoki* y osas).

⋏ El caballo salvaje que anda libremente con su manada, como lo hace Artemisa con sus ninfas.

⋏ El jabalí de Calidonia, con su aspecto destructivo. Era un animal sagrado para ella. Según la mitología, lo soltaba por el campo cuando era ofendida.

Atenea
Diosa de la conciencia. Diosa de la sabiduría y de la artesanía

Nace de la cabeza de Zeus: «es, definitivamente, la hija de su padre, intensamente leal a él y a los hombres poderosos de su vida [...]». Es la diosa de la creatividad, la cultura y la conciencia. Sus atributos principales son la claridad mental, la sabiduría y la innovación, por lo que disfruta al dar a luz ideas y conectarlas; sabe dirigir. Representa la voz y la energía, que lleva a la acción.[76]

Como ya hemos dicho antes, esta diosa representa el ideal de mujer que instaura el patriarcado. Se interesa por los asuntos importantes del mundo. Es la versión más adulta y madura de las diosas vírgenes. Es realista, pragmática y se adecua a las prácticas adultas. Aspectos que con la ausencia de romanticismo e idealismo completan la imagen de «adulta sensata».

Como arquetipo, expresa que pensar de manera correcta, mantener la cabeza fría en una situación emocional y ser estratega en medio del conflicto son rasgos naturales en las mujeres. Además, es práctica, sin complicaciones y confiada. Evita los enredos emocionales o sexuales con los hombres. Prefiere ser su amiga y confidente, en vez de desarrollar sentimientos eróticos o intimidad emocional. Tiende a vivir más en su mente que en su cuerpo. El

76. Marlow, *op. cit.*

cuerpo es una parte utilitaria que solo se hace consciente cuando enferma.[77]

Según Shinoda,[78] es la única diosa que se representaba vistiendo una coraza, un escudo en el brazo y una lanza en la mano. Imágenes que encarnan sus cualidades:

⅄ Estar acorazada: defensas intelectuales que le evitan sentir dolor (el propio y el de los demás). Capacidad para valorar con frialdad lo que está sucediendo.
⅄ La égida (piel de cabra decorada con la cabeza de Medusa). Efecto Medusa: capacidad de intimidar a los demás y suprimir la espontaneidad, vitalidad y creatividad de los que no son como ella.

2. La Virgen: Afrodita, diosa del magnetismo y la sexualidad. Diosa alquímica

Palabras clave: Nudismo, juego, voluptuosidad, sensualidad, placer, gozo, seducción, complacencia, timidez, evasión, conexión-rechazo, claridad, alegría.

El aspecto femenino de la virgen, lo entendemos desde los planteamientos de Woodman.[79] La autora afirma que antes de que el mito fuera tergiversado por el patriarcado, la palabra virgen encarnaba a la mujer que mantenía relaciones sexuales con todos, sin límites y cuya sexualidad podía expresarse de forma abierta y sin tabúes. Es decir, representaba una naturaleza preñada, libre y sin control del hombre.

También relacionamos a la virgen con la imagen de Afrodita, que es la diosa alquímica mencionada por Shinoda.[80] Esta diosa simboliza la claridad, la belleza y el placer del amor desnudo. La manera de

77. Shinoda, *op. cit.*
78. *Ibíd.*
79. Woodman, Marion, *Los frutos de la virginidad*, Luciérnaga, Barcelona, 1990.
80. Shinoda, *op. cit.*

conectar con esta diosa es a través del baile y el juego, pues permite conectar con la alegría de ser flexibles y poder movernos. Asimismo, esta flexibilidad posibilita entrar en la inocencia, la frescura y la sexualidad.

Según Marlow,[81] es la diosa más antigua; representa la energía de la sexualidad pura y se mueve gracias a la energía que tiene en su interior. Es instintiva, magnética y sensual. Una mujer Afrodita valora su feminidad, ama la belleza y su cuerpo.

Para Shinoda,[82] es la diosa alquímica que posee el poder de transformación por sí misma. Tiene la capacidad de centrar su atención en un objeto y, al mismo tiempo, dejarse afectar por él. Representa la creatividad, el poder de la procreación —física y de ideas— y la transformación. Los símbolos que encarnan sus cualidades son:

- El enamoramiento: consideración del otro como fascinante y bello.
- Efecto Pigmalión: efecto de las esperanzas positivas en la vida de los demás.
- El color dorado, la miel dorada, discurso dorado, semen dorado: hermosa. Capacidad de procreación y creación verbal.
- Palomas: aves del amor.
- Rosas: regalo tradicional de los amantes.
- Manzanas doradas: conciencia de la temporalidad, la procreación y la creatividad.
- Granadas de color rojo (estas últimas compartidas con Perséfone): color rojo de la pasión.
- Cisnes: belleza.
- La amante: facilidad para el enamoramiento desde lo erótico.
- Instinto de procreación: impulso de asegurar la continuación de la especie.

---

81. Marlow, *op.cit.*
82. Shinoda, *op. cit.*

⋏ Conciencia Afrodita: centrada pero receptiva. Está presente en todo trabajo creativo.

Según la autora, para una mujer Afrodita las relaciones son importantes, pero no busca compromisos a largo plazo. Busca consumar relaciones y generar nueva vida, ya sea con los hijos o con nuevos proyectos o ideas. Es capaz de centrarse en lo que tiene sentido para ella y encuentra su poder en el segundo chakra que, como hemos mencionado antes, nos conecta directamente con la alegría y nos permite disfrutar de una buena sexualidad.

3. La Bruja

Palabras clave: Caos, vacío, oscuridad, devoradora, destructora, aniquiladora, abismo de la transformación, depresión, pasividad, introversión, renovación, inercia, pasiones primarias, médium, sanadora.

Representa la intuición, el conocimiento de lo oculto, de lo que está en el inconsciente. Encarna la sabiduría del vacío, la quietud y la capacidad de sostener la no acción. Este es uno de los aspectos más negados. En la cultura griega no existe una representación de esta diosa y, mucho menos, en nuestra cultura. Las que más pueden llegar a parecerse son Medusa, Ereshkigal o Kali. Por otra parte, podemos encontrar similitudes con Hestia que, para Shinoda,[83] es la diosa del hogar y de los templos. Según la autora, esta diosa representa a la anciana sabia e intuitiva. Valora lo simple y tiene la capacidad de descubrir lo extraordinario en lo ordinario. Se percibe mirando hacia dentro y sintiendo intuitivamente lo que ocurre. Esto produce una claridad que va más allá de los cinco sentidos. De ahí que «el viaje de la heroína» descrito por Murdock[84] esté encarnado en esta diosa.

Una mujer con este arquetipo dominante tiende a buscar el ca-

83. *Ibíd.*, *op. cit.*
84. Murdock, *op. cit.*

mino de la introversión. Posee facilidad para replegarse hacia dentro y hacerse invisible. Minimiza su feminidad para no atraer el interés de los hombres. Evita situaciones competitivas y se enfoca en las tareas cotidianas o actividades contemplativas. Esta concentración puede evitar que contacte con su mundo emocional e instintivo.[85]

El camino para desarrollar este arquetipo es entrar en el inconsciente, para encontrarse con la sombra. Esto se hace a través de la conexión con el tercer chakra, que es donde se encuentran nuestras emociones más viscerales.

Según Vázquez: «La recuperación de los atributos de la bruja hace posible un proceso de cambio real y profundo que pasa por la ruptura de las estructuras conocidas hasta el momento —pero que no son funcionales—, así como la construcción de otras nuevas más amplias». [86]

Para Shinoda,[87] esta diosa no era representada en forma humana, y los símbolos en los que es personificada serían los siguientes:

- ⚹ La llama viva: presencia en el centro del hogar.
- ⚹ El círculo: transformación de espacio sagrado.
- ⚹ Venerable virgen: Afrodita es incapaz de persuadirla.
- ⚹ Anciana sabia: lo ha visto y atravesado todo. Conexión con el centro interno.
- ⚹ Mandala: centro sagrado. Punto central de la psique por el que se ordena todo.

4. La Madre: diosas vulnerables

Palabras clave: Esposa, madre, armonía con los ritmos naturales, escucha, recibe, gesta, nutre, protege y estimula el crecimiento, administra, se identifica con normas, procesos del cuerpo.

---

85. Shinoda, *op. cit.*
86. Vázquez, *op. cit.*
87. Shinoda, *op. cit.*

Representa la capacidad de nutrir y cuidar. La capacidad de procrear y estar conectada con los ritmos naturales de la Tierra. Encarna la capacidad de escucha, de recibir y crecer. Este arquetipo encarna las diosas vulnerables de Shinoda.[88]

Este aspecto es el que la cultura judeocristiana nos propone ser, pero para ello, es necesario desarrollar la fuerza de la guerrera, la flexibilidad, la alegría y la sexualidad de la virgen, así como la capacidad de introspección de la bruja. Solo así, puede entregarse sin preocuparse de lo que ocurra. La vía para desarrollarla es conectarse con los ritmos naturales de la Tierra y con el cuarto chakra, que es el chakra del corazón. Este nos dará la capacidad para amar, nutrir y cuidar al otro, pero también para poner límites y rechazar aquello que nos daña.

Las diosas vulnerables: Hera, Deméter y Perséfone

Según Shinoda,[89] se trata de diosas que necesitan una relación para sentirse completas. Encarnan los roles tradicionales de las mujeres: esposa, madre e hija. Se orientan hacia lo relacional, por lo que su identidad y bienestar dependen de las relaciones significativas que establecen. Todas tienen una fase feliz y de realización, una fase de víctimas y de sufrimiento, y una fase de transformación. En la mitología, «estas diosas fueron violadas, raptadas, dominadas o humilladas por dioses masculinos [...] y sufrieron cuando se rompió o deshonró una relación sentimental. Las tres experimentaron la impotencia. Y las tres respondieron de manera característica: Hera con rabia y celos; Deméter y Perséfone, con depresión».[90]

Una mujer con este arquetipo tiende a sentirse motivada por las relaciones. Centra su atención en los demás, más que en una meta o estado interior. Está en constante búsqueda de aprobación, amor y atención. Puede darse cuenta de sus propios sentimientos y el de los demás, y ser escogidas como víctimas.

88. *Ibíd.*
89. *Ibíd.*
90. *Ibíd.*, p. 114.

Dentro de las diosas madre podemos encontrar distintas representaciones e imágenes de lo femenino. Entre ellas están:

Hera, diosa de la lealtad. Diosa del matrimonio

Es el arquetipo que representa el compromiso con una relación. Es extremadamente leal y puede tender a perder su individualidad hasta el punto de identificarse con su pareja y pensar que sus propios sentimientos y necesidades no cuentan para nada. Su poder está en su capacidad de apoyo, responsabilidad y nutrición.[91]

Para Shinoda,[92] los símbolos que representan sus cualidades son:

- La vaca (becerro): Gran Madre, proveedora de alimento.
- La Vía Láctea: los pechos de la gran diosa que con su leche formaron la galaxia.
- El lirio: poder autofertilizante de los genitales femeninos.
- Los ojos de la cola del pavo real: actitud de desvelo.
- Medea: capacidad para poner su compromiso con el hombre por encima de cualquier cosa y su capacidad de vengarse si esto no lo reconoce él.
- En los rituales se representaban los tres estados de la vida de la mujer:
  - Primavera: Hera Parthenos, la doncella o virgen (hija).
  - Verano y otoño: Hera Teleia perfecta y realizada (madre).
  - Invierno: Hera Chera (la viuda, vieja).

Deméter, la diosa de la madre Tierra. Diosa de las cosechas

Es el arquetipo de la madre. Representa lo maternal a través del cuidado del otro. Según Marlow,[93] para esta diosa, la vida no se centra en su pareja sino en sus hijos, por lo que tiene la capacidad de amarlos y aceptarlos tal y como son. Encuentra su poder en la capa-

91. Marlow, *op. cit.*
92. Shinoda, *op. cit.*
93. Marlow, *op. cit.*

cidad de dar vida y nutrición. Gracias a su gran intuición tiende a actuar de manera correcta y oportuna.

Según Shinoda,[94] sus cualidades son representadas a través de:

- ⤙ Los cereales: abundancia.
- ⤙ Espada de oro: el trigo maduro.
- ⤙ Madre: madre de las cosechas.
- ⤙ Madre de la doncella Perséfone: instinto maternal y capacidad nutricia.
- ⤙ Antorcha: sustento espiritual.

Una mujer Deméter siente la necesidad de nutrir a los demás y desea ser madre. Es generosa y suele proveer al otro de todo lo que necesita. No suele competir con otras mujeres por hombres o por logros, y la envidia está presente en la relación con los hijos. No tiene grandes esperanzas sobre los hombres y su sexualidad no es muy importante pues no posee un fuerte impulso sexual. También puede tener una actitud puritana frente al sexo, ya que sirve para la procreación y no para tener placer. Es incapaz de decir no y se siente sobrecargada. Si el arquetipo es fuerte y no puede encarnar este rol, tenderá a la depresión.[95] Las mujeres en las que prima este arquetipo suelen buscar profesiones en las que ejercer su capacidad nutricia y que se basen en la ayuda de los demás (enfermeras, profesoras, terapeutas, entre otras).

Perséfone. Diosa del subconsciente. Reina del mundo subterráneo. Mujer receptiva e hija de la madre.

Hija de Deméter, es la joven doncella que puede convertirse en la diosa del Inframundo. Según Shinoda,[96] como diosa tiene dos aspectos: uno como doncella y otro como reina del mundo subterráneo. Esta dualidad también puede estar presente como dos patrones arquetípicos.

94. Shinoda, *op. cit.*
95. *Ibíd.*
96. *Ibíd.*

La joven doncella: representa la joven que no sabe quién es, que no es consciente de sus deseos y de sus propias fuerzas. Esto puede presentarse en etapas o permanecer durante toda la vida. Su actitud es la de la eterna adolescente indecisa que no sabe qué hacer y espera que alguien o algo transforme su vida. Su sexualidad no está despierta, aunque le gusta atraer a los hombres. Carece de pasión y es posiblemente anorgásmica.

Reina del mundo subterráneo: representa las partes profundas de la psique y del inconsciente colectivo. Representa la capacidad de ir y venir entre la realidad del ego, el mundo real y la realidad arquetípica de la psique. Puede servir de guía para los que pierden el contacto con su mundo real. Una mujer Perséfone puede sentirse insegura y tener una visión limitada de sí misma, especialmente durante la adolescencia. Es posible que tenga un componente pasivo en su personalidad, y espera que le digan quién debería ser. Por lo general, tiene un aspecto juvenil y tiende a vestir como una niña durante mucho tiempo. Son mujeres encantadoras por su franqueza y vulnerabilidad infantil y poseen gran capacidad para sumergirse en el mundo del subconsciente, que constituye su segunda naturaleza. Es hábil enfrentándose a sus zonas ocultas y aprende a afrontar los miedos, por lo que tiende a convertirse en una guía que puede ayudar a los demás.[97]

Los símbolos con los que se la representa son, para Shinoda,[98] los siguientes:

- La granada, el cereal, el maíz, el narciso.
- La primavera: fase de la vida en la que se es joven, indecisa y llena de posibilidades.
- Juventud: vitalidad y potencial de nuevo crecimiento.
- Reina de lo subterráneo: gobierna sobre las almas muertas y guía a los vivos que visitan el mundo subterráneo.

97. Marlow, *op. cit.*
98. Shinoda, *op. cit.*

DESCUBRIENDO TU DIOSA ARQUETÍPICA

¿Qué necesitas? Bolígrafo y papel

→ Revisa de nuevo las descripciones de las diosas y escribe en la tabla adjunta las características que tienes de cada una de las diosas.

→ Contesta las preguntas orientativas para que puedas identificar cómo el arquetipo influye en tu sexualidad.

Cada una de estas representaciones arquetípicas encarnan aspectos de la diosa, por lo que no hay una respuesta ideal y única de cómo tenemos que ser. Recuerda que eres perfecta siendo cualquiera de ellas.

Guerrera	→ ¿Sientes que no necesitas establecer una relación estable para ser feliz en la vida? → ¿Priorizas tus objetivos personales sobre tus relaciones emocionales? → ¿Prefieres establecer relaciones que no te exijan un compromiso emocional? → ¿Te permites tener encuentros sexuales casuales y son agradables para ti? → ¿Puedes dar rienda suelta a tu mujer salvaje? → ¿Te permites salvar o vengarte de los demás cuando hacen daño a otros?
Virgen	→ ¿Tienes facilidad para sentirte atraída y encantada por el otro, sin tener la necesidad de establecer un compromiso o una relación? → ¿Consideras el amor y el sexo como el motor de tu vida? → ¿Tienes la facilidad de encontrar fascinación en los otros y sentir la necesidad de establecer una relación de alta intensidad durante un tiempo? → ¿Tienes la facilidad y deseo de tener más de una relación a la vez? → ¿Disfrutas de estar desnuda y amas tu cuerpo tal y como es?
Bruja	→ ¿Tienes facilidad para conectar con tu mundo interno? → ¿Reconoces la sexualidad como un camino de transformación y/o que puede llevar a la espiritualidad? → ¿Reconoces que el sexo puede ayudarte a obtener lo que quieres? → ¿Puedes tener relaciones sexuales desde la rabia? → ¿Puedes no sentir interés por el sexo y priorizar aspectos más espirituales?
Madre	→ ¿Tienes la capacidad de entregarte al otro sin esperar nada a cambio? → ¿Sientes la necesidad de establecer una familia y tener hijos? → ¿Priorizas el tener una pareja sobre tus objetivos personales? → ¿Estableces en las relaciones de pareja un rol maternal? → ¿Puedes tener un lado inocente y, a la vez, darle rienda suelta a tu lado oscuro?

Ahora cuenta cuántas características tienes de cada una. El tipo de diosa con el mayor número de características posiblemente será el arquetipo con el que más te identificas y, el que resulte menor, será el que probablemente necesites desarrollar.

Revisa, además, las guías que te damos para desarrollarlas, ¡HAZLAS Y PRACTÍCALAS! Solo si las practicas podrás acceder a estas cualidades.

3.5. Conoce tu anatomía y funcionamiento fisiológico

Nuestra quinta propuesta para conseguir la sexualidad que deseas es obtener el conocimiento básico y funcional de tu anatomía. Y no nos referimos a repetir aquella asignatura que solían llamar Ciencias Naturales en las escuelas, aquella que se limitaba a mostrarnos unos dibujos poco realistas de lo que tenemos entre las piernas y un puñado de nombres que se supone debíamos aprender de memoria. Como verás a lo largo de este proceso de autoconocimiento de tu propio cuerpo, la educación que hemos recibido es un fiel reflejo de los valores del patriarcado. Es importante que, al menos, seas consciente de ello. Pero lo que nos importa aquí es conocer cómo funcionamos físicamente para entendernos mejor. No nos vamos a centrar tan solo en la sexualidad reproductiva, sino en todo lo que influye biológicamente en nuestro placer. Recuerda que conocer estos aspectos sobre tu cuerpo y tu goce te empodera como mujer.

En los talleres de Sexualidad Femenina que impartimos, siempre reservamos un espacio de tiempo para conocer nuestra anatomía y normalizar nuestros órganos sexuales. Tan solo ten presente que la mayoría de lo que vamos a exponer a continuación habla desde el paradigma de la sexología y la ciencia dominantes. En algunos puntos, encontrarás que coincide con lo expuesto en el apartado del Tantra[99] y, en otros casos, verás que no. Creemos, no obstante, que es muy interesante mostrarte todas las miradas. Así que, déjate sentir y tú misma descubrirás qué es aquello que te llega y te remueve por dentro. Toma de cada una de estas miradas lo que desees y sientas que puede ayudarte. La información, el saber y la pluralidad es poder. ¡Y el poder, te empodera! Así que, allá vamos:

99. Véase apartado 3.13. «Introdúcete en la filosofía del Tantra», p. 216.

Órganos sexuales femeninos

Los órganos genitales femeninos están constituidos por una parte externa (visible) y una parte interna (alguna visible con la ayuda de espéculos o similares, como sería el interior de la vagina, y otras de imposible acceso, como el útero o las trompas de Falopio).

En este sentido, los hombres vuelven a tener ventaja en este apartado ya que sus órganos sexuales son mayoritariamente externos, lo que implica mejor visibilidad y manipulación de la zona. Además de ser totalmente natural y bien visto que los chicos se exploren y hasta se masturben desde jovencitos.

Las mujeres, en cambio, sin ayuda de las manos solo accedemos visualmente a nuestro pubis y labios externos. Y, dado que se nos ha educado para no tocarnos, toda exploración más allá de esta simple visión nos suele producir vergüenza, sentimientos de suciedad, malestar, etc. En este sentido, es importante que identifiquemos si tenemos alguna creencia asociada al hecho de manipular nuestros genitales y explorarlos. El no hacerlo por pudor, miedo y/o ansiedad es un buen indicativo de que hay que trabajar en esos aspectos para liberar una parte de nuestra sexualidad que está bloqueada por algún tipo de creencia.

Órganos genitales externos

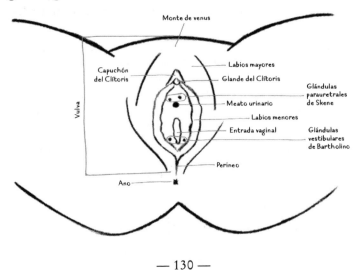

El monte de Venus

También llamado pubis. Situado sobre el hueso púbico, es una zona de tejido graso recubierta de vello e irrigado por numerosas terminaciones nerviosas. Contiene glándulas sebáceas que liberan feromonas y participan en la atracción sexual.

La vulva

Es la zona carnosa situada entre el monte de Venus y el perineo. Recubierta también por vello púbico y que se compone de:

Labios mayores: son dos pliegues carnosos formados de piel y tejido graso que contienen glándulas sudoríparas y sebáceas, y que producen secreciones lubricantes. Se extienden unos 8 cm aproximadamente desde el monte de Venus hasta el perineo, recubriendo los labios menores y protegiendo la entrada vaginal y la apertura uretral.

Labios menores: son dos pliegues con tejido conjuntivo donde confluyen muchos vasos sanguíneos y terminaciones nerviosas. Se unen por encima del clítoris formando un pliegue conocido como el capuchón del clítoris, hasta la zona del perineo. Son muy sensibles a la estimulación y se llenan de sangre cuando se produce la excitación. Normalmente se encuentran recubiertos por los labios mayores, pero muchas veces los labios menores pueden sobresalir, ya que su forma y medida es muy variable de unas mujeres a otras. Pueden medir de 2 a 6 cm.

Ejercicio: ¿Cómo es mi pubis?

¿Qué necesitas? Tus ojos y un espejo de cuerpo entero.

Desnúdate y observa tu monte de Venus.

¿Cómo es? ¿Plano? ¿Protuberante? Si lo toco, ¿lo noto duro? ¿Puedo sentir el hueso debajo? ¿Lo llevo depilado? Si es así, ¿por qué? (¿por qué yo quiero o porque alguien —sociedad, pareja, etc.— me lo exige?). ¿Tengo alguna cicatriz? Si es así, ¿qué significado tiene para mí? ¿Puedo olerlo? Esto último es difícil saberlo a menos que seas una perfecta contorsionista, pero puedes pasar los dedos por encima varias veces y luego acercarlos a la nariz. ¿Notas las feromonas?

Obsérvalo desde los distintos ángulos: colocándote frente al espejo y mirándolo directamente. ¿Qué sientes cuando lo miras? ¿Te gusta?

Es muy normal que los labios menores sobresalgan por encima de los mayores, e incluso que no sean paralelos ni idénticos entre ellos y el derecho sobresalga más que el izquierdo, o viceversa. Esto puede producir angustia y malestar a muchas mujeres que piensan que por este motivo son menos hermosas y menos atractivas. En realidad, vuelve a ser una idea que la sociedad ha impuesto, ya que siempre que se muestran los genitales femeninos —sobre todo en las películas pornográficas— aparecen labios pequeños que no sobresalen. Pero no existen dos vulvas iguales, y todas ellas, simplemente por el mero hecho de ser únicas, son especiales y bellas.

Nos parece aberrante que las mujeres, por simple estética y basándose en este perjuicio, se sometan a intervenciones de reducción de labios para igualarlos y disminuirlos, priorizando la imagen frente al placer, ya que la estimulación de los labios —y toda la zona de la vulva— es extremadamente placentera. ¿Por qué nos privamos de este placer a nosotras mismas prefiriendo pasar por quirófano para una intervención no necesaria? Por supuesto, cada mujer puede hacer con su cuerpo lo que desee, pero siempre siendo consciente de saber con certeza qué está haciendo, cuáles son los resultados que obtendrá y, por encima de todo, la razón por la que lo hace.

Desde la Medicina a esta particularidad física se la ha llamado hipertrofia genital, y la intervención se ha popularizado por no ser agresiva, durar poco más de una hora y con la que, en apariencia, las mujeres recuperan su autoestima. ¡Mira qué bien! Desde luego este tema da para rato. De hecho, podríamos entrar en un acalorado debate acerca de la larga lista de intervenciones genitales que se han popularizado últimamente, como las liposucciones del monte de Venus, las reducciones o engrosamientos de labios mayores, las vaginoplastias, las perineoplastias, las redefiniciones del clítoris, las himenoplastias, los rejuvenecimientos vaginales, etc.

No obstante, algunas de estas intervenciones pueden considerarse según el caso y la gravedad, pero hay que estar atentas al componente psicológico y mental que puede incidir a la hora de decantarnos por una operación así. Siempre habrá que calibrar el factor físico (si hay riesgo o molestias reales) o si se trata más bien de una creencia infiltrada en nuestra mente y revalidada por una sociedad que nos exige ser perfectas.

Pero ¿en qué consiste esta perfección y para quién? ¿Acaso existen tantas operaciones de este tipo en los hombres? Deberíamos preguntarnos por qué el placer del hombre y su seguridad son prioritarios y por qué los nuestros no. Además, los años pasan y nuestros genitales van cambiando, al igual que el resto de nuestro cuerpo. Aquí hay un trabajo clave de aceptación del envejecimiento en una sociedad que no nos lo pone nada fácil.

El clítoris: es un órgano formado por tejido eréctil. Se compone de una parte visible, el glande del clítoris, que mide unos 2-4 cm, y una parte no visible que se extiende en forma de dos ramificaciones o raíces de unos 10-13 cm de longitud cada una por el interior de los labios mayores, rodeando la vagina y llegando hasta el perineo. En estados de reposo y no-excitación, el glande del clítoris permanece oculto bajo el capuchón. Este órgano tiene unas 8.000 terminaciones nerviosas. Es un punto muy sensible a la estimulación, cuya única función es la de proporcionar placer a la mujer.

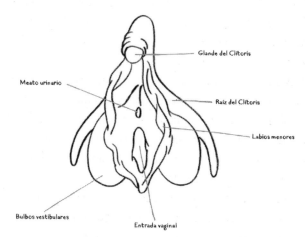

Glande del Clítoris

Meato urinario

Raíz del Clítoris

Labios menores

Bulbos vestibulares

Entrada vaginal

Parece haber evidencias de que el clítoris ya fue nombrado por primera vez en el siglo II, no obstante, no fue hasta 1552 cuando Mateo Renaldo Colón, un anatomista y cirujano italiano, descubrió y estudió «la fuente del placer femenino por excelencia» al que llamó «placer de Venus».[100] Desde entonces, no han dejado de producirse polémicas respecto a su verdadero descubridor, desvalorando su hallazgo y restando importancia a la función de este «botón del amor».

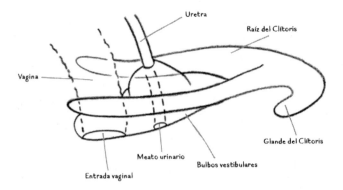

No obstante, no fue hasta 1998, cuando la doctora Helen O'Connell,[101] uróloga de la Royal Melbourne Hospital, publicó y dio a conocer por primera vez sus descubrimientos médicos respecto al verdadero tamaño del clítoris y su importancia en la sexualidad femenina.

Bulbos vestibulares: son dos masas de tejido eréctil que, al producirse la excitación física, se llenan de sangre, provocando la erección de la vulva y de toda la estructura clitoriana. Se encuentran entre las raíces del clítoris y los labios menores, y están unidas en la

100. Para más información: *https://www.guioteca.com/mitos-y-enigmas/quien-fue-el-descubridor-del-clitoris-el-organo-del-placer-femenino/*
101. Para más información: *https://www.guioteca.com/mitos-y-enigmas/quien-fue-el-descubridor-del-clitoris-el-organo-del-placer-femenino/*

parte superior con el cuerpo del clítoris y en contacto en la parte posterior con las glándulas de Bartolino.

El meato urinario: es el orificio que comunica la uretra con el exterior y a través del cual sale la orina desde la vejiga. Aunque no es propiamente un órgano sexual, es importante reconocerlo. Se encuentra alojado entre el clítoris y la entrada de la vagina.

Introito: es la apertura de entrada vaginal. Es el orificio por donde se producen las penetraciones, por donde sale la sangre de las menstruaciones y el feto durante el parto vaginal.

Las glándulas vestibulares: distinguimos dos, principalmente:

- Las **glándulas de Skene**, cerca del meato urinario.

- Las **glándulas de Bartolino**, situadas a cada lado de la entrada vaginal.

La función de ambas es la de lubrificar la vagina durante el acto sexual. Pero las de Skene, además, están implicadas en la eyaculación femenina.

Ejercicio: Reconociendo mi vulva

¿Qué necesitas? Un espejo. Un papel. Un lápiz.

Échale un ojo a tu vulva y a tu anatomía genital exterior. Intenta buscar y reconocer todos los puntos mencionados. Dibújala.

Haz este ejercicio cada cierto tiempo, para comprobar si hay cambios o simplemente por el placer de ver todas las partes de tu cuerpo en su totalidad. ¿No te miras la cara cada día? Pues con tu vulva debería ser lo mismo.

El perineo: conjunto de músculos situados entre la unión de los labios menores por debajo y el ano. El perineo forma parte del conocido suelo pélvico, que son una serie de músculos y ligamentos que rodean la uretra, la vagina y el recto. Su extensión varía de unos 2 a 5 cm. Sirve de soporte a todos los órganos sexuales y pélvicos y es una zona muy relacionada también con el placer sexual.

<u>El ano</u>: es un orificio que se extiende hacia el interior del cuerpo. La zona está formada por pliegues provistos de numerosas inervaciones nerviosas y tejidos musculares con capacidad de contracción y distensión. Al igual que el meato urinario, no es un órgano propiamente sexual, ya que se encarga de eliminar los residuos del cuerpo a través de las heces, pero sí puede intervenir en el placer sexual, como veremos más adelante.

<u>Las mamas</u>: están consideradas órganos sexuales secundarios.[102] Son dos glándulas de fibras de tejido conectivo. En el centro de cada

102. En este aspecto, hay discrepancias entre la sexología y el Tantra. Para el Tantra, los pechos son esenciales en la mujer, han de ser los primeros en ser activados, son la polaridad positiva y de ello depende que esta pueda abrirse y disfrutar de su sexualidad de una forma expandida. Para más información sobre la visión tántrica, véase apartado 3.13, «Introdúcete en la filosofía del Tantra», p. 216.

una se sitúa el pezón, muy sensible al tacto y a la temperatura. Los pechos son símbolo de sexualidad, feminidad y seducción, así como la fuente de alimento del bebé.

Al igual que ocurría con los labios menores, hay de todos los tamaños y formas, tanto del pecho en sí como del pezón. Y vuelve a ocurrir como en el caso anterior, que también los sometemos a operaciones mayoritariamente para agrandarlos. Volvemos a insistir en las razones, y también en que la información antes de una intervención así, los motivos por los cuales se quiere realizar y las consecuencias que de ella se derivarán son de suma importancia. No hay que olvidar que se puede llegar a perder sensibilidad en la zona.

Llegados a este punto, cabe señalar la existencia de lo que conocemos como pezón invertido, invaginado o umbilicado. Es algo de lo que no se habla, ni aparece en revistas ni mucho menos en películas. Consiste en tener el pezón distinto de, vamos a llamarlo, la clásica forma de «chupete». Puede ocurrir que la protuberancia no sea visible en estado de no-excitación y se ponga dura y aparezca en estado de excitación o de frío (invaginados), o simplemente que no aparezca, aunque sí se ponga dura (umbilicados).

Esto es algo que afecta a muchísimas mujeres y que todavía hoy es un tabú. Precisamente por eso, las mujeres que tienen uno o ambos pezones «hacia dentro» se sienten raras o tienen vergüenza de sus propios pechos. Y, ¡cómo no!: también hay una operación para ello. Sin embargo, es algo que convendría normalizar desde ya. El pecho no es más o menos bonito por la forma de sus pezones. De igual manera que el placer no se ve afectado en absoluto. Sí puede ocurrir, no obstante, que dar el pecho al bebé pueda resultar complicado; pero ese es otro tema. Lo que aquí queremos remarcar es la gran variedad que presentan algunas zonas corporales de unas mujeres a otras y que no se suelen mostrar públicamente, lo que hace que nos sintamos diferentes, bichos raros, inadecuadas, etc.

Órganos genitales internos

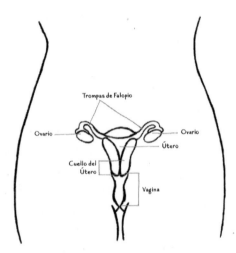

La vagina: es un órgano membranoso, muscular y elástico en forma de tubo que se extiende desde la apertura vaginal hasta el cuello del útero. El primer tercio de la vagina, desde el introito, es el más sensible al tacto. Mide unos 8-10 cm de longitud en su pared anterior y unos 12 cm en su pared posterior. Las paredes de la vagina se encuentran en contacto entre ellas si no se las está manipulando, ya sea para explorarlas, tener relaciones sexuales o en el momento del parto. De igual manera que los penes, las vaginas también tienen distintos tamaños. Además, la vagina se mantiene húmeda gracias a las glándulas localizadas tanto en el cuello del útero como en la propia vagina y que segregan secreciones o flujo vaginal para mantenerla sana y en forma.

Ejercicio: ¿Cómo es mi vagina?

¿Qué necesitas? Un espejo (mejor con soporte para que tú no tengas que aguantarlo). Un espéculo. Tus dedos. Lubricante.

Te será fácil observar la entrada vaginal (introito). Pero de lo que se trata aquí es de intentar investigar que hay más allá. Ayúdate de un lubricante e introduce un dedo dentro de tu vagina. Busca estar en una posición cómoda que te permita un fácil acceso. Puedes mover el dedo hacia varios lados para comprobar cómo son tus paredes vaginales y cómo reaccionan al tacto. ¿Notas que tu dedo llega hasta el final de tu vagina? ¿Puedes tocar tu cérvix? ¿Qué sensación te produce? ¿Crees que tienes una vagina corta, mediana o larga? Nada es mejor ni peor. Solo es curiosidad y autoconocimiento.

El cérvix: también llamado cuello del útero. Tiene forma de pequeño anillo. Se ubica de unos 8 a 12 cm desde el introito. Es la parte inferior del útero que conecta con la vagina por su extremo superior. Al igual que la vagina, el cérvix también está revestido por una membrana mucosa. Durante la ovulación, la consistencia de este moco cervical cambia, se vuelve más permeable, de manera que los espermatozoides puedan atravesarlo, llegar al útero y seguir su camino hasta fecundar un óvulo. El cuello uterino constituye una barrera que permite mantener el útero libre de bacterias nocivas, excepto durante la menstruación, la ovulación y el parto, momentos en el que el canal del cuello del útero se abre y es más vulnerable a infecciones.

<u>El útero</u>: también llamado matriz, es un órgano muscular hueco e interno, parecido a una pera invertida, situado en el centro de la cavidad pélvica, en la parte baja del abdomen. Lo podemos situar por detrás de la vejiga y por delante del recto. Mide unos 8 cm de altura y unos 4 cm de ancho, muy duro y elástico, y adaptable al tamaño que puedan ocupar uno o varios fetos. Es prácticamente el músculo más potente del cuerpo y donde se crea la vida. Centro de creatividad y alegría, y donde residen guardadas muchas memorias emocionales.

En su interior está recubierto por el endometrio —mucosa de gran importancia y variabilidad durante todo el ciclo menstrual y muy sensible a la acción hormonal—. Está sujeto por varios ligamentos que lo mantienen en su posición. La principal función del útero consiste en contener el feto en desarrollo.

<u>Las trompas de Falopio</u>: son dos órganos huecos, situados a ambos lados del útero, que comunican la cavidad del útero con los ova-

rios. Tienen una longitud de entre 7 y 13 cm. Sus paredes son ricas en fibras musculares. Las trompas no están directamente conectadas con los ovarios, sino que al final de cada una se forman una especie de flecos —fimbrias— que guían al óvulo liberado cada mes y lo dirigen hacia el útero. Su función es precisamente esa, además de ser el punto perfecto de encuentro entre el espermatozoide y el óvulo para ser fecundado.

Los ovarios: son las gónadas femeninas, situadas al final de cada trompa de Falopio. Van unidos al útero por un ligamento y a las trompas a través de las fimbrias. Tienen el tamaño aproximado de una nuez, de unos 3 cm de longitud por 2 cm de ancho cada uno. En su interior se albergan los óvulos. Son extremadamente móviles. Cambian de lugar con el embarazo, el tiempo y las modificaciones de los órganos vecinos. Sus funciones son las de producir hormonas (fundamentalmente estrógenos y progesterona, aunque también testosterona a bajos niveles y otros andrógenos) y de maduración y expulsión de los óvulos hacia las trompas.

Llegados a este punto y después de haber hecho un breve recorrido a través de nuestros órganos sexuales femeninos, hacemos un alto en el camino para recomendarte encarecidamente la lectura del libro *Tu sexo es aún más tuyo*[103] de Sylvia de Béjar, para ampliar toda la información sobre anatomía y descubrir otras brillantes reflexiones y sugerencias con el fin de disfrutar de una mejor sexualidad.

Y, después de conocer tu anatomía, seguramente te estarás preguntando: ¿Y cómo funciona todo esto?

¡Vamos a verlo!

103. Béjar, Sylvia de, *Tu sexo es aún más tuyo. Todo lo que has de saber para disfrutar de tu sexualidad*, Planeta, Barcelona, 2007.

¿Cómo funciona nuestro cuerpo?

A grandes rasgos, nuestro cuerpo está formado por una serie de órganos y sistemas conectados entre ellos. Se comunican a través de los tejidos, la sangre, el oxígeno y otras sustancias químicas —como las hormonas y los neurotransmisores—, que envían la información de un lugar a otro de nuestro cuerpo.

En la mayoría de casos, si falla un órgano o sistema, los demás se ven alterados y afectados, así que el cuerpo humano es un todo que no puede desligarse de ninguna de sus partes. Y no nos referimos solamente al físico sino también al ámbito psicológico, ya que las creencias actúan sobre la biología y también pueden modificarla. De igual modo que ocurre con nuestro comportamiento y acciones o con la alimentación y los hábitos que tengamos.

Nuestro cuerpo siempre responde, ya sea porque le insuflemos directamente un neurotransmisor concreto que nos provoque ciertas reacciones o porque sea una acción determinada, por ejemplo, bailar, la que genere ese mismo neurotransmisor y entonces respondamos de la misma manera.

Este apartado no pretende ser un manual científico-técnico de fisiología humana, simplemente queremos hacer presentes las partes físicas de nuestro cuerpo que están más relacionadas con nuestra sexualidad, para que podamos situarlas y entender cómo funcionan.

Teniendo en cuenta que es difícil saber dónde establecer el límite de las zonas implicadas, centrémonos en las áreas y órganos más específicos y de especial relevancia en el funcionamiento sexual y reproductivo de las mujeres. Básicamente, todas ellas se alojan en la cavidad craneal y en la zona pélvica, y forman parte del sistema endocrino —regulado por hormonas— y del sistema nervioso autónomo —regulado por señales eléctricas y neurotransmisores—. Y todos ellos forman un circuito en dos direcciones que va del cerebro a los genitales.

Cerebro

El cerebro es un órgano sobre el que se han realizado muchos estudios y, aun así, sigue siendo un gran misterio. A grandes rasgos, podemos decir que se encarga de que los seres humanos sigamos vivos, y esto lo consigue coordinando todos los sistemas del cuerpo para que funcionen correctamente.

En relación con la sexualidad, existen algunas zonas del cerebro específicas para esta función. Pero antes, un apunte para tomar perspectiva: según la teoría del cerebro triúnico, del neurocientífico Paul MacLean, las personas disponemos de tres cerebros: el reptiliano, el límbico y el neocórtex.

El primero, el reptiliano, es el cerebro más instintivo, el que nos mueve a conservar la especie. El cerebro límbico es emocional; se encarga de las actividades relacionadas con la expresión y mediación de sentimientos. Y el tercero, el neocórtex o corteza cerebral, es el cerebro más evolucionado, el más creativo, el que nos permite evolucionar y pensar.

El funcionamiento de estos tres cerebros pasa por una jerarquía. Las cosas pasan primero por el cerebro reptiliano, luego por el límbico y, finalmente, por el neocórtex.

Los distintos aspectos de la sexualidad los encontramos repartidos por los tres cerebros que aquí se nombran. Por ejemplo, el neocórtex es el principal implicado en las decisiones sexuales; es nuestro cerebro más «moderno». En la corteza prefrontal se interpretan los estímulos procedentes de las percepciones que nos llegan a través de los sentidos y decide —en función de la memoria, las experiencias y recuerdos de anteriores encuentros sexuales— si es un buen momento para tener sexo, por ejemplo.

El cerebro límbico es el encargado de la conducta social y emocional. Allí se encuentran los circuitos cerebrales asociados al placer, al dolor y a la memoria. Es el motor de nuestras acciones, defensas y miedos. De ahí que, si se generan bloqueos en esta parte, se pueda ver afectada nuestra capacidad de sentir placer. Tal y como afirma el doctor Nolasc Acarín, en *El cerebro del rey*,[104] el sistema límbico incluye el córtex de asociación límbica, parte de los núcleos basales, el septum, el hipocampo, la amígdala y el córtex olfatorio. Y añade que, cuando algunos de estos centros quedan inhibidos, se dificulta gravemente la sensación de placer y de obtención de bienestar sexual.[105]

Por último, el cerebro reptiliano trabaja junto con el cerebro emocional. Sus principales funciones se relacionan con la sexualidad y el instinto de conservación, la supervivencia, la territorialidad, la agresividad y el control de las necesidades básicas como la sexualidad. Su funcionamiento es mecánico, rígido, intransigente, obsesivo y compulsivo. Según Acarín, este se encuentra ubicado «justo debajo del sistema límbico, ya en el centro de la base cerebral, se hallan el hipotálamo y la hipófisis, dos centros que ordenan el funcionamiento visceral y hormonal del organismo, y cuyas conexiones con el sistema límbico aseguran la interrelación entre las emociones, las hormonas y las vísceras. A menudo, hemos experimentado como ante una situación de ansiedad aumentan los movimientos intestinales y debemos evacuar con urgencia, o que un susto nos acelera el corazón y la respiración, o, al contrario, tras una intensa experiencia de placer nos quedamos tranquilos y relajados. Las vísceras, las hormonas y las emociones están en íntima sincronización».[106]

A modo de curiosidad, en un estudio de Holstege,[107] publicado en *Journal of Sexual Medicine*, se afirma que el área del cerebro responsable del orgasmo y la eyaculación —tanto en hombres como en mujeres— es la parte izquierda de la zona del segmento pontio dorsolateral, que se encuentra situada detrás del ojo izquierdo, en el córtex orbitofrontal lateral.

104. Acarín, Nolasc, *El cerebro del rey*, RBA, Barcelona, 2003, p. 395.
105. *Ibíd.*, p. 134.
106. *Ibíd.*, p. 229.
107. Huynh, Hieu K. *et al.*, «Pontine Control of Ejaculation and Female Orgasm», en *The Journal of Sexual Medicine*, vol. 10, n.º 12, diciembre de 2013, pp. 3038-3048.

Centrémonos, a continuación, en las zonas más implicadas en la sexualidad:

Hipotálamo

Se encuentra en la base del cerebro y forma parte del sistema límbico. Mediante la liberación de hormonas específicas, se encarga de coordinar las interacciones entre la hipófisis, las glándulas suprarrenales y los órganos genitales. También regula el equilibrio del sistema nervioso autónomo y ordena el funcionamiento de las vísceras que forman los sistemas o aparatos que dirigen las actividades básicas para la vida: respiración, circulación, digestión, sexualidad, etc.

Es una zona que puede verse directamente afectada por el estrés, molestias o hechos traumáticos, lo que influye directamente en nuestra sexualidad y provoca, por ejemplo, que las mujeres dejemos de menstruar después de un choque emocional.

El hipotálamo produce una sustancia llamada hormona liberadora de la gonadotropina (HLG) que regula la secreción de dos hormonas elaboradas en la hipófisis y que actúan sobre las gónadas —ovarios y testículos—: la hormona luteinizante (HL) desencadena la ovulación, y la hormona foliculoestimulante (FSH) prepara el ovario para la ovulación.

El hipotálamo también se encarga de regular el placer y la agresividad en hombres y mujeres, aunque de manera distinta, ya que las influencias hormonales también son diferentes.

Hipófisis

También llamada glándula pituitaria. Es una glándula endocrina del tamaño de un guisante situada en la base del cerebro, justo debajo del hipotálamo y conectada a él. Se encarga de segregar hormonas como la FSH y la HL para estimular los ovarios y que estos, a su vez, regulen la actividad del hipotálamo y la hipófisis.

Amígdala

Se sitúa en el sistema límbico, justo delante del hipocampo. La amígdala se activa durante el orgasmo e interviene en el reconocimiento y la integración de los estímulos sexuales. Modula también las capacidades para la afectividad y la agresividad.[108]

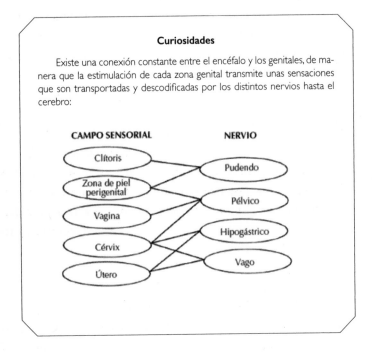

Curiosidades

Existe una conexión constante entre el encéfalo y los genitales, de manera que la estimulación de cada zona genital transmite unas sensaciones que son transportadas y descodificadas por los distintos nervios hasta el cerebro:

CAMPO SENSORIAL   NERVIO

Clítoris

Zona de piel perigenital   Pudendo

Vagina   Pélvico

Cérvix   Hipogástrico

Útero   Vago

108. Komisaruk, B., Whipple, B., Nasserzadeh S., Beyer-Flores, C., *Orgasmo: Todo lo que siempre quiso saber y nunca se atrevió a preguntar*, Paidós, Barcelona, 2011, p. 10.

Como ya hemos apuntado antes, en nuestro organismo hay dos sistemas que controlan el funcionamiento de diversos órganos: el sistema nervioso —para las comunicaciones rápidas, a través de neurotransmisores— y el sistema endocrino —para mensajes más lentos, aunque más duraderos y mediante las hormonas.

Sistema endocrino: glándulas suprarrenales

Dentro del sistema endocrino, encontramos las glándulas suprarrenales. Localizadas en la parte superior de los riñones, producen y regulan las cantidades necesarias de hormonas sexuales (estrógenos y andrógenos), que son secretadas directamente al torrente circulatorio, el cual las llevará a los tejidos que desempeñen la acción.

Sistema nervioso autónomo: SN simpático y parasimpático

El sistema nervioso autónomo participa activamente durante una relación sexual. Primero, en la fase del deseo, se activa el SNA simpático, luego, en la fase de excitación, el SNA parasimpático, y, excepcionalmente, en el momento del orgasmo, se activan simultáneamente ambos sistemas que son por naturaleza antagonistas. Esta es la ciencia mágica del sexo.

Hormonas y neurotransmisores

Hay muchísimas hormonas y neurotransmisores que viajan por nuestro cuerpo pero, en este caso, solo nos interesa conocer cuáles son y de qué manera se encargan de regular nuestras funciones sexuales y cómo influyen en nuestro comportamiento erótico.

Es importante saber que las hormonas viajan a través de la sangre, desde el órgano donde se producen hasta el órgano en el que van a llevar a cabo su función. En nuestro organismo hay varios órganos productores de hormonas: los órganos sexuales, la glándula tiroides, las glándulas suprarrenales, la hipófisis y el páncreas, principalmente. Todo coordinado, a su vez, por el hipotálamo.

Los neurotransmisores, en cambio, son moléculas químicas que permiten la relación de neuronas entre sí a través de conexiones sinápticas.

Veamos de qué manera actúan sobre nosotras.

Hormonas: las hormonas sexuales están presentes en ambos sexos y las regulan el hipotálamo y la hipófisis. Varios estudios, casi todos realizados en animales, demuestran que el nivel de hormonas en sangre determina en gran medida el impulso sexual, por ejemplo. Sin embargo, no puede afirmarse que el comportamiento sexual humano esté estrictamente sujeto solo a su efecto. Hay muchos más factores a tener en cuenta, como ya hemos ido demostrando.

En las mujeres, las hormonas más importantes por conocer y que más nos influyen son: la testosterona, los estrógenos y la progesterona.

❖ **Los estrógenos** son las hormonas femeninas por excelencia que:
→ Intervienen en el crecimiento y la consistencia de los huesos.
→ Feminizan el cuerpo con la llegada de la pubertad.
→ Regulan el ciclo menstrual.
→ Producen lubricación.
→ Mantienen la elasticidad de la vagina y de los senos.
→ Se encargan de la distribución de las grasas.
→ Influyen en la textura y la pigmentación de la piel y el cabello.
→ Están relacionados con el deseo sexual.
→ Tienen efecto protector contra las enfermedades cardiovasculares y el estrés. (¡Por eso las mujeres vivimos más!)
→ En exceso, pueden provocar desasosiego, insomnio, pérdida de memoria, retención de líquidos y riesgo de algunos cánceres hormonodependientes.
→ Una disminución puede producir irritabilidad, ansiedad, apatía, malestar emocional, sofocos, sequedad vaginal y, a la larga, osteoporosis.

❖ **La progesterona** es la hormona de la maternidad y:
→ Regula la temperatura corporal y el ciclo menstrual.
→ Aumenta el tamaño y la sensibilidad de los senos durante la menstruación y durante el período premenstrual.
→ Se segrega especialmente en la fase posovulatoria.
→ Está implicada en la gestación: prepara al útero para la implantación del óvulo fecundado y a las mamas para la lactancia.
→ Disminuye el deseo sexual.
→ Tiene un ligero efecto depresivo en la segunda fase del ciclo menstrual.
→ Tiene un efecto sedante sobre el hambre, la sed y el humor.
→ Administrada en grandes cantidades (en animales), suprime el interés sexual.

❖ **La testosterona** es la hormona que:
→ Regula el impulso, la agresividad y el deseo sexual.
→ Se produce en los ovarios y en las glándulas suprarrenales.
→ Se fabrica en cantidades de unos 0,5 mg al día en las mujeres. En los hombres las cantidades oscilan entre los 6 y los 8 mg al día. No obstante, las mujeres somos más sensibles a cantidades más bajas.
→ Produce una disminución de la libido o deseo sexual cuando bajan sus niveles de concentración, como en los días previos a la menstruación, después del parto o al llegar la menopausia.
→ Nos proporciona la sensación de poder y ganas de sexo al tener un orgasmo. Esto hace que aumentemos nuestros niveles de testosterona. Es un circuito que se retroalimenta.

<u>Neurotransmisores</u>: los más indispensables que debes conocer son:

❖ **La serotonina** regula los estados de ánimo. Niveles bajos de este neurotransmisor están asociados a estados depresivos, falta de apetito y pérdida de memoria. A altos niveles puede inhibir la función sexual, anestesiar las emociones, producir más sensación de sueño, menos agresividad y menos movimiento.

❖ **La dopamina** nos proporciona la sensación de seguridad. Nos genera confianza en nosotras mismas, más creatividad y motivación, más atención. En cambio, a niveles bajos, nos provoca incapacidad para sentir placer, disminución de la libido y destruye nuestras ambiciones.

❖ **La noradrenalina** a niveles adecuados nos ayuda a la excitación previa al coito. Pero si va acompañada de un exceso de cortisol producido, por ejemplo, por grandes cantidades de estrés, puede generar la respuesta contraria: inhibir nuestra respuesta sexual.

❖ **La oxitocina** es la hormona del afecto o del abrazo. Crea lazos entre seres humanos. Nos genera la sensación de vínculo, apego y bienestar. Se libera al torrente sanguíneo durante el orgasmo. También induce a las contracciones en el parto y ayuda a liberar leche.

❖ **Las endorfinas** son las hormonas de la tranquilidad. Facilitan el deseo y los vínculos afectivos entre los miembros de la pareja. Provocan sensaciones de felicidad y bienestar.

Podemos afirmar, por lo tanto, que la química nos afecta en el ámbito sexual y que el estado carencial o excesivo de determinadas hormonas o neurotransmisores va a influir en nuestra apetencia sexual. Sin embargo, nuestra sexualidad no está solo determinada por factores biológicos, sino que también contamos con las influencias que recibimos de nuestro mundo psíquico, relacional, social y ambiental, que nos afectarán según sean positivas o negativas. Así que, ¡intentemos ayudar a nuestra química poniendo de nuestra parte! Por ejemplo, si sabemos que pensar en sexo libera dopamina y tener un orgasmo también, ¿por qué no pensamos en él y lo practicamos más a menudo?

Siguiendo con el ejemplo de la dopamina, en el ámbito bioquímico, sabemos que las mujeres nos empoderamos más que los hombres a través de la satisfacción en la actividad sexual. Esto ocurre porque las mujeres no tenemos período refractario y los niveles de esta hormona siguen activos, mientras que los hombres, al caer en picado después del orgasmo, pierden momentáneamente el interés sexual.

La cantidad de hormonas sexuales va disminuyendo con la edad, alcanza su plenitud en la pubertad y su menor nivel se sitúa en la infancia y tras finalizar la menopausia. Debido a estos cambios, la vagina va perdiendo su color rosado, se vuelve menos elástica, la lubricación es menor y las contracciones orgásmicas puede que ya no sean tan intensas.

¿Cómo funciona mi respuesta sexual al placer?

En distintas épocas, varios autores han estudiado las diferentes fases de la respuesta sexual y los circuitos implicados en el placer. En el siguiente cuadro, se pueden ver los ejemplos de los autores más relevantes en el campo de la sexología:

Ellis (1906)	Kinsey (1953)	Masters y Johnson (1966)	Kaplan (1979)
---	---	---	Deseo
Tumescencia	Excitación	Excitación	Excitación
---	---	Meseta	---
---	Orgasmo	Orgasmo	Orgasmo
Detumescencia	Posefectos	Resolución	---

Modelos de respuesta sexual
Introducción a la sexología clínica, de Manuel Lucas Matheu y Francisco Cabello Santamaría, Elsevier, Barcelona, 2009, p. 25.

Lo destacable en este apartado sería confirmar que, efectivamente, hay una respuesta sexual en el ámbito fisiológico en las distintas fases de la relación sexual. Sin embargo, no debemos olvidar que la excitación subjetiva también interviene en todo este proceso, además de muchos otros factores.

Deseo

El deseo puede aparecer gracias a un estímulo externo que nos cause atracción o bien por un estímulo interno, provocado por nosotras mismas. También podemos distinguir entre estímulos sexuales directos, que implican caricias o manipulación de zonas erógenas, e indirectos, a través de los sentidos, a excepción del tacto —que sería directo—, o mediante fantasías y pensamientos eróticos.

El deseo es claramente subjetivo y cambiante según la época, el momento del ciclo y el momento vital en el que nos encontremos. Las circunstancias y el ambiente que nos rodea, así como la manera en que nos afecte esto en nuestro día a día, también tendrán influencia en el deseo y en las ganas de practicar sexo que tengamos.

Para las mujeres, el deseo va de la mano de un juego de seducción, además de una acertada combinación de atracción que nos cautive por los cinco sentidos —y no solo por la vista—. Queremos sentirnos seductoras y también que nos seduzcan, ya que eso implica que nosotras somos diosas deseables y deseadas y que el otro tiene en cuenta nuestros deseos, gustos y necesidades, y está dispuesto a complacernos.

Francesco Alberoni lo expresa muy bien en *El erotismo*: «Para hacer desear el sexo basta con muy poco. Basta con levantar un poco la falda, dejar entrever los senos, basta con apretarse contra el hombre, susurrarle que se lo desea y el hombre se enardece, está listo para hacer el amor. La seducción femenina, en cambio, quiere algo más. Quiere hacerse recordar, hacerse desear después».[109] Volveremos a hablar del deseo más adelante...

109. Alberoni, Francesco, *El erotismo*, Gedisa, Barcelona, 2009.

Excitación

Fisiológicamente hablando, durante la excitación se aprecia la aparición de lubricación vaginal, la aceleración del pulso y la respiración, la contracción de varios músculos y el aumento de la presión arterial. Los pechos y los pezones se endurecen y las mamas y el clítoris aumentan su tamaño.

Podemos llegar a excitarnos sin haber sentido un deseo previo. Incluso se puede iniciar una relación sexual sin ganas y animarnos una vez iniciada, lo que da lugar a la excitación física, aunque esta no sería la situación más aconsejable terapéuticamente hablando.

Lo ideal es que nuestro cerebro nos acompañe. Fisiológicamente podemos funcionar perfectamente, pero mentalmente podemos estar en otro sitio. Y esa no es la situación ideal para crear una asociación sexual positiva y agradable.

Pondremos un ejemplo al respecto: puedo estar practicando sexo y sentir, notar y ver cómo mis órganos genitales responden a la estimulación porque estoy lubricada, noto mis labios vaginales más hinchados y rojizos, mi plataforma perineal activada, pero mi mente puede estar organizando la cena que tengo que preparar después; estar pendiente de que no se despierten los niños; pensando en el informe que me queda por redactar antes de acostarme y dejar la lavadora preparada para ponerla mañana a primera hora...

En estas condiciones, fisiológicamente podemos responder, pero mentalmente no estamos disfrutando con plenitud.

Orgasmo

En el ámbito fisiológico, el orgasmo es el momento en el que toda la tensión muscular acumulada durante las fases anteriores llega a su punto álgido y se libera mediante una serie de contracciones en la zona vaginal, el útero y el esfínter anal, produciendo una sensación —totalmente subjetiva— de placer. Su duración es de tan solo unos pocos segundos.

En el ámbito genital, el orgasmo puede considerarse un reflejo a un determinado estímulo, lo que significa que puede llegar a ser voluntario. Si entrenamos nuestra plataforma orgásmica —con ejercicios de Kegel, por ejemplo—, podemos llegar a provocarnos un orgasmo simplemente contrayendo esa zona. Para que la mujer alcance sin problemas el orgasmo, el cuerpo y la mente tienen que estar relajados y conectados con el momento y las sensaciones. Si nos sentimos rígidas, incómodas, inseguras o en tensión, el SNA simpático no se desconectará en las fases previas al orgasmo y no se podrán activar los centros del placer. Tenemos que entrar en lo que se conoce como un estado de conciencia alterado o «apagón cerebral».

En un artículo de su autoría, Nuño Domínguez[110] afirma que la sensación orgásmica puede compararse a un «chute de heroína», y eso solo se consigue apagando la autoevaluación, el control y la razón.

«La puesta en marcha sexual de la mujer empieza con una desconexión del cerebro. Los impulsos pueden correr hacia los centros del placer y disparar un orgasmo solo en el caso de que la amígdala esté desactivada, centro del temor y la ansiedad del cerebro. Antes de que la amígdala haya sido desenchufada, cualquier preocupación del último minuto —trabajo, niños, compromiso, servir la cena, poner la mesa— puede interrumpir la marcha hacia el orgasmo [...]. El sistema es delicado, pero la conexión con el cerebro es tan directa como la actuación. Los nervios de la punta del clítoris comunican directamente con el centro del placer sexual del cerebro femenino. Cuando dichos nervios son estimulados, disparan una actividad electroquímica hasta llegar a un umbral, desencadenan un estallido de impulsos y liberan sustancias neuroquímicas de emparejamiento y bienestar, como la dopamina, la oxitocina y las endorfinas. ¡Ah, el clímax! Si el estímulo del clítoris se interrumpe demasiado pronto, si los ner-

110. Domínguez, Nuño, *Estudio que desvela el epicentro del orgasmo.* 16/02/2013. En: *http://esmateria.com/2013/09/16/un-estudio-desvela-el-epicentro-del-orgasmo/*

vios clitóricos no son bastante sensibles o si el temor, el estrés o la culpa interrumpen el estímulo, el clítoris se para en seco en su camino.»[111]

Cada persona es responsable de sus orgasmos; y, en concreto, cada mujer los es de los suyos. Es muy importante tener esto presente, ya que no podemos esperar que sea otra persona quien nos los proporcione. Es decir, para que esto ocurra, nosotras debemos conocer bien nuestro cuerpo, saber cómo funciona y en qué puntos hay que incidir para sentir placer. Si lo sabemos, podremos comunicarlo fácilmente.

Esto nos lleva a aclarar otro importante concepto, el de los tipos de orgasmo:

El orgasmo es también liberación de energía y, como ya hemos dicho, una reacción subjetiva. Es decir, estimulando distintos puntos de nuestro cuerpo, conseguiremos diferentes sensaciones de varias intensidades. Eso significa que el orgasmo solo es *uno*, pero que lo sentiremos, lo expresaremos y nos lo provocaremos de distintas maneras.

En ese sentido, Freud construyó uno de los mitos más extendidos —y que más preocupaciones ha causado entre las mujeres—, al afirmar que existían dos tipos de orgasmos: el vaginal y el clitorídeo. Y por si eso no fuera suficiente, también concluyó que las mujeres que no alcanzaban el orgasmo con penetración no eran mujeres maduras.

Pero nada más lejos de la realidad. Primero, hay que aclarar que las mujeres no están anatómicamente preparadas para tener un orgasmo vaginal con solo acoplar un pene —o cualquier objeto parecido— en su vagina. Es necesario un ángulo determinado, una postura que estimule puntos específicos y ciertos movimientos a una velocidad e intensidad muy concretas.

111. Brizendine, Louann, *El cerebro femenino*, RBA, Barcelona, 2007, p. 64. Disponible en: *https://edoc.site/el-cerebro-femeninopdf-pdf-free.html*

Y, además, también va a depender del día y de las preferencias de ese momento. Y esto nada tiene que ver con que las mujeres seamos inmaduras. Más bien tendrá que ver con que somos cíclicas y que anatómicamente sentimos más placer estimulando el clítoris o el primer tercio de la vagina. Para eso, no necesitamos de una penetración o de un pene muy largo para gozar, tal como se nos ha hecho creer tanto a mujeres como a hombres. Incluso se pueden tener orgasmos sin estimular ninguna de estas dos zonas, ni de las que mencionaremos más abajo. Con la práctica, también se pueden lograr orgasmos con respiración alterada, canalizando la energía sexual al corazón, haciendo uso de fantasías eróticas, bailando e, incluso, soñando.

Aportaciones del Tantra

Charles y Caroline Muir, maestros tántricos, en su libro *Tantra. El arte del amor consciente,* afirman que podemos identificar cinco niveles de actividad orgásmica en la mujer; es lo que conocemos como: los cinco niveles de orgasmo.[112]

Primer nivel: preorgásmico. La mujer nunca ha experimentado un orgasmo o no está segura de haberlo experimentado. Quizá no ha tenido relaciones sexuales, o nunca se ha masturbado, o no ha llegado al clímax con la masturbación. Quizás tenga relaciones, pero padece un bloqueo psicológico debido a traumas, malas experiencias, ideas de que no merece o no debe disfrutar del sexo, o simplemente tenga miedo a «perder el control».

Segundo nivel: a veces orgásmico. Este nivel puede ser mucho más frustrante que el anterior. Conocemos lo que es sentir un orgasmo, pero a veces no podemos acceder a él. Recordamos el testimonio de una mujer que no tenía ningún problema para disfrutar de orgasmos en soledad, pero que no había sentido nunca un orgasmo en

---

112. Muir, Charles y Caroline, *Tantra. El arte del amor consciente*, Oasis, Barcelona, 1991.

compañía de otra persona, ni en relaciones sexuales, ni recibiendo un masaje tántrico. Su historia nos impactó enormemente; sin embargo, valoramos su honestidad y sinceridad al contárnosla.

Tercer nivel: orgásmico. Tenemos acceso a la poderosa energía del orgasmo. Sabemos qué lo provoca y cómo llegar a él. Estamos contentas y concluimos: «He tenido mi orgasmo, querido/a, y tú has tenido también el tuyo. Buenas noches».[113]

Cuarto nivel: orgasmos múltiples. Los orgasmos múltiples son «como los fuegos artificiales de la verbena de San Juan —están llenos de colorido e intensidad—, una cadena de posibilidades de placer que traspasan la estratosfera orgásmica».[114]

Quinto nivel: orgasmo extendido. Los tántricos lo llaman la «ola de felicidad». Se trata de un nivel de excitación que crece en intensidad y que puede durar diez minutos, veinte, o más. En su nivel más alto puede liberarse amrita, la eyaculación femenina.

Todas las mujeres somos orgásmicas

Para el Tantra, así es, ¡todas somos orgásmicas! El problema es que, el desconocimiento de cómo funciona nuestra energía sexual y la manera en que vivimos la sexualidad, no nos favorece. No sabemos cómo crear un estado orgásmico ni cómo aprovechar el don del orgasmo. Permanece atenta porque en el capítulo sobre el Tantra desarrollaremos estas ideas.

Orgasmo de pico y orgasmo de valle

El Tantra nos habla de un orgasmo llamado «de pico» y otro llamado «de valle», así como de la amplia gama de experiencias que podemos sentir entre uno y otro.

Lo que distingue el orgasmo de pico del de valle es la base en la que se asientan: el de pico tiene su base en un progresivo aumento de exci-

---

113. *Ibíd.*, p. 73.
114. *Ibíd.*

tación, y el de valle, en un estado de relajamiento. La diferencia estaría, por lo tanto, en tener un orgasmo o alcanzar estados orgásmicos.

El **orgasmo de pico** conlleva una actitud de búsqueda, tenemos una meta: llegar al clímax. Se trata de una actividad lineal, con intención, en la que la mente interviene; hacemos «cosas» para conseguir llegar al objetivo. Hay esfuerzo físico y movimientos mecánicos y repetitivos de la pelvis que van ganando velocidad. Se va acumulando tensión muscular y la energía se concentra en los genitales. Este orgasmo puede durar máximo unos diez segundos y tiene un principio y un final bastante definidos. La energía se mueve hacia abajo y hacia fuera. Hay excitación y una placentera descarga de energía. Después del orgasmo desaparecen las ganas de hacer el amor.

En **la experiencia de valle,** la actitud es muy diferente: no hay expectativa de llegar al orgasmo; no hay ningún lugar a donde ir ni una experiencia que vendrá en un momento futuro; hay una vivencia atemporal de presencia en el aquí y el ahora.

En la vía del valle estamos más y hacemos menos, nos mantenemos en un ritmo lento, perezoso, evitamos esforzarnos y tensarnos. Si hay penetración, es muy lenta, al igual que son lentos los movimientos de la pelvis. Se genera energía en los genitales que, a continuación, se expande hacia otras zonas del cuerpo.

El orgasmo de valle es un proceso sin comienzo ni final específicos; puede durar unos instantes o unas horas; se trata de un estado de conciencia, una experiencia ajena al tiempo. Es un proceso meditativo. En el orgasmo de valle «la energía entra, se expande y se proyecta a raudales hacia arriba. En vez de ser descargada o liberada desde el cuerpo [...] genera vitalidad y creatividad».[115]

El Tantra nos propone que experimentemos también la vía del valle en nuestros encuentros sexuales. Si quieres investigar en la vía del valle, en el capítulo dedicado al Tantra[116] encontrarás mucha más

---

115. Richardson, Diana, *Tantra, amor y sexo*, Neo Person, Madrid, 2016, p. 41.
116. Véase apartado 3.13, «Introdúcete en la filosofía del Tantra», p. 216.

información. También hallarás técnicas para aumentar tu capacidad de sentir orgasmos, alargarlos en su duración, sentirlos más profundamente y subir la energía orgásmica hacia la parte alta de tu cuerpo —chakras superiores.

Resolución

Después del orgasmo, la mujer no tiene un período refractario, como les ocurre a los hombres. Las mujeres no necesitamos reposar durante un tiempo antes de volver a excitarnos. De hecho, si se prosigue con la estimulación, la mujer puede alcanzar varios orgasmos seguidos, si así lo desea. Si decidimos parar, el cuerpo vuelve a la normalidad y los órganos vuelven también a su estado habitual de reposo.

Queremos aprovechar para quitar peso a estos estudios. No nos malinterpretes, gracias a ellos hemos podido conocer nuestro funcionamiento fisiológico sexual, pero si nos quedamos solamente con la parte científica, nos estamos perdiendo un gran abanico de posibilidades y, aún peor, le estamos restando importancia al ser único que somos.

Los estudios estipulan las fases de respuesta sexual en hombres y mujeres, lo que resulta muy útil. Sin embargo, creemos que al no contemplar otras posibilidades fuera de esta interpretación, añaden más carga y presión a aquellas personas que se salen de dichos parámetros. Es decir, problematizan la diversidad de respuestas sexuales. Y esto es lo que no nos gusta. No obstante, es importante conocerlos y entenderlos, pero luego hay que dejarlos de lado y centrarse en conocerse una misma.

¿Qué pasa si estoy fuera de la estadística? ¿No soy normal? ¿Tengo algún problema? Seguramente, no. Pero, tranquila, que insistiremos en este tema en próximos capítulos.

Zonas erógenas y puntos de estimulación

Las zonas erógenas son aquellas partes de nuestro cuerpo que, al estimularlas, nos producen excitación. Cuando se habla de ellas, el primer pensamiento se dirige, por lo general, a nuestros genitales y pechos. Y es cierto que son las zonas donde podemos visualizar y notar más claramente nuestra excitación, ya que hay factores físicos que nos lo muestran: enrojecimiento y calentamiento de la piel, aumento del volumen de algunos órganos implicados y lubricación de la zona genital. También se producen otras señales más sutiles a la vista como, por ejemplo, la dilatación de las pupilas.

Algunos ejemplos y sugerencias de zonas erógenas son: el cuero cabelludo, los labios, las orejas, el cuello, los pechos y los pezones, la espalda, las palmas de las manos, los genitales, los glúteos, el ano, la zona interior de los muslos, la parte de atrás de las rodillas, los pies... ¿todo el cuerpo?

Es muy recomendable experimentar y trazar nuestro propio mapa de zonas erógenas. Ya que las preferencias de cada una pueden ser muy distintas. No solo el área por estimular, sino también la manera de hacerlo. Puede que a una mujer le guste mucho que le acaricien los pechos y que otra no lo soporte. O puede gustar mucho a ambas, pero que una prefiera una sutil caricia y la otra un amasamiento intenso.

Ejercicio

Con un dibujo de tu silueta corporal —que puedes dibujar tú misma o buscarlo ya hecho—, marca esas zonas que te hacen vibrar de excitación. Marca con distintos colores la intensidad con la que te gusta que te acaricien en ese punto. Hazlo con la parte frontal y la parte trasera de tu cuerpo.

Veamos qué zonas y puntos de estimulación son imprescindibles que conozcas y, ¿por qué no?, investigues:

Los labios menores

Podría parecer que solo son los encargados de proteger el introito y el meato urinario, pero en realidad son muy sensibles al tacto y a las sensaciones, así que estimularlos es muy placentero y ayuda a la mujer a lubricar más. Estimularlos con caricias y lametones puede ser muy agradable. Incluso, a veces, centrarse más en ellos, o empezar por ellos, en lugar de ir directamente a estimular la cabeza del clítoris, puede ser mucho más placentero.

El clítoris

Es una zona cuya única función es la de proporcionar placer. Solo tienes que descubrir qué tipo de caricias o roces le gustan más y... ¡a disfrutar! Además, el clítoris, la vagina y el cuello uterino activan partes adyacentes del córtex relacionadas con varias funciones y centros emocionales.

La vagina

La zona más sensible al tacto es la entrada vaginal y, aproximadamente, hasta unos 5 cm de profundidad. En el interior de la vagina quedan registradas muchas emociones, que pueden incluso quedar escondidas en el inconsciente. Por esta razón, puede pasar que con relaciones sexuales en las que se produzca una penetración vengan a la memoria acontecimientos olvidados, emociones o sentimientos contradictorios.

Pero lo importante es no asustarse. Nuestra vagina nos está hablando y nos está dando información para conocernos mejor.

Heli Alzate, profesor de sexología de la Facultad de Medicina de la Universidad de Caldas en Manizales en Colombia, realizó, junto a su colega Londono, un estudio sobre la sensibilidad de las regiones vaginales de las mujeres en 1984. Describieron así sus hallazgos:

«Del total de 48 mujeres, el 94 por ciento comunicó sensibilidad erótica vaginal. De las 30 mujeres que experimentaron orgasmos o estuvieron cerca de tenerlos, el 73 por ciento mostró una respuesta máxima a la estimulación de la mitad superior de la pared vaginal anterior y el 27 por ciento mostró una respuesta máxima a la estimulación de la mitad inferior de la pared vaginal anterior. En el 30 por ciento, otra zona cuya estimulación podía provocar una respuesta orgásmica, era la mitad inferior de la pared vaginal posterior (algunas participantes experimentaron más de una zona de respuesta máxima). Muy pocas comunicaron una sensación agradable en el cérvix o el fórnix vaginal posterior».[117]

El punto G

Este punto puede localizarse a 3-5 cm desde la entrada vaginal, en la pared anterior. Es decir, apuntando con el dedo hacia el ombligo desde el interior de la vagina y realizando el movimiento al que llamamos «ven p'acá». Se trata de una zona eréctil que, al ser estimulada, provoca orgasmos intensos y bastante emocionales.

Muchas veces, estos orgasmos pueden ir acompañados también por la eyaculación femenina, ya que este punto se encuentra muy cercano a las glándulas uretrales y parauretrales de Skene, que unen la uretra y la vagina a través de unos pequeñísimos conductos. Su estimulación provoca una sensación parecida a la incontinencia urinaria y por esa razón muchas veces se confunde con la sensación de orinarse. La expulsión de esta sustancia líquida se produce a través de los orificios de Skene.

Una buena noticia para las mujeres de más de 40 años: al tener un nivel de estrógenos menor, este punto se hace más prominente y es más fácil de encontrar.

---

117. Para más información: Heli Alzate y Maria Ladi Londono, «Vaginal erotic sensitivity», en *Journal of Sex & Marital Therapy*, 10: 1, enero de 1984, pp. 49-56. Publicado *on line* el 14 de junio de 2008: *https://doi.org/10.1080/00926238408405789*

El cuello del útero/cérvix/punto C

Tal como ocurre con algunas zonas del interior de la vagina, la estimulación de este punto puede generar orgasmos mucho más emocionales, y con facilidad puede aparecer el llanto posorgasmo.

El cul-de-sac

Es literalmente el final de la vagina. Para tener acceso a él, la mujer debe estar muy excitada. Cuando esto ocurre, el útero se eleva «despegándose» de la vejiga y dejando al descubierto el fondo del saco vaginal posterior. Esa zona genera opiniones muy encontradas, ya que hay mujeres a las que les produce un gran placer, y a otras, dolor.

El perineo

Más que ser una zona que produzca placer al ser presionada, es un área que es aconsejable tener bien trabajada y sana para obtener orgasmos.

El ano

Puede ser un punto de placer para muchas mujeres. Pero su estimulación lleva consigo varias recomendaciones:

→ Es una zona que tenemos que lubricar mediante productos externos, ya que no se lubrica por sí sola, como sucede con la zona genital.

→ Su estimulación debe ser lenta y paulatina, sin forzar una penetración rápida y brusca, ya que los desgarros y fisuras en esta zona son muy dolorosos y susceptibles de recibir bacterias.

→ Siempre que se practique algún tipo de penetración anal mediante un vibrador, dildo o parecido, deberá ser un objeto con tope, ya que el ano, una vez que se ha acostumbrado al elemento, produce el efecto de succión y podría ser peligroso; a veces hay que acudir al hospital para recuperar, quirúrgicamente en muchas ocasiones, el objeto introducido con una intervención de resección intestinal (esto es, cortar un trozo del intestino grueso).

Los pechos y pezones

Hay mujeres que solo con la estimulación de esta zona ya pueden sentir orgasmos. Es una zona altamente sensible a las caricias, especialmente las areolas y los pezones.

El cerebro

Todo el cuerpo es una gran zona erógena. Empezando por el cerebro, que es el órgano sexual por excelencia. Sin él no experimentaríamos placer. Lo hemos comprobado en el ámbito biológico entendiendo la relación entre órganos, hormonas y neurotransmisores implicados en cada proceso; y lo estamos viendo también en el psicológico.

Aunque no podemos acariciar el cerebro directamente, sí podemos hacerlo mediante la palabra o la imaginación. Además, como ya hemos visto, podemos excitarnos físicamente, pero si el cerebro no nos acompaña, no vamos a disfrutar, que a fin de cuentas... ¡es de lo que se trata!

Hay dos maneras de estimular el cerebro. Una es llevándolo a formar parte del juego, es decir, utilizándolo para fantasear y aprovechar ese pensamiento para gozar más de la relación sexual; o bien no utilizándolo, de manera que olvidemos todos los pensamientos y nos centremos en las sensaciones corporales, dejando totalmente la mente en blanco.

Uno de los mayores problemas de las mujeres es que nos cuesta desconectar de nuestro día a día —el trabajo, la casa, los hijos, etc.—, y aunque logremos encontrar algún momento para disfrutar de la relación sexual, es difícil no estar haciendo solo eso.

Recuerda

⚹ Nuestro cerebro y órganos genitales están en comunicación constante a través de estas hormonas y neurotransmisores.

⚹ La liberación de hormonas está regulada por dos partes del cerebro: el hipotálamo y la hipófisis.

⚹ La producción de hormonas se inicia en nuestra etapa intrauterina.

⚹ Al nacer, una niña tiene entre 200.000 y 500.000 ovocitos almacenados en sus ovarios, de los cuales tan solo llegarán a madurar unos 12 o 13 al año, en cada ciclo menstrual.

⚹ Aproximadamente a los 8 años y hasta los 15, la hipófisis se pone en marcha y libera de un modo progresivo cantidades cada vez mayores de FSH y HL. Esto hace que empiecen los cambios físicos y emocionales.

⚹ Los ovarios producen estrógenos, progesterona y testosterona (entre otros andrógenos) en pequeñas cantidades.

⚹ La cantidad y variaciones de hormonas segregadas influyen directamente sobre nuestro humor. Por ejemplo, es muy común sentirse triste unos días previos a la menstruación, ya que la progesterona tiene un efecto sedante a altos niveles, que se producen especialmente en ese momento del ciclo.

⚹ Los niveles de hormonas sexuales varían tanto de una persona a otra como del momento de la vida en el que se encuentre.

3.6. Mueve tu cuerpo y deja fluir la energía

> Nuestro cuerpo crea nuestra alma, así como
> nuestra alma crea nuestro cuerpo.
> David Spangler

Nuestro cuerpo es el reflejo de nuestro interior. Si nuestro mundo interno no está bien, nuestro cuerpo tampoco lo estará. Cuando el cuerpo está distendido, relajado, libre de tensiones, la alegría y el placer se manifiestan en él. Esta sería la primera premisa para tener una buena sexualidad. Y una vida saludable. Por esta razón, en este capítulo nos centraremos en el cuerpo y en su relación con una buena sexualidad.

Como ya hemos explicado en apartados anteriores, el movimiento de nuestro cuerpo es una de las vías que podemos usar para que nuestra sexualidad sea más placentera. Tener el cuerpo más distendido nos posibilita sentir con mayor intensidad las sensaciones. Al producirse un incremento de la sensibilidad, todas las zonas pueden interrelacionarse e intercomunicarse. Además, en un cuerpo más distendido, la mente se calma con mayor facilidad y, con ello, se manifiesta antes el instinto. Estamos más abiertas a darle voz al cuerpo sin tantas interferencias mentales y, desde esa escucha, podremos comprendernos mejor a nosotras mismas y autorregular nuestra salud vital.

En otros capítulos, hemos mencionado que existen distintas técnicas que pueden ayudarnos a sentirnos mejor físicamente y aumentar nuestro placer y deseo. Estas técnicas se centran en los diversos planos y cuerpos que nos conforman y buscan restablecer el equilibrio entre nuestra mente-emociones-cuerpo. Si uno de estos tres sistemas falla, los otros se verán afectados en menor o mayor medida. Veamos lo que podemos hacer para mantener el equilibrio entre estos tres «cuerpos»:

⅄ **El cuerpo físico** necesita el cuidado más básico: comida, dormir, hidratación, descanso y movimiento. El simple hecho de tener más actividad física como, por ejemplo, correr, incrementa los niveles de testosterona y ello conlleva un aumento del deseo sexual. Por otro lado, los bailes en los que hay actividad física, nos pueden ayudar a mantenerlo en forma. Un ejemplo de esto son las danzas africanas, pues acostumbran a tener un componente físico importante y una conexión de contacto con la Tierra.

⅄ **El cuerpo energético** necesita no estar bloqueado. Hemos sugerido el katsugen como trabajo energético, pero hay muchos más como el tai chi, el chi kung, la core energetics, la acupuntura, cualquier tipo de masaje o el reiki. Estas técnicas, a pesar de no poner el foco en el movimiento físico, se centran en la movilización de la energía y de este modo podemos desbloquearla.

⅄ **El cuerpo emocional** necesita expresar aquellas emociones que se han quedado sin compartir, digerir y significar. Nuestros pensamientos, emociones, traumas o creencias negativas se manifiestan corporalmente en forma de tensiones, bloqueos o dolores. Para ello, debemos movernos. Está comprobado, por ejemplo, que el movimiento de la articulación de la cadera, en la medida en que la vamos soltando, nos permite disfrutar mucho más de nuestra sexualidad. No es un mito ni un tópico el hecho de que los bailes que implican una gran movilidad de la cadera y de los glúteos estén asociados a la sensualidad y al placer. De hecho, practicar bailes como la samba y la salsa, o incluso el tango, pueden llevar al placer. Sin embargo, es importante que siempre lo hagamos más desde la conexión con el cuerpo y el goce, que desde la competitividad y la exigencia de ser las mejores en el aprendizaje de su técnica. La sensual danza del vientre es una práctica ideal para adquirir movilidad en la cadera y zona pélvica y conectar con las sensaciones físicas que surgen en esta durante el movimiento. Además, ayuda a desarrollar la sensualidad y la capacidad de seducción, que son fundamentales para conectar con nuestra sexualidad. Existen también trabajos más centrados en los chakras, tales como: Centros de Energía y Río Abierto, que facilitan la liberación de emociones con movimientos más creativos y expresivos. En este campo, no podríamos dejar de nombrar la bioenergética, que puede ayudarnos a expresar nuestros bloqueos y, a la vez, trabajar con nuestra estructura de personalidad.

⋏ **El cuerpo mental** nos estructura y da soporte a los demás cuerpos. El yoga y la meditación pueden ser grandes métodos para conectar con este aspecto de nosotras mismas. Cuando trabajamos este cuerpo, es imprescindible no olvidar el cuello. Este es uno de los centros más importantes que nos conecta con lo mental y es el lugar en el que ejercemos el control. Esto ocurre porque es la zona desde donde logramos desconectarnos de lo que sentimos en nuestro cuerpo, por lo que conviene aflojarlo para poder incrementar nuestra sensibilidad.

Otro elemento importante a tener en cuenta es que, en la medida en la que nos movamos, podremos conseguir tener más sensaciones placenteras en nuestro cuerpo y, al mismo tiempo, formarnos una imagen de él a partir de la sensación y no desde lo que observamos en el espejo. Vivimos en una cultura que es muy audiovisual y poco kinestésica. Es decir, que no prestamos apenas atención al mundo de la sensación y, en cambio, sí nos fijamos en lo que vemos, oímos y pensamos. El simple hecho de que nuestro cuerpo nos dé sensaciones placenteras puede hacer que cambiemos el concepto que tenemos de él y de nuestra imagen.

El cuerpo es el reflejo de nuestro interior. Si nuestro mundo interno no está bien, nuestro cuerpo tampoco lo estará. Nuestros pensamientos, emociones, traumas o creencias negativas se manifiestan corporalmente en forma de tensiones, bloqueos o dolores. De la misma manera, un problema físico puede convertirse en un conflicto psicológico y/o emocional.

Por esta razón, es tan importante observarnos y trabajar desde nuestra esencia para restablecer el equilibrio mente-emociones-cuerpo-alma. Si uno de estos cuatro sistemas falla, los otros tres se verán afectados en menor o mayor medida. Nuestro cuerpo nos habla. Si aprendemos a escucharlo, nos comprenderemos mejor a nosotras mismas y podremos autorregular nuestra salud vital. Cuando el cuerpo está distendido, relajado, libre de tensiones, la alegría y el placer se manifiestan en él. Esta sería la primera premisa para tener una buena sexualidad, y, de paso, una vida saludable en general.

3.7. Entrena tu respiración

Empecemos por lo básico. Hay que aprender a respirar conscientemente. Respirar, ya respiramos, es cierto. De lo contrario, no avanzaríamos mucho en la vida. Sin embargo, no lo hacemos conscientemente y, desde aquí, creemos que es de suma importancia atender a nuestra respiración. Algunos de los motivos son:

Transportarnos y centrarnos en el momento presente

En nuestra vida diaria, pocas veces tenemos tiempo de estar centradas en el presente y, mucho menos, pensar en que estamos respirando. No nos fijamos en cómo es nuestra respiración: si es más bien abdominal o torácica, o si cambia según lo que estemos haciendo o cómo nos sintamos...

Si nos tomamos un momento y nos centramos en el presente, podremos observar cómo utilizamos el aire que inhalamos: ¿respiro rápido?, ¿lo bloqueo en algún punto?, ¿corto la respiración?, ¿qué les ocurre a mis pulmones, a mi diafragma y a mi vientre cuando tomo aire y cuando lo exhalo?

Tomar conciencia y volver al cuerpo

Centrarnos en la respiración, especialmente si cerramos los ojos, nos permite volver al cuerpo y sentirlo. Notar cómo, con cada inhalación, se expande y nos llenamos de vida.

Recomendación

Siempre que puedas, disfruta del contacto de los pies en el suelo. Esto produce enraizamiento y ayuda a conseguir una respiración completa.

Además, en la página 209 encontrarás una visualización para entrar en tu cuerpo y sentir la sutileza de tu respiración.

Sentir detalladamente lo que ocurre en nuestro cuerpo

Puedes observar cada pequeño movimiento y darle la importancia que se merece.

Observarlo

No hagas nada más. Tan solo obsérvalo. No intentes cambiarlo. Solo respira.

Hiltrud Lodes, en *Aprende a respirar*,[118] nos recuerda el paralelismo que existe entre el no poder respirar con la ausencia de vitalidad, y el respirar mal con la pérdida de la capacidad de experimentar sensaciones.

En el ámbito corporal, los órganos y las zonas implicadas en el proceso respiratorio y de salud sexual de la mujer en los que nos vamos a centrar son:

El diafragma

Es el músculo esencial que nos permite respirar. Sin él, los pulmones no nos servirían de mucho. Está situado en el centro del cuerpo, a la altura del tercer chakra. Sigue la línea de las costillas, separando los pulmones de los órganos y vísceras ubicadas dentro de la faja abdominal. Se inserta, a través del tejido muscular, al esternón siguiendo las costillas y sujetándose a la columna vertebral. Esto lo convierte en un músculo implicado directamente en la postura corporal; si esta no es correcta, dificultará la respiración y la salud de la persona.

Sus funciones no son solo fisiológicas, sino que está muy relacionado con las emociones. En este músculo pueden manifestarse bloqueos a través de una mala respiración, una mala postura corporal y hasta cierta incapacidad emocional.

Funciona de la siguiente manera: cuando inspiramos, el diafragma desciende empujando los órganos de la cavidad abdominal y pélvica hacia abajo y permitiendo que los pulmones se llenen de oxígeno. Cuando exhalamos y nos relajamos, el diafragma asciende volviendo a su posición y volviendo a dejar el espacio suficiente para que los órganos vuelvan a recolocarse en su sitio. Los pulmones se vacían de anhídrido carbónico.

118. Lodes, Hiltrud, *Aprende a respirar*, RBA, Barcelona, 2008, p. 133.

Existen ejercicios de bioenergética, masaje y meditaciones de Osho específicos para liberar el diafragma. ¡Te aconsejamos que no dejes de consultarlos!

La pelvis

La pelvis se sitúa en la zona inferior del tronco. Está compuesta de huesos y músculos que forman una cavidad protectora en la que se alojan órganos como la vejiga, el útero y el recto. Cuanta más movilidad y flexibilidad tenga esta zona, más placer sexual experimentaremos. Recuerda que con movimiento y una respiración abdominal profunda podemos ampliar significativamente la capacidad pélvica.

Alexander Lowen y Leslie Lowen, en su obra *Ejercicios de bioenergética*, afirman que: «Las tensiones musculares dentro de la pelvis limitan su capacidad, mientras que las tensiones en los músculos externos reducen su capacidad para descargar la excitación.»[119]

Suelo pélvico

Cuando hablamos de suelo pélvico nos referimos a un conjunto de músculos y tejido conjuntivo, situado entre el pubis y el coxis de la mujer. Son de vital importancia para nuestra salud ya que, si la zona se debilita, se produce una disminución de la sensibilidad y ello puede provocar disfunciones sexuales, entre otras cosas.

El suelo pélvico cumple tres funciones muy importantes:

⋏ De soporte y amortiguación.
⋏ De sujeción y cierre.
⋏ De apreciación sexual.

119. Lowen, Alexander y Leslie, *Ejercicios de bioenergética*, Sirio, Málaga, 2005, p. 165.

Es importante tener en cuenta que la debilidad de la musculatura del suelo pélvico puede tener diversas causas:

- Debido al embarazo.
- Provocado por el parto.
- A causa del estreñimiento.
- Por herencia genética.
- A causa de cambios hormonales (por ejemplo, en la menopausia).
- Por cirugías.
- Por deportes de impacto.
- Por ciertos hábitos cotidianos.
- Por movimientos que creen hipertensión en la zona abdomino-pélvica.
- Por sobrepeso.
- Por vestir prendas ajustadas.
- Por tos crónica.
- Por tocar instrumentos de viento.
- Por pasarse el día hablando/chillando.

Para evitarlo, debemos mantener una vida sana y seguir hábitos saludables que nos ayuden a fortalecerlo. Aquí van algunos ejemplos:

- Comida sana.
- Cuidar la postura.
- Yoga, pilates y gimnasia hipopresiva.
- Ejercicios de Kegel.
- Con juguetes eróticos como las bolas chinas.

No olvidemos además que, en el ámbito sexual, un suelo pélvico fuerte y conectado permite:

▲ Fabricar más lubricante de forma natural.

▲ Aumentar la capacidad de sentir placer y de llegar al orgasmo mejorando la percepción intravaginal y vascularizando más la zona.

▲ Tener un mayor control de los orgasmos.

Como puedes ver, se trata de una zona de vital importancia para las mujeres y de la cual no se nos habla en ningún momento. De hecho, muchas la empezamos a conocer tan solo cuando nos empieza a fallar.

Los anuncios de compresas para las pérdidas de orina, por ejemplo, nos parecen indignantes. Agradecidas de que se propongan y existan soluciones cuando ya ha aparecido el problema, pero ¿alguien nos podía haber explicado cómo retrasar este momento? ¿Qué hay de la educación preventiva en salud femenina? ¿La podemos implantar, por favor? Gracias.

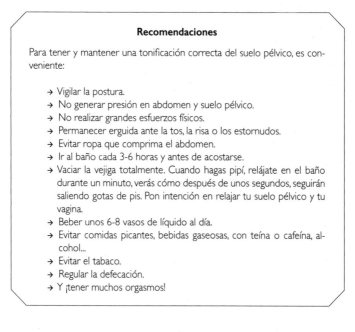

Recomendaciones

Para tener y mantener una tonificación correcta del suelo pélvico, es conveniente:

→ Vigilar la postura.
→ No generar presión en abdomen y suelo pélvico.
→ No realizar grandes esfuerzos físicos.
→ Permanecer erguida ante la tos, la risa o los estornudos.
→ Evitar ropa que comprima el abdomen.
→ Ir al baño cada 3-6 horas y antes de acostarse.
→ Vaciar la vejiga totalmente. Cuando hagas pipí, relájate en el baño durante un minuto, verás cómo después de unos segundos, seguirán saliendo gotas de pis. Pon intención en relajar tu suelo pélvico y tu vagina.
→ Beber unos 6-8 vasos de líquido al día.
→ Evitar comidas picantes, bebidas gaseosas, con teína o cafeína, alcohol...
→ Evitar el tabaco.
→ Regular la defecación.
→ Y ¡tener muchos orgasmos!

Ejercicio: Hipopresivos

Consisten en una serie de posturas y movimientos combinados con la respiración que permiten trabajar de una manera relajada toda la zona del abdomen sin ejercer hiperpresión intraabdominal.

Es importante no realizarlos si se cree estar o se está embarazada y si se tiene hipertensión arterial.

La realización de ejercicios hipopresivos nos aporta varios beneficios:
→ Mejoran la salud sexual.
→ Mejoran la salud de la espalda.
→ Mejoran los problemas de incontinencia urinaria.
→ Ayudan a la recuperación del posparto.
→ Mejoran el aspecto estético.
→ Mejoran el rendimiento deportivo.
→ Ayudan a ampliar la capacidad respiratoria.

Los ejercicios hipopresivos son muy fáciles de realizar una vez que has aprendido a utilizar la respiración y a realizar correctamente las apneas. Pueden realizarse prácticamente en cualquier lugar y momento del día y aportan beneficios de una manera muy rápida.

Ejercicio: Ejercicios de Kegel

Consisten en la realización de contracciones perineales aisladas (sin apretar los glúteos ni realizar apneas) en sentido ascendente (hacia dentro y hacia arriba) teniendo en cuenta todo el conjunto de la zona implicada (abdomen, diafragma, columna, etc.). Hay que realizar la contracción durante la expiración y mantenerla durante unos tres segundos, relajando después durante tres segundos más.

Es importante no realizarlos si se sufre de dispareunia (dolor en, durante o después de las relaciones sexuales), dolor pélvico crónico o endometriosis.

La realización de los ejercicios de Kegel nos aporta varios beneficios:
→ Aumentan el tono muscular.
→ Ayudan a percibir mejor la zona.
→ Aumentan la lubricación.

Una vez aprendida la técnica para realizarlos, estos ejercicios pueden practicarse en cualquier sitio y momento del día e ir alternando el ejercicio estando sentada o de pie.

El Tantra también te invita a ejercitar los músculos de la vagina y del suelo pélvico. Hacerlo mantiene el tono y la salud de tus genitales y favorece que tu vagina pueda recibir una penetración profunda. Realizar estos ejercicios también favorece el aumento de tu energía en general y de tu tono vital.

¡Desde el punto de vista del Tantra es muy importante que los hagas de manera consciente!

Si los realizas de manera mecánica o sin prestar atención conseguirás lo contrario de lo que se pretende: aumentará la dureza e insensibilidad de las paredes vaginales y debido a ello disminuirá tu potencial orgásmico.

3.8. Explora y explota tus sentidos

Usa las sensaciones en tu vida. ¡Permítete sentir!

El día a día, la estresante sociedad en la que estamos inmersas, no nos permite disfrutar de lo que nos rodea en todo su esplendor. Sí, puede ser que lo veamos y lo reconozcamos, pero la mayoría de las veces no lo sentimos.

Para sentir, hay que estar atenta. Hay que usar, si no los cinco sentidos, todos los que podamos para dedicar nuestra atención plena a aquello con lo que estemos interactuando. De otro modo, estaremos haciendo todo a medias.

En el terreno de lo sexual, la sensorialidad es básica tanto para gozar como para hacer disfrutar a la otra persona. Entramos en el terreno de lo sutil, lo sensual. En el uso de los cinco sentidos. Ello implica lentitud, estar y sentir en el presente.

Nos gusta afirmar que la sensualidad es la parte sutil de la sexualidad. Ser sensual significa conectar con el erotismo y el deseo. Los grandes seductores y las grandes seductoras son expertos en el arte de la sensualidad y del uso de los cinco sentidos y del lenguaje corporal.

No entraremos a considerar las características asociadas a una persona sensual o seductora, ya que estas suelen ser subjetivas y directamente relacionadas con la sociedad y la cultura en las que vivamos. Sin embargo, todas ellas tienen algo en común: provocan a través de la vista, del olfato, de la audición, del gusto y del tacto.

Por lo tanto, podemos afirmar que existen dos conceptos que son imprescindibles a la hora de relacionarnos desde la sensualidad: la lentitud y el uso de los cinco sentidos. Así que no tengas prisa. Cuanto más despacio te muevas y toques, cuanto más tiempo te tomes en mirar y ver, en oler, en escuchar y en saborear, más placentera será la situación.

Una relación sexual mejora considerablemente en cuanto se intensifica la lentitud y el poder de los sentidos.

Recomendación

Practica la utilización de cada uno de los cinco sentidos con más lentitud de lo que lo haces normalmente. Centra tu atención en el objeto y desacelera. Seguro que notarás una gran diferencia cualitativa en tu sensualidad cuando empieces a hacer las cosas más despacio.

Los cinco sentidos

Tenemos cinco sentidos: vista, oído, gusto, olfato y tacto.

La vista

Es el que más utilizamos. Nos da una gran cantidad de información del exterior. La utilizamos para ver y procesar la información con rapidez. Pero, en realidad, pocas veces miramos y vemos más allá.

Para intensificar este sentido en la relación sexual podemos hacer dos cosas: o bien miramos —vemos y reconocemos— a la persona más allá de un simple «estás aquí», o bien anulamos este sentido para intensificar los otros cuatro. Cerrar los ojos o vendarlos es un juego muy excitante para la relación sexual y nos permite centrarnos en otras sensaciones que la vista nos suaviza. Definitivamente, refuerza el deseo.

El oído

Es una zona por estimular, y no solo con el tacto, sino también a través de la palabra. Y si es en forma de susurros, mejor. Escuchar música también puede generarnos sensaciones y transportarnos a lugares increíbles. Sentir cerca de la oreja el calor de los sonidos que nuestro amante comparta con nosotras resultará muy excitante.

El gusto

Presente en cada beso, cunnilingus y felación. Los fluidos corporales se mezclan y nos proporcionan información sobre la otra persona y sobre nuestros gustos. También se pueden incluir alimentos y sabores distintos en las relaciones sexuales para hacer aún más presente este sentido en la situación.

El olfato

Es el sentido más primitivo e instintivo y el más asociado a la memoria. Crear un ambiente en el que los olores sean agradables, relaja el cuerpo y la mente.

Tenemos dos órganos que se encargan de indicarnos qué sensaciones nos transmite un olor. Por un lado, está el órgano olfativo, que es el que capta los olores de forma consciente (por ejemplo, huelo la colonia de mi compañero/a y percibo si me agrada o no). Y luego está el órgano vomeronasal, que capta inconscientemente las feromonas, sustancias químicas muy implicadas en el juego de la seducción. Cuando la feromona es detectada, el órgano vomeronasal envía una señal de respuesta sexual al cerebro. Si el olor que percibimos nos gusta, se dispara el deseo.

El tacto

Es el más grande de nuestros sentidos. La piel es el órgano relacionado con él y ocupa todo nuestro cuerpo. Es la capa esencial que separa nuestro interior de nuestro exterior y el que nos da más información ya que, a través de él, podemos tener una descripción exacta (medidas, textura, temperatura, etc.) de un objeto concreto. La piel transmite la información a través del contacto, entre el yo y el tú.

Tocar es un proceso energético en el que la energía fluye de una persona a otra. A través de los masajes y de las caricias podemos disfrutar y proporcionar mucho placer a la otra persona. Ayudan a la relajación, destensando el cuerpo y la mente, y cubren al mismo tiempo la necesidad de todo ser humano de ser tocado.

Nuestra cultura se ha ido mucho a la cabeza y ha perdido todo el contacto con lo natural, que en este caso se plasma en el tocar. Esto podemos comprenderlo desde la etología. Según esta, los monos dedican mucho tiempo a acicalarse entre ellos y este comportamiento es un acto social que marca rango y marca contacto y relación.[120] Los humanos ya no hacemos esto, casi nunca. Lo hemos perdido porque nos hemos ido al lenguaje como forma de relación y como actividad social.[121] Es decir, hemos suprimido el contacto físico por el contacto verbal, y el contacto verbal nos ha llevado a la cabeza.

El tacto es un sentido que está en todo el cuerpo y da la sensación de unidad. Y, desde el lenguaje, nos hemos creído que somos seres más individuales. Perdimos el tacto y de ahí hemos perdido el cuer-

---

120. Morris, Desmond, *El mono desnudo*, Plaza & Janés, Barcelona, 1976.

121. H. Maturan habla de cómo el lenguaje es el generador de nuestra cultura, es decir, ha sido el origen de lo humano. En «Lenguaje y realidad: El origen de lo humano», conferencia organizada por la Sociedad de Biología de Chile, 3 de noviembre de 1988, Club de Providencia, Santiago de Chile (artículo en preparación).

po. Como dice Mariana Caplan,[122] con el sugerente título de su libro *Tocar es vivir*, «hemos perdido una parte de contacto con nosotras mismas y con los demás».

3.9. Sincronízate con tu ciclo menstrual

Hay tres momentos en la vida de una mujer en los que los cambios hormonales tienen una gran influencia en nosotras: la pubertad, el embarazo y la menopausia. Dos de ellos son inevitables para todas las mujeres. El embarazo, sin embargo, puede producirse o no. Y, entre la pubertad y la menopausia —período que abarca aproximadamente la mitad de la vida de la mujer—, tiene lugar el ciclo menstrual.

Mucho se ha escrito sobre él y desde muchas perspectivas distintas e interesantes. En este apartado queremos formular una reflexión acerca de su importancia y relación con las fases lunares y los arquetipos de las distintas diosas femeninas.

Desde bloqueos energéticos, energías estancadas y asuntos no finalizados de nuestros ancestros, hasta los detalles más visibles como puede ser la cantidad de sangrado o el dolor que nos produce, todo ello nos habla de nosotras. De cómo somos, de nuestra personalidad, de nuestras creencias y de nuestros asuntos pendientes. Si aprendemos a escuchar y descifrar las señales que nos manda nuestro cuerpo, a través de un rasgo tan único y femenino como es la regla, sin duda sintonizaremos mucho más, no solo con nosotras mismas, sino también con otras mujeres e incluso con los hombres.

Este capítulo nos parece de suma importancia ya que, muy a nuestro pesar y tal como cita Miranda Gray en su libro *Luna roja*, «la mujer en edad fértil vive en una sociedad orientada hacia lo mas-

---

122. Caplan, Mariana,, *Tocar es vivir. La necesidad de afecto en un mundo impersonal*, Ediciones La Llave, Barcelona, 2014.

culino que modifica, tanto su percepción del mundo, como de sí misma».[123]

El sistema patriarcal, enfocado en externalizar y hacer visible la energía masculina, junto con la visión lineal que tiene la sociedad acerca del tiempo, provocan que las mujeres no podamos ser conscientes de nuestra cualidad cíclica y aceptar y adaptar este hecho a nuestra realidad. Por el contrario, las mujeres hemos tenido que aprender a adaptarnos a una sociedad donde lo femenino, en especial todo lo que tenga que ver con menstruar (altibajos emocionales, encontrarse mal, sangrar, etc.) debe permanecer silenciado y oculto. No se nos ha permitido nunca escuchar los mensajes que nos manda nuestro propio cuerpo a lo largo de cada mes y que se repiten de forma cíclica, de modo que parecemos neuróticas e inferiores en comparación con los hombres.

Pero nada más lejos de la realidad. Cada fase menstrual es una oportunidad para sintonizarnos con nosotras mismas y con la naturaleza. El «truco» es aprender a escucharnos y comprender de qué manera nos afectan las hormonas y las emociones en las distintas fases de nuestro ciclo. Para esto es totalmente aconsejable llevar un diario e ir anotando todos los cambios que experimentamos con el fin de verlo desde una perspectiva más amplia y dotar a este acontecimiento mensual de significado.

Miranda Gray nos recuerda que: «Las energías del ciclo menstrual no deben restringirse ni controlarse, puesto que el hecho de bloquearlas o coartarlas puede hacer que se vuelvan destructivas; por el contrario, deben aceptarse como un flujo que tiene su propio modo de expresión y contra el que no debemos luchar. De este modo evitamos correr el riesgo de hacernos daño tanto física como mentalmente».[124]

Dentro de cada uno de nosotros, mujeres y hombres, conviven

123. Gray, Miranda, *Luna roja: Los dones del ciclo menstrual*, Gaia Ediciones, Madrid, 2009.
124. *Ibíd.*, p. 23.

tanto la energía masculina como la femenina. De hecho, no podrían existir la una sin la otra. Son el blanco y el negro. La Luna y el Sol. El Yin y el Yang. Los opuestos. Sin la dualidad no hay unidad. Es decir, para poder ser uno hay que aprender a convivir con ambos, ya que al final no son más que los extremos de un continuo.

Durante el ciclo menstrual, podemos asociar algunos de los arquetipos de las diosas con las hormonas imperantes en ese momento y, de igual modo, con las fases de la Luna. A continuación, presentamos un breve resumen de los conceptos más importantes que vamos a relacionar para poder realizar este ejercicio de autoconocimiento y autoobservación.

Las fases del ciclo menstrual

Lo habitual en una mujer sana que menstrúa de manera natural, es que los ciclos menstruales tengan una duración de unos 28 días aproximadamente. Aunque lo más probable es que puedan producirse fluctuaciones debido a razones, tales como: estrés, enfermedades, medicaciones, etc.

Durante este período, el hipotálamo, la hipófisis y los ovarios no cesan de trabajar produciendo, activando y contrarrestando el nivel de hormonas enviadas para hacer posible todo el proceso. Las cuatro hormonas más implicadas en este proceso son dos hormonas gonadotrópicas: la hormona folículo-estimulante (FSH) y la hormona luteinizante (HL), y dos hormonas sexuales ováricas: los estrógenos y la progesterona.

Por lo tanto, podemos distinguir cuatro fases:

1. **Menstruación.** Al no producirse la fecundación del óvulo, el endometrio —mezcla de sangre, mucosidades, células descamadas y residuos de mucosa uterina— se desprende. Las cuatro hormonas implicadas están a niveles bajos.

2. Folicular o preovulatoria. El cérvix se dilata, el endometrio se engrosa y empieza a cambiar de composición —acumula glucógeno—. El útero se empieza a preparar para recibir al futuro óvulo fecundado. Los niveles de estrógenos comienzan a aumentar.

3. Ovulación. El folículo dominante —folículo de Graff—, que es el que ha conseguido crecer más ese mes, libera al óvulo maduro que viaja a través de las trompas de Falopio esperando a ser fecundado por un espermatozoide. Aumentan los niveles de FSH, HL y estrógenos.

4. Lutea, posovulatoria o premenstrual. Si el óvulo no es fecundado, el cuerpo lúteo y el endometrio empiezan a degenerar. Los estrógenos y la progesterona aumentan durante esta fase, siendo la progesterona la hormona predominante.

Volviendo al pensamiento patriarcal presente en nuestra sociedad, queremos hacer mención a las consideraciones existentes en torno al proceso de fecundación. La creencia más extendida y la que ha avalado la ciencia hasta ahora, es que los espermatozoides son los que «deciden» y los que tienen el poder de engendrar. Compiten entre ellos para llegar los primeros y fecundar al óvulo. Lo masculino manda, compite y decide. El óvulo simplemente se «deja» poseer por el espermatozoide, y no puede hacer nada al respecto. En resumen, lo femenino se considera tan solo como mero receptor.

En este punto, y a modo de reivindicación de lo femenino, queremos hacer referencia a un estudio reciente del científico Joe Nadeau en el que se ha demostrado que la pasividad del óvulo, al que la ciencia y Mendel hacían referencia, no estaría tan claro. Al parecer, se ha comprobado que el óvulo tiene mucho que decir sobre qué espermatozoide es el elegido: «El óvulo no es una célula dócil y sumisa durante el proceso de reproducción [...]», sino que «[...] actúa como un reclutador y elimina de la carrera a los espermatozoides con genes inadecuados, todo con el objetivo de que la fecundación sea lo más saludable posible».[125]

Las fases de la Luna

La Luna, muy relacionada con la mujer debido a la energía y el poder que desprende, también sigue un ritmo cíclico. Por esta razón es asociable a los períodos menstruales y los dota de más significado, por lo que se explica cómo cada mes sentimos la variabilidad de nuestros niveles de energía, concentración, intuición, deseo sexual, estado de ánimo, etc., en función de la fase lunar que tiña el cielo. Así pues, podemos afirmar que el cuerpo femenino responde a las fases lunares.

Hay dos libros donde aparecen propuestas muy interesantes en relación con este tema y cuya lectura te aconsejamos: el primero es de Amalia Blanca,[126] y el segundo de Julia Almagro.[127] En ambos se describen las fases lunares y se crean relaciones entre ellas y nuestros ciclos internos.

Miranda Gray, en su libro *Luna roja*,[128] diferencia entre dos tipos de ciclos: los de luna blanca y los de luna roja. Afirma que las mujeres de luna blanca menstrúan durante la fase de la luna nueva y ovulan en luna llena. En cambio, si se menstrúa durante la luna llena y se ovula con la luna nueva, se trataría de una luna roja.

Por supuesto, esto no es así durante toda la vida, ya que los ciclos de luna blanca-luna roja pueden ir variando, además de que, a veces,

125. Para más información: *https://www.vix.com/es/ciencia/194465/el-ovulo-selecciona-los-espermatozoides-y-no-es-docil-como-las-leyes-de-la-genetica-suponian*
126. Blanca, Amalia, *Pedir la luna. Los ciclos lunisolares y el matrimonio interior*, Blanvar Estudio Ediciones, Palma de Mallorca, 1996.
127. Almagro, Julia, *La Luna y tú. Sincroniza tus ritmos con sus ciclos*, Arcopress, Córdoba, 2016.
128. Gray, *op. cit.*

no coincide con exactitud y se puede menstruar u ovular durante la luna creciente o el cuarto menguante. No obstante, es interesante comprobar hacia dónde tenemos tendencia o hasta qué punto nos influyen las fases lunares.

Relacionado con la ovulación y la astrología, Julia Almagro, en su libro *La Luna y tú*, nombra al doctor Eugen Jonas, quien, como médico y astrólogo, descubrió, en la década de los cincuenta, que «las mujeres experimentan una ovulación espontánea en el momento del mes en el que la Luna y el Sol repiten el mismo ángulo que forman en su carta natal».[129] Lo cual significa que, además de la ovulación natural explicada científicamente, existe una segunda ovulación durante el mismo mes en la cual se podría producir un embarazo. El doctor Jonas va más allá y afirma que según el mes de concepción se puede saber incluso el sexo del bebé.

No es este el lugar adecuado para entrar en profundas reflexiones astrológicas, sin embargo, nos parece importante mencionarlo, ya que corrobora lo que venimos afirmando durante las páginas anteriores: la sexualidad no es solo ciencia y biología. Es mucho más.

Los arquetipos de las diosas

Existen muchos arquetipos de diosas en cada mujer. Saber cuáles habitan en nosotras de forma más relevante nos ayuda a entendernos mejor a nosotras mismas y las relaciones que tenemos con nuestra familia de origen, parejas, amistades, hijos, amantes, etc.

Jean Shinoda Bolen, en *Las diosas de cada mujer*,[130] recoge la historia, la descripción y la función de cada diosa, que ya hemos comentado en capítulos anteriores.

Tomando otro tipo de arquetipos femeninos, en muchas culturas se habla de las cuatro diosas o cuatro fases lunares que gobiernan cada fase del ciclo menstrual y que trasladamos aquí —casi li-

129. Almagro, *op. cit.*, p. 26.
130. Shinoda, *op. cit.*

teralmente— tal como las describe Julia Almagro en su libro *La Luna y tú*:[131]

1. Fase de la bruja. Coincide con el momento en el que la mujer se encuentra menstruando. Es un período perfecto para la introspección. La mujer es más intuitiva y está conectada con su aspecto místico. Hay una necesidad de descansar y retirarse un poco del mundo.

2. Fase de la virgen. La mujer ha dejado de menstruar y poco a poco va recuperando todas sus energías. Toma la iniciativa y es arriesgada. Encuentra su centro, rinde y es productiva. Acaba de empezar un nuevo ciclo y dispone de toda la vitalidad necesaria para emprender proyectos.

3. Fase de la madre. La mujer es consciente de su sensualidad. Siente la necesidad de cuidar y nutrir, de preocuparse por otros y de ser receptiva. Es la fase de la ovulación, donde la mujer está preparada para concebir una nueva vida.

4. Fase de la hechicera. Es la fase premenstrual. Va desde la ovulación hasta que baja la regla. La mujer vuelve a conectar con su mundo inconsciente y su creatividad es más desenfrenada y salvaje. La sexualidad y la intuición también se disparan.

Según la fase del ciclo en la que nos encontramos las mujeres, se refuerzan algunos arquetipos más que otros. Además, como hemos visto en capítulos anteriores, también existen los arquetipos de las diosas griegas, las cuales también encajarían en el esquema que proponemos a continuación.

131. Almagro, *op. cit.*, p. 21.

Nuestro esquema

Si recogemos las propuestas de Amalia Blanca, Julia Almagro y Miranda Gray, junto con nuestras propias experiencias, observaciones y conclusiones respecto a la menstruación, las fases de la Luna, momentos y sensaciones, estaciones del año, etapas de la vida y arquetipos de diosas, este sería el esquema completo:

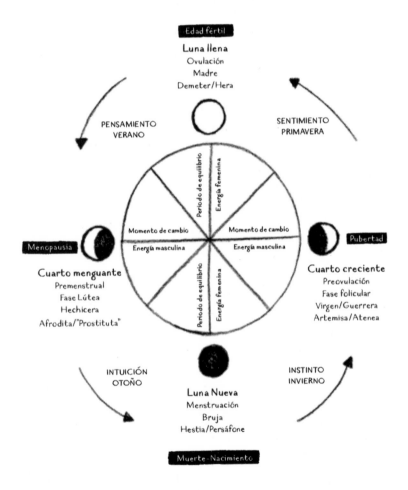

Espacio de conexión con una misma.

Tómate el ciclo menstrual como un espacio de conexión contigo misma. Cuando hayas comprendido la naturaleza de tus menstruaciones, con sus cambios y variaciones a lo largo de tu vida, notarás que conectas más con tu ser y tu esencia.

Aprovecha la energía de la menstruación para relajarte y descansar.

Ejercicio: Registro menstrual

¿Qué necesitas?
Un calendario lunar en el que puedas anotar tus menstruaciones mensuales.

Indica la duración de tus reglas y observa tu estado corporal, emocional y mental durante los distintos días del mes. Sería ideal que fueras apuntando adjetivos descriptivos de tu estado diario, de manera que cuando lleves el control de varios meses puedas comprobar si hay algún tipo de relación con:

o Tus estados de ánimo.
o Tus pensamientos.
o Tu sensibilidad corporal.
o Tus sueños.
o Tu comportamiento.
o Tu concentración.
o Tu actitud.
o Y con todo lo que puedas observar.

Ejercicio: Mi vivencia menstrual

¿Qué necesitas? Memoria, papel y boli.

Haz un ejercicio de memoria y contesta las siguientes preguntas:

o ¿A qué edad apareció tu primera regla?
o ¿Qué sentimientos/emociones te produjo?
o ¿Sabías qué era la regla? ¿Estabas preparada?
o ¿Cuáles fueron las reacciones de tu entorno?
o ¿Qué opinas de tu menstruación?
o ¿Cómo la tratas en tu día a día?
o ¿Eres capaz de tocarla?
o ¿Cómo te sientes si tu pareja la ve?
o ¿Cómo la trata tu entorno?

Tener la regla no es algo malo, tal como el patriarcado ha querido mostrar escondiéndonos durante los días en que tenemos la menstruación. Se trata de una oportunidad para limpiarnos y volver a empezar cada mes, atravesando cada una de las cuatro fases descritas.

Observarla nos sirve para saber si hay algo que debemos trabajar. Los dolores, los calambres, las hemorragias intensas, etc., son todos indicadores de que algo sucede en nuestro interior y a lo que debemos prestar atención. Ocurre muchas veces que cuando el sangrado produce dolor, es demasiado intenso o tiene un color muy oscuro, es signo de algo que nos ocurre en otros ámbitos (generacionales, emocionales, mentales) y de los que podríamos liberarnos trabajando en ello.

El primer paso es observar nuestra menstruación. Según el caso, la recomendación de ejercicios variará en función de las necesidades de cada mujer, pero no pondremos ejemplos en este libro. No obstante, os recomendamos la lectura del libro *Mujer deseada, mujer deseante*, de Danièle Flaumenbaum,[132] donde describe y ejemplifica con casos reales muchas de estas alteraciones, sus significados y la manera en que se sanaron en cada situación.

Testimonio de una mujer

Durante muchos años he sufrido de fuertes dolores menstruales. Cada mes un intenso dolor, acompañado de rigidez pélvica y calambres abdominales, me avisaba de que la regla haría acto de presencia en breve con todas sus fuerzas. Algunas noches el dolor me despertaba y no me dejaba seguir durmiendo y otras no me permitía incorporarme ni ponerme ni siquiera de pie. Durante muchos años estuve sobrellevándolo a base de ibuprofenos y antalgines, pero era inevitable que el dolor volviera a visitarme al mes siguiente...

Hasta que ocurrió el milagro. Después de observar cómo reaccionaba mi cuerpo a según qué alimentos en la fase premenstrual y de realizar un trabajo corporal sistémico,

132. Flaumenbaum, Danièle, *Mujer deseada, mujer deseante*, Gedisa, Barcelona, 2007.

el dolor desapareció. Descubrí que mi dolor era debido a la cantidad de muerte, duelo y sufrimiento al que mi bisabuela materna se había enfrentado a lo largo de su vida. Dieciocho hijos, de los cuales solo sobrevivieron cuatro y un marido muy demandante sexualmente. Enfrentarme a ello me supuso mucha tristeza, dolor emocional y cansancio físico, pero después de despedirme de cada uno de los hijos no natos o fallecidos, el resultado fue instantáneo: la siguiente menstruación llegó sin dolor. Y de eso ya hace casi dos años. Así que, en mi caso, había un asunto familiar pendiente que era necesario sanar y que acompañé con una mejor alimentación quitándome los quesos y añadiendo más sopa de miso en mi período posovulatorio.

Es interesante también comprobar en qué momento de tu ciclo te sientes más deseosa. La biología apostaría por la fase ovulatoria debido a los niveles hormonales de cada momento. Pero como hemos visto, los niveles hormonales se pueden ver afectados por factores externos, creencias o emociones intensas, además de ser dependientes también del arquetipo de diosa dominante que tengamos, ya que, por ejemplo, una mujer que no se identifique para nada con Deméter o que tenga un miedo atroz a quedarse embarazada, es posible que no se sienta deseosa justamente mientras está en los días más fértiles.

Otro tema muy controvertido y mitificado por considerar es el hecho de mantener relaciones sexuales en los días en los que se produce el sangrado. Hay mujeres a las que les encanta, ya que opinan y sienten que son más sensibles y disfrutan más. Otras, en cambio, prefieren no tener relaciones durante este período por distintas razones.

Lo importante aquí es reflexionar sobre los motivos que tiene cada una, ya que el tabú del coito durante la menstruación viene rodeado de creencias patriarcales —y absurdas, dicho sea de paso— o razones culturales, religiosas y/o psicológicas demasiado arraigadas.

Menopausia

Tener la menopausia significa que las menstruaciones desaparecen permanentemente de nuestras vidas. La función ovárica cesa y la producción de hormonas sexuales femeninas (estrógenos y progesterona) disminuye. Normalmente tiene lugar entre los 45 y los 55 años.

Los cambios y manifestaciones de la menopausia no afectan de la misma manera a todas las mujeres. Algunas lo viven muy bien y otras muy mal. Algunas notan mucho el impacto físico y psicológico que conlleva, y otras no tanto.

Por ejemplo, hay mujeres a las que les produce tal alegría el hecho de no poder quedarse embarazadas que su vida sexual se dispara. Otras —como ya hemos comentado antes— sienten más placer al estimular su punto G, ya que, en parte, gracias a la disminución de estrógenos, las paredes pierden elasticidad y se adelgazan, lo que hace que sea más fácil encontrar esta zona al tacto.

Algunas sufren dolores a la hora de realizar un coito por el hecho de lubricar menos. Aunque es de fácil solución si nos ayudamos de lubricante para humedecer la zona o bien si seguimos el consejo de algunos ginecólogos: mantener relaciones sexuales durante dos o tres veces por semana antes de que se produzca la menopausia. Esto reduce los dolores que pueden surgir por la sequedad vaginal y ayuda a mantener más elástica la vagina.

Podríamos poner muchos ejemplos más de las vivencias de cada una de las mujeres que están pasando o han pasado el proceso. Sin embargo, cuando llega este momento lo importante es aceptarlo y buscar las maneras para vivirlo de la forma más natural posible, intentando paliar los posibles síntomas incómodos que puede generar.

Los consejos habituales para mantener una vida saludable en este período son:

❖ **Mantenerse activa física y mentalmente.** Caminar de uno a tres kilómetros diarios es una buena propuesta para combatir la osteoporosis y mantenerte en forma en el ámbito cardiovascular sin realizar un deporte de alto impacto.

❖ **Alimentarse saludable y equilibradamente** incluyendo en la dieta alimentos ricos en vitamina B y zinc.

❖ **Mantener una vida sexual activa.** Con la llegada de la menopausia, puedes notar cambios en tu deseo sexual habitual o molestias en las penetraciones debido a la sequedad vaginal, pero está en tu mano ponerle remedio si es un tema que te preocupa. La vida está llena de cambios. Esta etapa puede ser simplemente uno más.

Además, recuerda que el deseo sexual no solo depende de las hormonas femeninas. Así que, aunque los niveles de estrógenos disminuyan, al entrar en la menopausia la producción de testosterona y otras hormonas masculinas siguen activas en los ovarios y las glándulas suprarrenales.

Recomendación

Aunque no puedas guiarte por tus menstruaciones a la hora de equilibrar tus energías durante el mes, puedes intentar ajustar tus ritmos a las fases lunares para «conservar» tu ciclo.

3.10. Desea

Parece obligatorio y controvertido pedirte que desees. De hecho, cuando una persona no se siente deseosa, pedirle que lo esté es contraproducente en el ámbito terapéutico. Sobre todo, porque, como bien explica Esther Perel[133] en sus conferencias, el deseo surge de lo espontáneo y lo nuevo, y no desde el deber y lo cotidiano. Esto genera una gran contradicción si pensamos especialmente en parejas de largo recorrido.

Podríamos afirmar que el «amor» se relacionaría con el «tener» y el «deseo» con «querer» algo o a alguien que no se tiene. Queremos seguridad, protección, predictibilidad, seguridad, confidencialidad y permanencia cuando nos conectamos con el amor, pero también necesitamos aventura, novedad, misterio, riesgo, peligro y sorpresa para que se encienda el deseo. ¿Cómo podemos gestionar estos polos opuestos?

Esther Perel nos propone:

❖ Alejarnos de la pareja un tiempo para poder reencontrarnos con ella con más ganas y habiendo dado espacio a echarla de menos.

❖ Ver al otro haciendo algo que le apasione. Lo veremos radiante en su entorno realizando algo que le encante.

❖ Buscar momentos para compartir actividades novedosas, que hagan reír y pasarlo bien a ambos miembros de la pareja.

133 Véase *https://www.ted.com/talks/esther_perel_the_secret_to_desire_in_a_long_term_relationship/transcript?language=es#t-217581*

La aportación desde el tantra

La piel es nuestro órgano más sensible, el que más nos nutre. Una simple caricia desencadena todo nuestro sistema sensorial. Quien no toca y no es tocado se marchita. Para los maestros cachemires una persona recupera su unidad cuando lo tocan profundamente, sin querer nada, cuando el contacto deja de ser una estrategia sexual.

Me levanto, noto el contacto de mis pies sobre el suelo. Preparo el desayuno, toco la taza, humea, el pan tibio, el cuchillo frío. Me ducho, el agua caliente cae sobre mi piel... Esta vida de estremecimientos continuos es la del yoga de la atención y la conciencia. Se trata de emerger del automatismo que no me aporta satisfacción alguna. Aprender a gozar de los placeres simples nos libra poco a poco de la búsqueda de esos placeres intensos que perseguimos porque nos despiertan del sopor sensorial. Piensa que esa agua que estás bebiendo te desea, siente cómo te penetra.

Para los tántricos el deseo es la vida misma. Uno de sus textos más antiguos dice: «El deseo existe en ti como en todo. Advierte que se encuentra también en los objetos y en todo aquello que la mente pueda percibir». Y debes sentir que todo te desea: el agua que bebes, la nieve, la lluvia, el sol... No tocamos de la misma forma una taza de café que nos desea, ni miramos igual una flor que nos desea. Establecemos una relación extremadamente sutil con los objetos y dejamos de ser unos depredadores que quieren apropiarse de todo lo que desean.

La presencia, la atención desnuda, es suficiente para acabar con lo que obstaculiza la fluidez de la vida. Si dejas, como una yoguini, que todos tus sentidos se estremezcan con cada sensación, la satisfacción será continua y profunda y te llevará a la alegría. Basta tomar conciencia unos segundos. Cuando te despiertes entra en tu cuerpo (observa los latidos del corazón, las tensiones, la puesta en marcha de la mente). Luego, conscientemente, abandona la atención y vuelve a conectar el automático. Más tarde, al caminar con los pies descalzos, estate presente en cinco o seis pasos, luego retira la atención. Al salir de casa, durante unos segundos, presta atención al cielo y, tras una pausa, a los movimientos de tu cuerpo. Hazlo 50 o 60 veces por día durante quince segundos. No aumentes la duración de las prácticas, sino su cantidad. Todas las veces que logras captar la vida en su inmediatez, tu respiración se relaja en armonía. Si puedes obtener el placer que da la presencia, tu alegría ya no dependerá de circunstancias esperadas, sino de la simple realidad.

Tu entorno será tocado mucho más profundamente por tu presencia que por tu discurso. Si perseveras en esta práctica, descubrirás que ya no hay práctica, simplemente placer, ese es el secreto tántrico.

Daniel Odier,
«Deseo, pasión y espiritualidad»[134]

134. link: *http://www.lavanguardia.com/lacontra/20120214/54254139819/daniel-odier-aceptando-no-ser-nada-ganamos-el-mundo.html*

Pero vayamos más allá del deseo en pareja y cuestionémonos dónde reside realmente el problema del deseo en la mujer. Nosotras opinamos que el deseo va ligado, sobre todo, a la presión que tiene la mujer por parte del patriarcado y la sociedad:

Presión por tener que ser deseables

Durante todo el tiempo. Sin descanso. Esto nos obliga a estar más pendientes de despertar la atracción en el otro que de preguntarnos qué es lo que realmente queremos nosotras. Convendría dejar de ser el objeto de deseo y empezar a ser el sujeto deseante.

Presión por tener que desear

Vivimos en la sociedad del cansancio, de la competitividad, del «si quieres puedes», de la obligatoriedad de tener que hacer muchas cosas a la vez. Y después de terminar el día agotada, además tienes que estar deseosa y excitada. ¿En serio? Y, ¡ojo! Porque esto es extensible tanto a mujeres como a hombres.

Además, en la actualidad, el sexo está implícito y explícito en cada rincón de nuestra sociedad, empezando por los anuncios publicitarios que, ya sea de forma clara o subliminal, nos invitan a desear todo tipo de cosas y a todas horas. ¿Acaso no estaremos sobreexpuestos al deseo y necesitemos parar e ir a nuestro propio ritmo?

Presión por tener que desear, pero no en exceso

Si la mujer tiene más deseo que el hombre, se activa una lucha inconsciente e implícita de género y de poder. No puede ser que una mujer desee más que el hombre. Ella tiene que ser sumisa, y él siempre tiene que estar dispuesto. Si deseas más que el hombre, demasiadas veces, tienes un problema —o eso es lo que nos hacen creer.

Presión por tener que alcanzar el orgasmo en cada encuentro sexual

Esto lleva implícito que, en la mayoría de los casos, la relación sexual irá acompañada no solo de coito y orgasmo, sino que, además, seguirá los mismos patrones de actuación. Pero no nos damos cuenta de que si se utiliza el mismo guion sexual en cada encuentro, corremos el riesgo de caer en la obligación y la rutina, ambas antiafrodisíacas y contrarias a la novedad y espontaneidad propia del deseo.

Presión por tener que ser multiorgásmicas

Por muy extraño que parezca, a las mujeres no siempre les apetece tener un orgasmo en sus relaciones. Y, no contentos con uno, ¿encima debemos tener cuatro? Lo que ocurre aquí es que se le está pidiendo a la mujer que se esfuerce en ello porque, siendo capaz fisiológicamente hablando, ¿por qué no iba a aprovechar este magnífico don? Repetimos: el placer sexual no debería significar realizar un sobreesfuerzo.

¿Te reconoces en alguno de estos puntos? ¿Sí? Pues, ¡fuera presiones! Lo principal es tener muy claro que, si el sexo no es gratificante ni satisfactorio, no vamos a querer repetir. Es sencillo de entender en lo conductual con cualquier situación en la vida: si lo que hago no me aporta beneficios, dejaré de querer hacerlo; y si encuentro algún motivo, consciente o inconsciente, por el que tenga que seguir haciéndolo, se convertirá en una obligación. Entonces ya estaremos dentro de la rueda de la contradicción, porque deber y deseo son contrarios en la gran mayoría de situaciones. Inevitablemente, esto hará que nuestro cuerpo, mente y/o emociones se rebelen de alguna manera para evitar esa situación, ya sea con manifestaciones físicas o psicológicas.

Así que, debemos asegurarnos de vivir una sexualidad satisfactoria y placentera, sin asociarla necesariamente al coito o al orgasmo. Una vez más, se trata de disfrutar del camino, no de obtener unos resultados finales concretos. Y, para ello, te hacemos algunas propuestas para mejorar tu deseo:

Deséate. Sedúcete y seduce

Relájate. Para y escúchate. Reconecta con tu esencia. Acéptate. Quiérete. Sé la persona más importante de tu vida. Haz las cosas para gustarte a ti principalmente, y no a los demás. Solo así te sentirás tranquila y con la seguridad de gustar a otros.

Desea desear

Fuera presiones. A veces el deseo necesita un empujoncito, y a veces necesita un descanso. O puede que hayas comprobado —después de escucharte y realizar un trabajo de autoconocimiento— que no seas una mujer muy deseante. Quizás te asemejas más al arquetipo de las diosas vírgenes. Sea lo que sea: respétate y ayúdate.

Desea el placer

Créete que lo mereces. Descubre lo que te excita y practícalo. Prueba, experimenta, juega. Busca la novedad. Rompe tu guion sexual. La mejor relación sexual no es aquella en la que ambos están todo el rato pendientes del placer del otro, sino aquella en la que hacen turnos para dar y recibir. Recuerda: en una relación sexual hay que ser egoísta compartiendo el placer.

Y si eres de las que ya deseas —y mucho—, no te culpabilices por ello. No eres ninguna ninfómana ni ninguna prostituta (entendidas con las connotaciones peyorativas utilizadas para encasillar a las mujeres y devolvernos a nuestra posición de culpables). Simplemente eres Afrodita.

Comunícate sexualmente

La comunicación es básica para sentir placer y hacer que tus relaciones sexuales sean gratificantes y satisfactorias. Exprésale a tu amante qué te gusta. O, mejor aún, muéstraselo. Ya sabes, una imagen vale más que mil palabras. Y en temas en los que el cuerpo está implicado, aún más.

No nos cansamos de recomendarte que leas a Sylvia de Béjar[135] pero, en esta ocasión, te aconsejamos su obra *Deseo*. Otro libro imprescindible para gozar de una buena sexualidad y conocer con todo detalle las implicaciones relacionadas con el deseo erótico.

3.11. Fantasea

> A menudo, se llama vicio al placer
> que la sociedad no admite.
>
> Jean Lorrain

Fantasías y meditaciones

En este apartado, nos gustaría diferenciar entre fantasías sexuales como escenas imaginadas y meditaciones guiadas que nos ayudan a estar más presentes en el cuerpo propuestas desde la práctica tántrica.

Utilizamos las fantasías eróticas para «bajar» al cuerpo lo que imaginamos en la mente. Es importante recordar que el órgano sexual por excelencia es el cerebro y nuestro sentido más sensible es la piel, así que las fantasías ayudan a trasladar el pensamiento a la piel.

Dentro de la teoría de los tres cerebros, el encargado de las sensaciones o propiocepción es el cerebro reptiliano a través del nervio vago, que pertenece al sistema nervioso autónomo. Como ha demostrado Antonio Damasio,[136] es a través de todas las sensaciones que tenemos de pequeños que nuestro cerebro construye nuestras imágenes y estructuras cerebrales. A su vez, Bassel Van der Kolk[137]

135. Béjar, Sylvia, *Deseo*, Planeta, Barcelona, 2011.
136. Damasio, Antonio, *Y el cerebro creó al hombre*, Ediciones Destino, Barcelona, 2010.
137. Van der Kolk, Bassel, *El cuerpo lleva la cuenta. Cerebro, mente y cuerpo en la superación del trauma*, Eleftheria, Barcelona, 2015.

afirma que existe una información en el cuerpo que va de abajo hacia arriba. Él ha descubierto que cambiar el estado de los músculos y órganos del cuerpo, puede ayudar a sostener el estado de angustia en el que viven las personas traumatizadas. De ahí que actualmente esté usando el yoga como tratamiento para el trauma.

Esta es la práctica que en el mundo oriental se ha utilizado desde hace mucho tiempo para entrar en otros estados de conciencia, calmar la mente y transformar las sensaciones. Asimismo, el Tantra usa estas técnicas para conseguir una sexualidad plena. Partiendo de la sensación corporal y añadiendo imágenes, busca ampliar las sensaciones y la percepción de bienestar y placer. Es decir, usa la intención y la respiración, como forma de modificar las sensaciones y esta intención la plasma en imágenes. Esta intención es lo que hemos llamado «el cuerpo energético».

Para Van der Kolk,[138] también existe una vía que traslada la información de arriba abajo. Es decir, que nuestro neocórtex puede influir en el estado de nuestro cuerpo físico. Muchas de las intervenciones psicoterapéuticas estarían trabajando desde esta perspectiva, tal es el caso de las constelaciones familiares. Una constelación familiar es una nueva imagen que permite ver la situación desde otra perspectiva. También sabemos desde la PNL que no es posible hacer nada que no hayamos imaginado antes. Esto es porque el cerebro no puede distinguir entre la realidad y la fantasía.

Desde la sexología, las fantasías son recursos que permiten la creación de imágenes, las cuales no necesariamente tienen que estar ligadas al cuerpo físico y, a la vez, nos sirven como vehículo de excitación. De ahí la afirmación de que el cerebro es el órgano del placer por excelencia, pues no necesita la unión con la emoción y el cuerpo para la obtención de placer.

Esto refleja las múltiples posibilidades que tenemos para crear escenarios y circunstancias que pueden llevarnos a obtener placer.

138. *Ibíd.*

Las mujeres, en particular, tenemos una amplia plasticidad sexual. Según un estudio de la Universidad Essex (Reino Unido) de 2015, se descubrió que las mujeres tienen la capacidad de sentir excitación sexual sin hacer diferenciación de género. Para ellas, los dos géneros eran motivo de atracción sexual. Solo había una excepción y era con las mujeres que se declaraban homosexuales y se excitaban solo con imágenes sexuales de mujeres.

Otro estudio que demuestra la enorme plasticidad sexual femenina es el desarrollado por Chivers[139] en el 2008 por el que concluyó que la capacidad de excitación de las mujeres dependía del nivel de actividad sexual de las imágenes. Asimismo, en otro estudio que realizó en el 2004,[140] descubrió que había excitación sexual incluso ante las imágenes de acoplamiento de otras especies como bonobos y chimpancés. Para la autora, la sexualidad femenina podría ser definida como un continuo entre la heterosexualidad y homosexualidad femeninas. Es decir, que las mujeres tienen una sexualidad tan amplia que pueden llegar de forma natural a la bisexualidad.

Lo anterior evidencia que la realidad sexual femenina es mucho más amplia de lo que nos ha hecho creer el patriarcado. Por lo tanto, las fantasías son una vía que nos permite descubrir nuestras necesidades y deseos sexuales, y nos abren la posibilidad de llevarlas a cabo o no. Son una expresión de lo que se nos es negado desde una idea de relación monógama heterosexual.

---

139. Chivers, M. *et al.*, «Sex differences in patterns of genital arousal: Measurement artifact or true phenomenon?», en *Archives of Sexual Behavior*, n.º 38, 2009.
140. Chivers, M., J. Michael Bailey *et al.*, «A sex difference in the specificity of sexual arousal», en *Psychological Science*, vol. 17, 2004.

Desde el punto de vista de la sexología

¿Qué es una fantasía?

Las fantasías son escenas o situaciones que imaginamos y pueden partir de la realidad o no. Cuando son eróticas, proporcionan placer, y pueden ayudarnos a tener una sexualidad más rica y variada. En estas historias fantaseadas, acostumbramos a ser las protagonistas del relato y controlamos las circunstancias. En este sentido, nosotras decidimos lo que sucede, aunque paradójicamente sea una escena en la que no controlemos lo que ocurre.

Las fantasías eróticas tienen varias funciones:

- Aumentan nuestra autoestima, ya que nos ofrecen una imagen de nosotras mismas más revalorizada.
- Nos ayudan a salir de la monotonía y rutina sexual.
- Nos provocan deseo y excitación.
- Nos ayudan a conseguir el orgasmo.
- Nos sirven como válvula de escape de la realidad cotidiana y de tensiones sexuales, sean conscientes o inconscientes.
- Nos ayudan a desligarnos del concepto coitocéntrico de las relaciones sexuales.

No es necesario llevar a cabo una fantasía. Hay fantasías para compartir, pero no experimentar; otras para compartir y realizar; otras para mantener en secreto; otras que pueden ser el preámbulo a una relación sexual; otras que imaginamos pero que sabemos que jamás realizaremos y otras que quizás algún día nos aventuremos a probar. En el caso de tener pareja, es importante comunicarse y decidir si llevarlas a cabo o si, por el contrario, hacerlo podría derivar más en un problema que en una solución.

En muchos casos, la falta de deseo sexual está relacionada con tener pocas fantasías sexuales. Y por eso es necesario que entrenemos nuestra mente para crear historias eróticas que nos pongan en marcha. Cuanto más pensemos en sexo, más ganas de él tendremos. Además, cuando las mujeres creamos, activamos nuestro segundo chakra, relacionado también con la sexualidad.

Recordemos que para que aparezca el orgasmo es necesario que desactivemos el control, tanto del cuerpo como de la mente. Y una buena manera de dejar de pensar en cualquier cosa que no tenga relación con lo que esté ocurriendo en el momento de la relación sexual, es fantaseando exclusivamente con lo erótico.

¿Hay fantasías buenas y malas?

Existe una gran controversia respecto a si las fantasías tienen connotaciones positivas y negativas. Cuando el contenido de lo que se imagina está dentro de lo considerado «normal», no hay problema alguno. La preocupación llega cuando lo que nos excita se sale de la norma establecida e incluye pensamientos «incorrectos moralmente» (por ejemplo, fantasear con alguien que no es mi pareja o con el marido de mi amiga o con alguien de mi mismo sexo siendo heterosexual) o prácticas parafílicas; según Miguel Ángel Vallejo Pareja en su *Manual de terapia de conducta*, son «impulsos sexuales intensos y recurrentes, fantasías o comportamientos que implican objetos, actividades o situaciones poco habituales».[141] Ejemplos de ello serían el sadomasoquismo, tener sexo con animales u objetos de la naturaleza, etc.

El contenido de las fantasías sexuales es lo que más nos preocupa y, a su vez, lo que más nos excita; por lo tanto, debemos entender y aprender que no hay fantasías buenas o malas, todas nos sirven como recurso para sentir más placer. Tanto pueden ser recuerdos de experiencias vividas, como situaciones no experimentadas que nos provoquen morbo, pero que no necesariamente sean acciones que

141. Vallejo Pareja, Miguel Ángel, *Manual de terapia de conducta*, Dickinson, Madrid, 2016

queramos llevar a la práctica o que deseemos que nos sucedan en la realidad. No hay que olvidar que lo censurado o prohibido acostumbra a ser más estimulante, simplemente por el hecho de salir de lo conocido y rutinario.

Lo ideal sería no querer dar un significado lógico a cada fantasía que tenemos y simplemente dejarnos llevar por ella gozando de ser la protagonista de nuestra propia película, que no va a tener más consecuencias que una gran satisfacción.

Georgina Burgos en el artículo «Deseo y fantasía erótica»[142] publicado en el *Anuario de Sexología* de 2009, hace una interesante reflexión:

«Cuando la fantasía no cae dentro del catálogo de lo considerado normal y saludable, una serie de dudas —entre otras las siguientes— asaltan el ánimo del fantaseador:

✧ ¿Soy normal?
✧ ¿Tengo un lado oscuro, perverso, aberrante, que puede desatarse en un momento inoportuno, incluso, que escapará a mi control?
✧ ¿Cómo sé si deseo lo que fantaseo, aunque me parezca que no lo deseo, porque, si no, ¿cómo lo fantaseo?

[...] entre la moral y la salud se zarandea la culpa, la vergüenza, la frustración por no llegar al estándar y el temor de ser perverso [...].

Cuando nuestra cultura nos dice —o más bien ordena—: sé normal, sé moral, sé saludable, y el cumplimiento de estos imperativos es la condición para la pertenencia al grupo, el término con el que somos designados marca, al menos en parte, nuestro destino».

---

142. Burgos, Georgina, «Deseo y fantasía erótica», en *Anuario de Sexología*, nº 11, 2009.

Las fantasías más frecuentes

A modo de apunte informativo, las fantasías más habituales recogidas en *Proyecto tabú* (2011), de Georgina Burgos, corresponden a:

- ◇ El lugar como elemento erótico.
- ◇ Los tríos.
- ◇ El sexo grupal.
- ◇ El sexo oral.
- ◇ El sexo anal.

Las fantasías «malas»

Algunas de las fantasías que producen malestar debido a la incongruencia que suponen no ser deseadas en la realidad pero sí excitantes en la fantasía, tienen sus explicaciones:

Violación

Los estudios que examinan las fantasías de violación de las mujeres son muy poco divulgados. Sin embargo, en 2010, Jenny Bivona y Joseph Critelly, desarrollaron un estudio[143] acerca de por qué las mujeres tenían fantasías de violación. En este estudio se determinó que el 57 por ciento de las mujeres tienen fantasías de violación, y el 19 por ciento de estas afirman disfrutarlas. Según los investigadores, esto puede deberse a tres teorías: la evasión de la culpa por tener deseos sexuales, la apertura a nuevas experiencias sexuales y la cultura masculina de la violación.

La primera permite que las mujeres pueden evadir la culpa que sienten por sentir excitación sexual y expresar sus propios deseos sexuales. Es decir que, al obtener placer de esta forma, la mujer no se

143. Bivona, Jenny y Critelli, Joseph, «The Nature of Women's Rape Fantasies: An Analysis of Prevalence, Frequency, and Contents», en *The Journal of Sex Research*, pp. 33-45, 10 de febrero de 2009. Para más información, puedes consultar: *https://www.tandfonline.com/toc/hjsr20/current*.

culpabiliza a sí misma, pues ha sido forzada a hacer algo que no deseaba y, por lo tanto, no puede ser culpada por ello. Además, como hemos dicho antes, esta forma de relación es promulgada por la cultura patriarcal, pues es la única forma posible que nos permite obtener placer.

La segunda teoría implica que las mujeres buscamos tener gran variedad de experiencias sexuales, y la última se sustenta en los procesos de socialización de la cultura patriarcal que han permitido que los hombres pueden tomar y dominar a las mujeres sexualmente.

Por otra parte, los investigadores observaron que la fantasía de violación puede hacer que las mujeres se sientan atractivas y deseables. Pues el hecho de ser violadas representa el deseo irrefrenable del hombre hacia ellas. Es decir, que las encuentran tan irresistibles que no pueden controlarse a sí mismos.

Sadomasoquismo

Practicar la «perversión» de la sumisión y la dominación llevada a límites de dolor y sufrimiento sigue sin ser bien visto en nuestra sociedad actual. No obstante, hay que recalcar que el umbral del dolor y el placer es una línea muy fina y subjetiva.

Lugares públicos

Voyeurismo y/o exhibicionismo

Cambios de pareja / adulterio / parejas abiertas

Muy probablemente la genética, llamada a no tener relaciones monógamas, haga aparición en estas fantasías. La sociedad cristiana y el patriarcado se han encargado de castigar y repudiar a los que se salen de estas normas y tacharlos de amorales; pero, en realidad, ¿es el ser humano fiel por naturaleza o hemos aprendido a serlo?

Lo anterior demuestra que el hecho de tener fantasías que no necesariamente se ajustan al ideal de la relación monógama, no debe ser considerado como algo patológico o negativo. Las fantasías son simplemente aspectos de nuestra sexualidad que, como hemos dicho antes, podemos decidir si las llevamos a cabo o no. Todo esto dependerá de nuestra historia, necesidades y posibilidades.

Identificando mis fantasías sexuales

¿Qué necesitas? Papel y bolígrafo

→ Escribe tus fantasías sexuales, manteniendo el contacto con tu cuerpo y tratando de percibir las distintas sensaciones que surjan en ti.

→ Después de haberlas escrito todas, escoge una que puedas y quieras realizar, y aventúrate.

Recuerda que, para tener una sexualidad plena, ¡hay que practicarla!

Desde el punto de vista del tantra

Para el Tantra, el sexo convencional no es sino un reflejo de la sociedad patriarcal en la que vivimos, una forma distorsionada de la sexualidad masculina. En el sexo convencional hay mente, tensión muscular, rapidez, objetivo y utilización del cuerpo para conseguir excitamiento.[144] En otras palabras, el sexo patriarcal se basa en el «hacer». Además, existe una clara dualidad entre tu mente y tu experiencia, lo que hace que nos convirtamos en meras observadoras del proceso.

No obstante, puede ser bonito y placentero, pero también puede llevar a la rutina y a la desensibilización de los órganos de placer. Y es por ello que, a menudo, el sexo convencional requiere de herramientas externas como las fantasías eróticas o los juguetes para

---

144. En el Tantra diferenciamos entre excitación y excitamiento. Véase apartado 3.13, «Introdúcete a la filosofía del Tantra», p. 216.

mantener despierto el interés o incluso para llegar a ciertos niveles de placer.

El Tantra, por el contrario, no busca el excitamiento ni el orgasmo sino que tu energía sexual se expanda por todo tu cuerpo. Es decir, te trae de vuelta al cuerpo y a las sensaciones. Esta práctica te invita a que sientas el placer en cada una de tus células para que «hacer el amor» —contigo misma o con otra persona— sea una experiencia de apertura de corazón y una puerta hacia el éxtasis.

El Tantra concibe el encuentro sexual como una meditación, como una vía espiritual y como un camino de sanación. Pero, para todo eso, es necesario dejarte caer dentro de ti, en tu cuerpo, relajarte, acallar la mente, entrar en un estado meditativo, sentirte digna de recibir amor y atención, deshacerte del pasado, con sus creencias y sus traumas, y permanecer en el aquí y el ahora.

Lo cierto es que las mujeres tenemos la capacidad innata para vivir la sexualidad de este modo, pero, por desgracia, la mayoría estamos muy lejos de este estado de inocencia, relajación y presencia. Para paliar esta situación, el Tantra hace uso de la imaginación. A través de visualizaciones —o meditaciones guiadas—, se utiliza la mente de forma sofisticada y consciente para generar estados orgásmicos en el cuerpo. Es importante destacar, no obstante, que en el Tantra no utilizamos la mente para irnos a otros lugares o con otras personas. Por el contrario, la utilizamos para ayudarnos a sentir con sutileza las sensaciones de nuestro cuerpo, para desbloquear el flujo de la energía y para aumentar la sensación de unión con nuestro amante o con el mismo cosmos. En resumen, hacemos uso de la imaginación —que no es otra cosa que inducir a la mente a que se concentre en algo— para llevar la atención al cuerpo, para generar estados de relajación y presencia.

El Tantra afirma que: «Donde pones tu conciencia, va tu energía».

Visualización

Una vez más, todo lo que te contamos tan solo tendrá sentido si lo experimentas. ¿Te apetece probar?

Realiza esta meditación de forma muy pausada, haciendo paradas en cada signo de puntuación. Recuerda que los puntos suspensivos indican una pausa más larga, momento para sentir con la máxima presencia. También puedes pedir a alguien que te lo lea o incluso grabarla en audio y practicarla mientras te escuchas a ti misma.

¡Allá vamos!

Cierra tus ojos y déjate caer dentro de ti. Haz dos o tres respiraciones conscientes... Relaja los hombros, déjalos caer; suelta la mandíbula, déjala caer un poquito... Relaja tus ojos e imagina que los posas dulcemente en unos suaves cojines que encuentras bajo cada uno de ellos; relaja la frente e imagina que los pensamientos suben hacia la coronilla y resbalan hacia atrás cayendo por la nuca, donde se quedan descansando...

Deja que tu cuerpo se entregue a la gravedad; siente el peso de tu cuerpo en la superficie donde te encuentras y relaja tus esfínteres. Nota tu cuerpo dentro de tu piel, desde la puntita de los dedos de los pies hasta la coronilla, sé consciente del espacio que ocupas dentro de él.

Ahora vas a poner toda tu atención en tu respiración: ¿sabías que a diario podemos llegar a intercambiar con el exterior hasta tres litros de aire? Observa cuánto aire dejas que entre y salga; siente si tu respiración es amplia y profunda, o si es corta y superficial. Si sientes que es corta y superficial, en la siguiente exhalación vacía todo el aire de tus pulmones por la boca a modo de suspiro e interrumpe la respiración durante tres segundos; después intenta llenar al máximo tus pulmones, y cuando estén totalmente llenos, bloquea también la respiración durante otros tres segundos. Vacía todo el aire por la boca y repite este ejercicio varias veces.

Ahora, amablemente, dibuja una sonrisa en tu cara y pon toda tu atención en la parte alta del tronco. Siente si tus hombros reciben algún movimiento sutil cuando respiras. Siente los movimientos desde dentro, nótalos. ¿Notas un minúsculo movimiento ascendente en tus hombros cuando tomas aire? ¿Sientes una suave relajación o entrega cuando dejas salir el aire? Haz unas cuantas respiraciones mientras sientes tu respiración en la zona alta del tronco.

A continuación, atiende a la zona de tus costillas, ¿notas cómo se expanden hacia los lados con cada expiración?, y hacia atrás, ¿sientes cómo hacen un leve masaje a la columna?... Siéntelo. Disfruta de cada movimiento. Pon toda tu atención en estos movimientos notándolos desde dentro de tu cuerpo. Haz unas cuantas respiraciones mientras pones toda tu atención en esta zona.

Ahora siente tu vientre... fíjate si el aire llega hasta ahí. Si no es así, retén la respiración después de la expiración durante unos segundos, y cuando el cuerpo te lo pida, ábrete a tomar el máximo oxígeno posible llenando tu vientre. Retén unos instantes cuando tus pulmones estén llenos y exhala por la boca con un suspiro...

Haz esa dinámica varias veces hasta que sientas que los movimientos que genera tu respiración llegan a tu vientre. Quizá comiences a sentir un dulce balanceo que acontece en tu zona genital y otro en el final de tu columna. Si ejercitas esta meditación, podrás sentir cómo, al inspirar, tu pelvis se balancea hacia atrás, y al expirar, hacia delante. Un leve masaje o caricia tiene lugar en tu zona genital con cada respiración consciente.

Ahora siente la longitud del movimiento serpenteante que acontece en tu cuerpo con cada respiración: desde el lugar más bajo en tu tronco hasta el más alto. Siente la caricia que supone en tu cuerpo este movimiento que aparece con cada respiración... Disfruta de esta caricia durante unas cuantas respiraciones.

Puedes decirte interiormente: «Estoy tranquila y relajada, toda yo soy respiración»... Disfruta de ser respirada por la vida, déjate acariciar por cada respiración... Ahora, siente tu corazón, ¿oyes su latido? ¿Sientes corporalmente cómo late en tu pecho? Pon toda tu atención en estas sensaciones, siéntete una con la vida...

Además, también puedes prestar atención al músculo del diafragma situado en la base de tus costillas. Imagina o siente su forma; es un músculo muy grande que masajea con cada respiración tus pulmones, tus órganos digestivos y sexuales... Siente cómo sube y baja, cómo se activa en la inhalación y cómo se relaja, se entrega, cuando expiras... Haz dos o tres respiraciones poniendo toda tu conciencia en tu músculo diafragmático...

Ahora, céntrate en tus pechos y pezones... siéntelos desde dentro, nota cómo se hinchan cuando tomas aire y cómo se relajan al expirar. Siente o imagina cómo irradian calor... Disfruta de esta sensación... Abandónate al placer de relajarte en tu corazón; siente cómo con cada respiración te haces más y más presente en tu pecho, en tu corazón, y disfruta del gozo de la relajación en todo el cuerpo...

Ahora céntrate en tu vagina, fíjate si las paredes están tensas o relajadas... proponles con amor que se relajen... siente tu cérvix, el canal hacia tu útero... y siente también tu útero, tus ovarios y tus trompas... Imagina cómo las células de tus órganos sexuales sonríen al ser atendidas y reconocidas por ti. Nota cómo se expanden y se relajan los tejidos, el movimiento y vibración de cada respiración en tu sexo.

Disfruta unos minutos de sentirte toda tú respiración, y goza de la sensación de ser relajadamente femenina en tu cuerpo...

Cuando sea tu momento, haz un par de respiraciones profundas y proponte conectar varias veces al día con tu corazón, tu respiración y tus pechos.

Si sientes que es bueno para ti, haz esta visualización —u otras similares— a menudo, al irte a dormir, por ejemplo, y observa si te ayuda a estar más conectada y gozosa en tu día a día.

3.12. Trabaja con los sueños

Una de las maneras de trabajar con nuestra sexualidad es a través de nuestros sueños. Con los nuevos descubrimientos sobre el funcionamiento cerebral, se sabe que, a través de estos, podemos conocer nuestros guiones del mundo, es decir, nuestras creencias y nuestra personalidad. Y, lo mejor, es que esto es algo que puedes trabajar tú sola. De esta forma, también podemos conocer nuestro esquema de sexualidad, aunque, como sabemos, nuestros sueños son una de las actividades más simbólicas que tiene el ser humano y, por lo tanto, muchas veces tenemos sueños sexuales que, en realidad, nos están hablando de otros aspectos de nosotros mismos.

Pero comencemos por describir cómo opera nuestro cerebro para luego ser capaces de explicar su funcionamiento cuando soñamos. En realidad, no hay tanta diferencia entre el hecho de estar despierto y estar soñando. La única diferencia es que, cuando estamos despiertos, recibimos información del exterior a través de los sentidos, mientras que cuando soñamos usamos solo la información acumulada en nuestro almacén de recuerdos y esquemas de realidad. Pero, en ambos casos, nuestro cerebro está construyendo siempre una realidad específicamente recortada para y por nosotros. Este recorte de la realidad se realizó en los dos primeros años de nuestra vida en los que construimos un esquema del mundo a través del cual vemos y sentimos todo lo que ocurre a nuestro alrededor. Este concepto de mundo es lo que en otros apartados hemos llamado autoconcepto. Nacemos con todas las posibilidades de percepción, pero a partir de los dos años, ya solo alcanzamos a percibir aquello que nos han enseñado a constatar nuestros padres y la sociedad, los mismos que nos transmiten una interpretación sesgada del mundo. Por eso es tan importante poder usar los sueños, pues vemos esta construcción, y así también nos conocemos más a nosotros mismos.

Existen tres unidades diferenciadas —o cerebros dentro de nuestro cerebro—, y la segunda de estas tres (que es la que se corresponde con el cerebro mamífero o límbico) es la que más participa en la creación de los sueños. Esta segunda unidad corresponde al córtex cerebral. Es donde se regula la razón y la emoción, donde se manipula y almacena la información y reside la pantalla en la que transcurre la película de nuestra vida y de nuestros sueños. Esta segunda unidad está constituida por tres capas distintas de neuronas. Cuando estamos despiertos, la primera capa se encarga de recibir los estímulos sensoriales más simples y específicos como, por ejemplo: picor, calor, dolor, sonidos agudos, chirridos, activación de los músculos, percepción de la forma de un objeto simple, de una emoción, etc. Las neuronas de esta capa nos hacen sentir tal y como sienten los niños o los animales, es decir, sin interpretación. Se trata de la más pura percepción.

Rodeando esta primera capa de neuronas, existe una segunda capaz de comparar la percepción con recuerdos anteriores, tanto en el ámbito racional como emocional. Percibir acaba siendo una mera comparación con nuestros recuerdos. La tercera capa —que rodea a la segunda— tiene la función de integrar todas las percepciones —recuerdos y sensaciones, básicamente—, dando lugar a conceptos abstractos, guiones de vida y esquemas aprendidos para entender el mundo. Aquí es cuando las creencias y el mapa del mundo que nos rige entran en acción para determinar qué es lo que va a pasar, tras cada acontecimiento que tiene lugar. No obstante, cuando no hay suficiente información para la «predicción», el cerebro reconstruye la realidad, es decir, la inventa; vemos, así, lo que nos parece. Los modelos que tenemos son tan fuertes que cuando algo percibido no concuerda con la realidad, en lugar de cambiar el modelo, la mayoría de veces, cambiamos la realidad. En otras palabras, nuestros deseos deforman continuamente la percepción.

Todo este complicado proceso que acabamos de describir se realiza a tal velocidad, que nuestra conciencia ordinaria siempre va medio segundo por detrás de dicho proceso. De esta forma, al final de este, ya tenemos preparada una respuesta automática para pasar a la acción sin titubeos. La conciencia ordinaria constituye la tercera unidad funcional —que corresponde al neocórtex— que es la que verifica y toma decisiones. Es la parte que nos diferencia del resto de los animales. Dicho en otras palabras, esta unidad nos ofrece la posibilidad de ser libres y de elegir dar o no la respuesta que nos ha preparado la segunda unidad. Es la parte que nos permite distanciarnos de una situación, reflexionar sobre los distintos métodos alternativos de acción, sin necesidad de reaccionar desde la emoción y realizar una acción que tenga que ver con el ideal que uno tiene. Es justo aquí donde reside la creatividad.

Pero ¿qué ocurre cuando soñamos? Pues que nuestro cerebro funciona exactamente igual que cuando estamos despiertos, pero sin la conciencia activa. La segunda unidad se pone en marcha cada vez que soñamos y lo hace con los estímulos que han quedado de forma residual en las zonas del cerebro, que han funcionado más durante el día. Esta segunda unidad —al igual que hace durante el día— despierta los recuerdos y estos, a su vez, despiertan los guiones de vida y las creencias, creando una película de aquello que podría suceder. Los sueños muestran una posibilidad de lo que podría acontecer. Por lo tanto, a través de nuestros sueños podemos ver los guiones de vida y los esquemas de realidad que cada uno tiene, además de ayudarnos a prepararnos para lo que pueda ocurrir cuando estamos despiertos.

¿Cómo podemos recordar nuestros sueños?

Para poder empezar a averiguar cuáles son las principales líneas de este guion, y cómo es nuestra estructura respecto a la sexualidad, sería bueno llevar un diario de sueños donde apuntemos todos los que vayamos teniendo.

Primer paso

Recordar los sueños es un aprendizaje. Hay familias que lo han realizado y otras que no. Lo que mejor funciona para recordar los sueños es tener la convicción de que los vas a recordar. Si no tienes facilidad para recordar tus sueños puedes usar un método que acostumbra a ser eficaz. Pero lo primero que debes saber es que solo nos acordamos de nuestros sueños si no despertamos cuando estamos soñando. Como soñamos cinco veces durante la noche, y en la última llegamos a soñar casi una hora —todo esto suponiendo que durmamos ocho horas— podemos poner el despertador una hora antes de lo que tendríamos que despertarnos y volverlo a poner una hora después, que sería la hora en la que nos despertaremos normalmente. Durante esta hora estaremos soñando todo el rato y, como no estamos profundamente dormidos, nos resultará más fácil recordar los sueños. Es mucho más fácil recordar los sueños si uno se levanta de forma natural y sin despertador.

Segundo paso

No muevas demasiado la cabeza cuando te despiertes, porque si la mueves muchas veces, el sueño desaparece.

Tercer paso

Repasa el sueño que estás teniendo justo antes de despertar para anotarlo con todos los detalles posibles en una libreta o incluso puedes grabarlo, porque el recuerdo de los sueños es efímero. Los sueños se olvidan. En los últimos descubrimientos científicos se ha observado que tenemos un mecanismo para olvidar los sueños, algo necesario, ya que el hombre no es el único ser vivo que sueña. También lo hacen los pájaros y otros mamíferos no racionales que, se cree, podrían llegar a confundir la realidad con el sueño.

Cuarto paso

Lleva un diario de sueños durante un período largo de tiempo. El objetivo es encontrar aquellos esquemas de realidad que sean recurrentes y detectar, de esta forma, el cristal a través del cual ves el mundo y el esquema principal en tu sexualidad. Por ejemplo, si en tus sueños aparece a menudo el hecho de perder, ganar y competir es fácil que contemples tu realidad solo a través de los ojos de quien gana o quien fracasa. Si en tus sueños aparecen situaciones en las que además de tener relaciones con tu pareja las tienes con otro, podría estar detrás un esquema de vivir las relaciones de forma triangulada. Si en tus sueños surgen escenas de violación, podemos pensar que tenemos un esquema en el que no confiamos y tememos la agresión.

Por otro lado, los sueños nos hablan también sobre cuáles son aquellas emociones que hemos tenido durante el día y de las que a lo mejor no hemos sido conscientes. En los sueños muchas veces estas sensaciones vividas vuelven a aparecer en otro escenario y con otros personajes. Podemos experimentar en sueños aquello a lo que durante el día no hemos prestado atención y ha causado una emoción fuerte en nosotros. Esto es posible dado que durante la noche tenemos acceso a toda la información del cerebro para crear nuestros sueños, algo que no ocurre durante el día, puesto que estamos atentos a la realidad y a dar respuesta a lo que sucede.

Cómo incubar un sueño

¿Qué necesitas? Tener una cierta habilidad para recordar tus sueños.

Incubar un sueño significa hacer una pregunta a los sueños para que estos nos den una respuesta. En realidad, es una imagen sobre la situación o una posible resolución. Podemos hacer una pregunta a nuestros sueños relacionada con nuestra sexualidad, con algún aspecto en el que nos sentimos atascadas o que necesitemos una imagen que nos lleve a una posible solución.

Para poder hacer una pregunta a los sueños es necesario tener en cuenta una serie de cuestiones previas:

La primera es que la pregunta tendrá respuesta en la medida en que sea importante para la persona. Es decir, cuanto más haya estado la persona pensando sobre el tema durante el día, más posibilidades hay de que haya respuesta.

La segunda es que la pregunta tiene que ser formulada de forma afirmativa. Es decir, preguntando sobre lo que queremos conseguir no sobre lo que queremos dejar de hacer. Esto es muy importante, puesto que nuestro cerebro no entiende cuando afirmamos la negación de algo, sino solo lo que le decimos. Si preguntamos «¿cómo puedo dejar de cerrarme sexualmente?», el cerebro entiende «cerrarme». Transformar esta petición en una afirmación sería «¿cómo puedo abrirme sexualmente?».

La tercera es que la pregunta tiene que ser sobre uno mismo y depender de uno. No se puede preguntar sobre otros. Los sueños nos hablan sobre nosotros mismos, como hemos explicado antes.

La cuarta: la respuesta no puede ser sí o no. Tiene que estar formulada de forma abierta para que la respuesta pueda ser en forma de imagen. Una fórmula para hacer estas preguntas podría ser empezando por ¿cómo sería si...?

La quinta: la pregunta debe ser ecológica para la persona, es decir, estar en concordancia con el resto de cosas que la persona quiere o cree.

Formula la pregunta antes de ir a dormir y pide a los sueños una respuesta. Cuando te despiertes, es importante que durante la mañana sigas las directrices que hemos explicado antes sobre cómo recordar los sueños.

No desprecies nada de lo que aparezca al día siguiente. A veces las respuestas no vienen en forma de sueño o como imágenes; pueden llegar de forma auditiva con una frase o una canción o en forma de una emoción. Todas ellas pueden ser respuestas a la pregunta que estamos haciendo y vale la pena considerarlas.

3.13. Introdúcete en la filosofía del Tantra

> El tantrismo es un camino de amor total
> que conduce hacia la libertad del ser.[145]
> Daniel Odier

¿Qué es el tantra?

El tantrismo ocupa un lugar excepcional en la historia del pensamiento. Nacido hace más de siete mil años en el valle del Indo —actual Pakistán—, este movimiento místico, científico y artístico abarca la totalidad de las potencialidades humanas. Ofrece enseñanzas sobre la vida, y engloba el ámbito físico, mental, psicológico y espiritual.

El tantrismo se desarrolló en una civilización extendida desde el valle del Indo hasta el mar Rojo y el Mediterráneo. La invasión de las

---

145. Odier, Daniel, *Tantra. Relato de la iniciación de un occidental al amor absoluto*, Gulaab, Madrid, 2014, p. 11.

tribus arias puso fin a esta civilización —hace más de tres mil años—, pero el pensamiento tántrico logró sobrevivir. Según Daniel Odier,[146] el tantrismo es la única filosofía antigua que nos ha llegado intacta a través de una transmisión ininterrumpida de maestros y maestras a discípulos y discípulas. También es la única que ha conservado la imagen de la gran diosa sin invertir la relación de poder entre la mujer y el hombre (para favorecer a este último).

El tantrismo shivaita resurgió a partir del siglo IV en Cachemira —entre Afganistán, la India y Pakistán— y se difundió rápidamente por toda la India, Nepal, China y el Tíbet. La palabra *Tantra* se refiere a una serie de libros esotéricos hindúes escritos hace más de dos mil años, en forma de diálogo entre Shiva —la energía enfocada— y Shakti —la fuerza creadora femenina—. Shiva y Shakti, inseparable pareja de divinidades, dioses de la danza del éxtasis y creadores del yoga, son compañeros y amantes. Ellos nos invitan a encontrar la divinidad dentro de nosotras, a abrir nuestro corazón. A diferencia de nuestra percepción occidental basada en la dualidad, el Tantra no es dual. No separa entre luz y oscuridad, entre humano y divino. No disocia la pasión del misticismo, es más, utiliza la energía de la pasión para disolver el ego —y con él, la ilusión de la dualidad.

Los libros tántricos hablan de la época que nos precede y la llaman la Edad de la Oscuridad, una era en la que el poder femenino fue suprimido a todos los niveles: en el político, económico y en las relaciones íntimas. Si antes del patriarcado se valoraba la energía femenina y masculina como iguales en valor, con la llegada de la Era de la Oscuridad, el hombre se coloca en situación de superioridad y dominio respecto de la mujer. En los textos tántricos se afirma que estamos llegando al final de esta época, y se inicia la Nueva Era, la Edad de la Verdad, donde «los fuegos femeninos empiezan a brillar de nuevo». El Tantra reconoce la necesidad de enseñar a las mujeres y a los hombres a despertar la energía sexual dormida en la mujer.

146. *Ibíd.*

Antiguamente, los maestros tántricos enseñaban sesenta y cinco artes y ciencias a sus discípulos. Y, entre ellas, estaba el arte de amar.[147]

Para el Tantra, la energía humana se entiende como una cuestión de polaridad. La energía femenina representa el ser, y la energía masculina el hacer. Hombres y mujeres tenemos dentro de nosotros las energías masculina y femenina. La energía femenina que reside en las mujeres, y también en los hombres, es receptiva, intuitiva y amiga de los procesos. La energía masculina —en el hombre o la mujer— es activa, lógica y busca resultados.

De las dos polaridades espirituales que son el amor y la meditación, lo femenino encarna el amor y lo masculino la meditación. El hombre interior de la mujer será meditativo y la mujer interior del hombre será amorosa. Para lograr convertirnos en seres humanos completos, hombres y mujeres deberemos desarrollar ambas energías. No obstante, es importante señalar que, en el Tantra, la energía masculina —ya sea la de las mujeres como la de los hombres— se pone a disposición de la femenina.

El Tantra antiguo es un sistema espiritual en el que el amor sexual es un sacramento. Espiritualidad y sexualidad van de la mano. El lenguaje es explícito: el Tantra nombra con palabras del sánscrito a los genitales femeninos -*yoni*, que significa «espacio sagrado» y los masculinos -*lingam*, que significa «vara de luz» u «órgano de Dios». Para el Tantra, el propósito del sexo es la creación de armonía y bienestar físicos, la concentración de energía sexual y la transcendencia a niveles espirituales de conciencia. La energía sexual es, por lo tanto, una herramienta para acceder a estados ampliados de conciencia y alcanzar la meta última, que es la Unidad. Se trata de experimentar el Yo individual como parte del Todo Indivisible. Por consiguiente, se trata de superar la dualidad: bueno/malo, mente/cuerpo, masculino/femenino, etc. El Tantra no separa, no excluye, lo acepta todo, y para

147. Muir, Charles y Caroline, *op. cit.*, pp. 69-71.

ayudar a lograr esa Unidad se utilizan distintas técnicas de respiración, visualización y meditación.[148]

> Cuando haces el amor con una mujer,
> estás haciendo el amor con la propia existencia.
> La mujer es solamente una puerta,
> el hombre es solamente una puerta.
> El otro es solamente una puerta al todo.
>
> Osho[149]

Además, el Tantra nos indica cómo circula la energía por nuestro cuerpo —chakras— y cómo desbloquearla. Nos muestra que la energía sexual —polos negativo y positivo— fluye de manera diferente en las mujeres y en los hombres y nos enseña a expandir la energía para que no se quede estancada en la zona genital. De este modo, la energía sexual puede vibrar de forma gozosa en todo nuestro cuerpo. Nos habla, por lo tanto, de nuestro potencial sexual y de cómo despertarlo. Afirma, además, que el placer y la sensibilidad femeninas son dignos y prioritarios. Venera los atributos femeninos, enseña a despertar la energía sexual femenina y a alcanzar el éxtasis.

Según Astiko[150] —pionera del Tantra en nuestro territorio—, el Tantra nos muestra cómo llevar la meditación al encuentro sexual y al mundo emocional asociado al sexo. El Tantra es la sencillez de traerte al momento presente también en el contacto íntimo. El Tantra no son muchas técnicas, el Tantra es una oración, es llevar la atención al momento presente. Se trata de estar aquí presente, sentirte a ti misma, notar tu respiración, la luz, los sonidos, sin la ansiedad de la mente sobre lo que tiene que pasar.

148. *Ibíd.*
149. Osho, *Tantra, espiritualidad y sexo*, Arkano Books, Madrid, 1995, p. 47.
150. Charla impartida por Astiko durante el I Congreso de Sexualidad Consciente. Para más información: *www.tantrawithastiko.com*

En el sexo, la mente debe rendirse y dejar de ser el «dictador» para convertirse en el «siervo que sigue a la energía». Vivimos en una sociedad que interfiere en los ritmos naturales del cuerpo. No vivimos en contacto íntimo con nuestros cuerpos: el cuerpo está siempre aquí y ahora, mientras que la mente no suele estar nunca en el aquí y el ahora. Así, no solo se genera una gran desconexión entre mente y cuerpo, sino que, además, la mente se convierte en tirana del cuerpo.

En lo que refiere al sexo, la mente está altamente influida por la pornografía. Y para contrarrestar esta situación, la mayoría de talleres de Tantra que se imparten en la actualidad se centran en desacondicionar la mente de estas ideas sobre cómo deberían ser las relaciones sexuales y que tan poco tienen que ver con la realidad. Si lo conseguimos, lograremos permanecer en el presente y dejar que el cuerpo fluya más libre. Además, a través del Tantra también podremos liberar algunas de las emociones que solemos contener: rabia, vergüenza, culpa o incluso desprecio por nuestro cuerpo. Y, para poner en contacto la mente con el cuerpo, utilizamos la respiración consciente. En palabras de Astiko: «Cuando respiramos, cuando nos relajamos y volvemos al cuerpo, todas somos tántricas».

Hacer el amor en el sentido tántrico, es decir, hacer el amor de forma consciente, no sale de forma natural para la mayoría de las personas occidentales —por desgracia, hemos perdido la inocencia y la naturalidad—. De hecho, debe aprenderse: en solitario y también en pareja. En Tantra, los amantes aprenden al mismo tiempo que desaprenden las formas convencionales de hacer el amor. Debemos tener en cuenta que nuestros conocimientos sobre sexo son limitados y, la mayoría de veces, provienen de fuentes poco fiables como pueden ser películas, revistas, amigas, padres, etc., que no han hecho más que transmitirnos formas convencionales —y limitantes— de hacer el amor. Además, si a todo esto le unimos que, por lo general, empezamos nuestra vida sexual compartida en compañía de alguien que tampoco conoce el arte de amar, los resultados son bastante desalentadores.

Por fortuna, la oferta de actividades relacionadas con el Tantra, cuyo objetivo es iniciarnos y profundizar en esta vía alternativa, es cada vez mayor en nuestro país. Se trata de talleres eminentemente prácticos y dirigidos a todos los públicos: mujeres, hombres —los menos—, mixtos y/o parejas. A través de estas actividades se trabajan la sexualidad, las creencias, la sanación de heridas psicoemocionales, la comunicación; se hacen trabajos de desbloqueo corporal y liberación de emociones contenidas o reprimidas; se practica el toque consciente, la aceptación del propio cuerpo y mucho más.

En la enseñanza de Tantra, distinguimos entre:

❖ **Tantra Blanco:** talleres eminentemente meditativos sin contacto corporal.
❖ **Tantra Rojo:** talleres con contacto corporal.

No obstante, cada instructor/a tiene su estilo y su línea, según los maestros con quienes se haya formado, su escuela y su momento vital.

Según Diana Richardson, «El Tantra nos enseña a aceptar nuestro ser como un todo, desde la sólida densidad de nuestro cuerpo físico hasta las refinadas capas de nuestro espíritu. Tiene que ver con la transmutación de energía, la liberación de la mente y el logro de todo el potencial de la persona. Se cree que la liberación del cuerpo y de la mente se consigue por la unión equilibrada de elementos opuestos [...]. El Tantra descubrió, hace más de cinco mil años, lo que la ciencia ha corroborado más tarde con el estudio de los cromosomas: que la mujer es mitad hombre, y el hombre mitad mujer. El equilibrio de los oponentes internos es la forma de lograr todo el potencial. La inmersión completa en el modo femenino en la unión sexual transforma a la mujer mediante un proceso alquímico interno».[151]

Lo que buscaba en Tantra y lo que encontré. Testimonio

Cuando me inscribí en un taller de Tantra por primera vez, sin tener ni idea de lo que era, me movía un deseo de sentirme más segura como mujer, de ser capaz de intimar y conectar más fácilmente con el sexo opuesto. Y, bueno, el Tantra me ayudó de esta manera, pero esto fue solo un efecto secundario... Lo que me ofreció el Tantra fue algo mucho más grande, una puerta al más allá y al mismo tiempo a lo más íntimo, un despertar a una realidad mucho mayor que la que había experimentado hasta entonces.

El Tantra me permitió conocerme, por primera vez, como algo mucho mayor que este cuerpo: me conocí como amor y tuve la claridad de que estaba aquí para que el amor siguiera fluyendo a través de mí, a través del vehículo de mi persona. Después de esta experiencia tan expansiva, no pude sino dejar la vida convencional que había creado e iniciar una aventura de búsqueda y de vuelta a eso que recordé por primera vez a través del Tantra. El Tantra me dio la claridad que necesitaba para iniciar ese viaje de vuelta a la esencia.

Adelina Premamui
www.tantradelina.com

Fundamentalmente, el Tantra nos ayuda a adquirir una impresión nueva sobre nosotras y nuestro cuerpo. Honra la energía femenina, denomina nuestros órganos sexuales con nombres sagrados y nos ayuda a conectar con la diosa que llevamos dentro. Según el Tantra, cuando las mujeres practicamos el sexo convencional —una forma distorsionada y patriarcal de sexualidad masculina—, estamos despreciando y desaprovechando nuestra magia y poder femeninos. Y no solamente las mujeres pierden en este intercambio, los hombres también dejan de tener la oportunidad de sentir la energía sexual femenina expandida en todo su potencial. El Tantra, sin embargo, nos ofrece la posibilidad de experimentar una sexualidad más satisfactoria para ambos sexos.

151. Richardson, Diana, *Orgasmo tántrico para mujeres. El poder de la energía sexual femenina*, Neo Person, Madrid, 2016, p. 7.

Según el Tantra, la mujer tiene una capacidad natural para entrar en la sexualidad expandida y, por eso, resulta beneficioso para ambos que la mujer lidere el sexo cuando lo comparte con un hombre. Es importante que entendamos que en nosotras reside el punto de partida de una necesaria reeducación sexual, y el movimiento debe extenderse, a través de los amantes, de los amigos, de encuentros de una sola noche, de las madres que enseñan a sus hijas y los padres que enseñan a sus hijos. Requiere que las mujeres nos escuchemos a nosotras mismas, expresemos nuestras necesidades y sensibilidades, y que los hombres presten atención a lo que les expresamos. No obstante, la mujer puede hacer mucho más de lo que se imagina, aun sin la cooperación consciente del hombre.[152]

El Tantra es más que una técnica; es un viaje profundo de autoconocimiento y transformación, un proceso alquímico que transforma la energía básica en una sublime expresión espiritual. Aunque a lo largo del proceso se utilicen algunas técnicas, el secreto del Tantra reside en convertir aquello que en nosotros es sexualmente inconsciente en algo plenamente consciente

Richardson, 2016

En palabras de Osho (1931-1990), místico que ha traído a Occidente la sabiduría milenaria de Oriente: «El sexo tiene [...] que ser algo sagrado. El sexo no tiene que ser obsceno ni tampoco pornográfico, no tiene por qué ser condenado o reprimido, sino inmensamente respetado, ya que hemos nacido de él. Es nuestra propia fuente de vida. Y condenar la fuente de vida es condenarlo todo. El sexo tiene que ser elevado cada vez más hasta que alcance su punto máximo. Y el punto máximo es *samadhi*, la superconciencia».[153]

Para finalizar, es importante señalar que el Tantra no es un apren-

152. *Ibíd.*, pp. 8-11.
153. Osho, *El libro del sexo: Del sexo a la superconsciencia*, en Richardson, *op. cit.*, pp. 12-13.

dizaje teórico, sino algo que se percibe con la práctica. Al principio puede resultar complicado para una persona occidental, pero como toda meditación o práctica espiritual, a medio plazo, aporta bienestar y realización.

El Tantra es un camino que enfoca la sexualidad y las relaciones de tal manera que permite cuestionar las creencias y maneras de hacer predominantes en la sociedad —en el ámbito de la intimidad sexual y emocional— en cada sesión individual, encuentro o taller. Facilita, además, el «darse cuenta» de los patrones inconscientes, de cuando nos perdemos a nosotras mismas y, lo más importante, nos recuerda que tenemos derecho a ser quienes somos en la intimidad. El Tantra nos ayuda a relajarnos y a construir una nueva sexualidad no patriarcal. Además, la aplicación de los principios tántricos puede ayudarnos a borrar las cicatrices causadas por nuestra historia sexual, tanto personal como cultural.

Antes de dar por finalizado este apartado, hay un tema que no queremos obviar: en la mayoría de la bibliografía que encontramos sobre el Tantra, cuando se menciona el «sexo compartido», se habla de relaciones entre un hombre y una mujer. Entendemos perfectamente que esto pueda frustrarte si vives relaciones afectivo-sexuales alternativas. No obstante, creemos que gran parte de lo que leas en este libro o en los que señalamos en la bibliografía puede iluminar también la sexualidad entre mujeres. Desde ya te pedimos disculpas si no te sientes visibilizada como desearías. Esperamos que, en el futuro, encuentres más material disponible sobre este tema y enfocado desde una perspectiva inclusiva a todas las circunstancias. No obstante, Diana Richardson, a quien hemos citado en numerosas ocasiones a lo largo de estas páginas, dedica un capítulo entero a las parejas del mismo sexo en su libro *Orgasmo tántrico para mujeres.*

Nuestra experiencia nos dice que en los talleres de Tantra se suele experimentar mucha hermandad y facilidad para sentir intimidad y gozo entre mujeres, celebrando en todo momento la feminidad compartida. Algunos de los ejercicios propuestos en los talleres de Tantra animan a las mujeres a experimentar en ellas mismas la energía sexual masculina, su recorrido y las sensaciones energéticas asociadas trabajando con un hombre que, a su vez, experimenta la energía femenina en su cuerpo. Se trata de experiencias muy gozosas, sublimes y de gran intimidad.

En resumen, consiste en llevar la meditación a todas las áreas de la vida, incluida a la sexualidad. Si deseas profundizar más en el maravilloso mundo del Tantra, puedes consultar la bibliografía que adjuntamos al final del libro. Además, también te animamos a ver algunas películas relacionadas, que hemos considerado interesantes para ampliar tus conocimientos sobre el Tantra. Entre ellas, destacamos: *Bliss, el amor es éxtasis*, una película de Hollywood en la que podrás ver a un maestro tántrico transmitir sus enseñanzas a personas corrientes, como tú o como yo; así como *No mires para abajo*, una película donde una mujer enseña a un hombre joven e inexperto las artes de amar de una manera dulce e inocente. Esta última es una buena manera de introducirte al Tantra y un buen ejemplo de cómo podemos ser líderes en el despertar de nuestro potencial sexual. Porque, recuerda: a veces, ¡una imagen vale más que mil palabras!

¿Qué aporta el Tantra a nuestra sexualidad?

A continuación, nos gustaría compartir contigo algunas de las aportaciones más significativas del Tantra a la sexualidad femenina.

Todas las mujeres somos orgásmicas, pero la mayoría lo desconocemos

Para el Tantra, todas las mujeres somos orgásmicas. Tan solo que la mayoría lo desconocemos. Diana Richardson[154] afirma que todas las mujeres tenemos la capacidad para experimentar el sublime placer del orgasmo y para vivir el sexo con plenitud. Sin embargo, pocas

154. Richardson, *op. cit.*

mujeres poseemos el dominio de nuestras experiencias orgásmicas. De hecho, no sabemos suficiente sobre cómo crear intencionadamente un estado orgásmico o cómo aprovechar el don del orgasmo. Por desgracia, la realidad es que las mujeres solemos vivir una sexualidad empobrecida y muy por debajo de nuestras posibilidades. Con el paso de los años, muchas mujeres se sienten decepcionadas con su vida sexual en pareja e, inevitablemente, eso acaba afectando al amor. Si vivimos una sexualidad empobrecida, el hombre —o la mujer, si es ella nuestra pareja— también verá empobrecida la suya. En este contexto, es lógico que tengamos dificultades para alcanzar el orgasmo, o que sintamos que el sexo ya no es tan atractivo como antes, aunque sigamos deseando ternura y contacto sexual.

¿Cuál es la vía para ser orgásmicas?

El orgasmo no es un destino al que se llega cada vez que queramos, ni cada vez que hagamos las cosas que hay que hacer o que tengamos los pensamientos que hay que tener. No, el orgasmo es más bien un estado del ser que aparece de manera natural cuanto más relajadas estamos en relación con el sexo. En la relajación, la mujer se abre a su mundo interior, colocándose ella misma bajo el foco de su propia atención. Y, al hacerlo, pone de manifiesto el exquisito juego mutuo de la energía activa masculina y de la energía receptiva femenina; algo que germina en un prolongado placer, tanto para el hombre como para la mujer.[155]

Está claro que todas las mujeres tenemos esta posibilidad, sin embargo, debemos despertarla. Y tenemos que hacerlo para nosotras mismas, no para satisfacer a nuestra pareja o amante. Para ello, el primer paso es relajarnos, enfocarnos hacia dentro y hacia lo sutil. Recuperar nuestro poder femenino.

El problema es que desconocemos nuestro verdadero yo sexual, nuestras posibilidades superiores y también el camino que nos con-

155. *Ibíd.*, p. 18.

duce a ellas. Nuestra experiencia sexual convencional no es lo bastante sensitiva en lo físico, ni lo bastante preceptiva en lo psicológico para posibilitar experiencias sexuales sublimes. Para ser tocadas por la gracia divina hay que crear, primero, espacio para ello.

Para ser orgásmicas necesitamos revalorizar las cualidades femeninas

La ausencia de orgasmo se debe básicamente a una falta de conexión con el cuerpo y con su sensibilidad interna; o sea, con su sentido kinestésico

Nuestro convencional y socialmente condicionado punto de vista sobre el sexo es lineal y unidimensional, adoleciendo además de falta de equilibrio, inteligencia y penetración espiritual. A menos que nos enseñen de jóvenes todo nuestro potencial sexual, heredamos un condicionamiento sexual por el solo hecho de formar parte de nuestra sociedad; por estar rodeados de una mala información que absorbemos de manera inconsciente. Rara es la persona que puede acceder a la dimensión sublime del sexo; la mayoría de nosotras estamos condicionadas y vivimos la vida ajenas a cualquier alternativa sexual.[156]

Según Richardson, como consecuencia del condicionamiento femenino inconsciente en nuestra sociedad, las cualidades esenciales de la mujer a menudo se distorsionan de la siguiente manera:

⅄ la suavidad pasa a ser debilidad
⅄ la receptividad, pasividad o resignación
⅄ la capacidad de cuidar, dominancia

156. *Ibíd.*, pp. 18-20.

- la belleza de la entrega al otro, sumisión
- la capacidad de esperar, indolencia
- el amor, celos
- el uso de atributos femeninos, manipulación
- el placer de relajarse y no hacer nada, holgazanería
- la fluidez, superficialidad
- la libre expresión de los sentimientos, sentimentalismo o dramatismo
- la intuición y las cualidades psíquicas, paranoia e histeria
- la habilidad de permitir que los acontecimientos se desarrollen por sí mismos se toma por indecisión o falta de iniciativa
- la sensibilidad se confunde con el victimismo o el miedo
- la apreciación de la belleza se toma por culto a la apariencia externa
- el instinto de protección, por una obsesión por la seguridad
- la entereza silenciosa se ve como una dependencia masoquista
- la conciencia de estar conectada con el universo se confunde con imprecisión, distanciamiento y falta de definición personal.

En nuestra sociedad, lo que se acepta como experiencia sexual «normal» supone la esclavización de las mujeres a una expresión de la sexualidad propia de los hombres, lo cual no deja espacio para la expresión del polo femenino de la experiencia sexual. Así, llegamos a la insatisfacción y a la disfunción sexual. Que la mujer pueda encarnar las cualidades receptivas femeninas no distorsionadas son esenciales para que la mujer y el hombre alcancen el estado orgásmico. Y, para cultivar nuestras cualidades femeninas positivas, podemos invocar las cualidades de las diosas[157] o, en el caso del Tantra, a Durga, Kali, Uma y Parvati.

157. Para más información, véase apartado 3.4, «Conoce tu arquetipo de diosa predominante», p. 114.

Las diosas tántricas[158]

Invocar la energía de las diosas nos ayuda a recuperar nuestro poder femenino y a reconectar con nuestras cualidades femeninas no distorsionadas. Te invitamos a dejarte sentir qué cualidades de estas divinidades ya están en ti y cuáles necesitas invocar en cada momento de tu vida.

Durga: la madre que nutre

Durga es la diosa madre, la defensora y protectora de la familia. Es sabia, amorosa, paciente y compasiva con todos sus hijos. También es una poderosa guerrera, trabajadora incansable, justa y libre. Durga no se deja encarcelar.

Gran defensora de la luz y la verdad, tiene un gran poder de crear y defender la luz y de destruir la oscuridad. Es capaz de sanar y de mantenerse serena en situaciones de gran abatimiento.

Defiende su casa, su familia y lucha por la supervivencia. Corta la cabeza a quien ponga en peligro su familia o su relación de pareja.

Se representa con diez brazos, que simbolizan su poder. Armada y desafiante, está montada en un tigre.

Cuando sintonizamos con la energía de Durga de un modo consciente, nos sentimos confiadas, relajadas, fluimos y llegamos a todo lo realmente importante. Y si no llegamos, nos permitimos que así sea.

Cuando la energía de Durga no es consciente, somos controladoras, nos creemos omnipotentes, perdemos los nervios, queremos llegar a todas partes, nos exigimos y exigimos a los demás, gritamos a nuestras parejas y pegamos a nuestros hijos.

¡Cuando sientas que te pones en este femenino distorsionado, o cuando necesites su poder transformador, apela o activa la energía de Durga!

158. Información recibida en talleres de Tantra impartidos por Ronald Fucks (*www.amritatantra.com*) y por Mónica Miranda (*https://tantramonicaymarc.blogspot.com.es/*).

Kali: la destructora del ego, de la mentira y de la ilusión.

Kali luce un gran collar de cabezas masculinas con bigote (símbolo de la estupidez, de los pensamientos burdos, del ego) y se viste con una falda hecha de brazos (símbolo del tacto no consciente). Tiene cuatro brazos. Danza encima del pecho de Shiva (deidad masculina), que está encantado con ella y se ofrece a ella gustoso.

Kali es la diosa que destruye lo «malo», no soporta la ilusión del ego. Aunque parezca dura es la dureza que encarna el amor auténtico, el amor que transforma. No conoce rencor ni venganza.

Cuando su pareja está poco presente —castigándola con su falta de presencia, consciente o inconscientemente—, Kali se queja, acusa, culpabiliza, y solo se calma cuando vuelve a sentir la presencia plena de su amado. Kali necesita ser escuchada en su verdad. Necesita escuchar: «Estoy aquí para ti, escucho lo que me dices» y que sea una escucha auténtica, no palabras vacías.

¡Cuando la tocan burdamente, o sin consentimiento, corta los brazos y la cabeza del que lo hace! Cuando siente que su amante la engaña, lo confronta con fuerza. Tampoco acepta que su amante se acomode, no crezca o se vuelva pasivo. Destruye los hábitos repetitivos, la rutina, lo que ya no sirve.

Kali es la que dice no en la cama y en el trabajo, la que pone límites claros en todas las áreas de su vida.

Kali está centrada en sí misma, se comunica conscientemente; puede decir «cuando estés más tranquilo/a, hablamos», pero si la otra persona la ataca y ofende, también le puede decir: «¡Vete a la mierda!». Kali es valiente, no le da miedo el conflicto ni poner límites.

¡Por lo tanto, si te cuesta poner límites, validar tu saber y sentir, invoca la energía de Kali!

La gran herida que tenemos las mujeres es que nuestra Kali no es aceptada ni amada. Si nuestra Kali no es reconocida podemos llegar al resentimiento, la culpa y la amargura, y perdemos el poder, la fuerza y la autenticidad de la diosa.

Uma: la danzarina del templo

Uma significa «Oh, no», expresión que utilizó la madre de Uma cuando supo que su hija quería dedicar su vida a la realización de méritos para estar más cerca de la divinidad. Uma lo hace todo por devoción a lo divino. Danza y seduce para llevar a Dios al corazón de los hombres y así poder llegar unidos —lo femenino y lo masculino— a Dios. Uma rescató a un gran Dios de su letargo, de su sufrimiento.

A medida que el masculino incorpora lo divino, Uma se conecta con Parvati. Uma devociona la divinidad en su hombre. Uma es Parvati cuando era muy jovencita.

La persona que vive con una mujer con una Uma muy fuerte tiene que saber que ella conseguirá que todas las personas la adoren. Si no tiene la solidez suficiente, puede entrar en competencia e incomodidad ante tanto brillo, y puede intentar reprimir a Uma o alejarse de ella. Si en vez de eso, la apoya y bendice su don, si puede ver que seduce para un fin espiritual y que le es extremadamente fiel, entonces fluirá el amor y la felicidad entre los dos. Ella atraerá bendiciones para todas las personas con las que se relaciona, y la primera persona bendecida será su pareja.

La Uma consciente es sensual y poderosa porque se ama a sí misma y también sabe amar. Se sabe hermosa, se cuida, disfruta de su cuerpo. Enamora a todos los hombres, pero ella sabe muy bien a quién elegir, ella decide quién es su pareja. Uma baila para sí misma y para Dios, baila para sentirse plena. Uma nos transmite que no hay belleza sin conciencia. Es la mujer que desea hacer el amor y disfruta del encuentro amoroso.

Cuando Uma es inconsciente, es una mujer vacía que busca el amor con avidez, no se ama a sí misma y va al encuentro de la mirada de los hombres para olvidar su vacío interior. Uma inconsciente se relaciona con hombres que no la valoran, pues ella no se valora a sí misma.

Parvati: el vínculo de pareja

Es la más poderosa de todas las diosas y las incorpora a todas, es la unificación de todas ellas. Es la fiel consorte de Shiva y está en su mismo nivel de conciencia. Es la *shakti* —principio femenino— completa.

A Parvati le encanta estar en pareja, acompañar y ser acompañada. Gran seductora de su pareja, le encanta satisfacerla desde el amor (no desde el servilismo).

¡Si tienes una pareja con una Parvati muy activa, celébralo! ¡Y recuerda que ella también necesita recibir!

Cuando Parvati es inconsciente, queremos tener pareja a toda costa, sentimos que sin una pareja «no somos suficiente», no sabemos estar sin una y tenemos mucho miedo a «morir solas».

¿Te atreves a cuestionar la forma de sexualidad predominante?

... El Tantra utiliza el acto sexual para integrarte, pero tendrás que adentrarte en él muy meditativamente, olvidando todo lo que has oído sobre el sexo, lo que has estudiado acerca de él y lo que la sociedad te ha dicho, o lo que la Iglesia, la religión y tus profesores te han dicho... Olvida todo eso e implícate totalmente.[159]

Aceptamos la forma predominante de sexualidad porque «siempre se ha hecho así» e ignoramos que existen alternativas.

De hecho, de lo que muchas veces no nos damos cuenta es de que los hombres también se beneficiarían de una sexualidad más femenina. Al descubrir que orgasmo no es sinónimo de eyaculación, pueden vivir el acto sexual de forma más satisfactoria, en que la energía se expande por el cuerpo hacia arriba, sin eyaculación. De esta mane-

---

159. Osho, *Tantra, espiritualidad y sexo, op. cit.*

ra, los tiempos del hombre y de la mujer se armonizan, y el acto amoroso se puede alargar incluso a unas cuantas horas.[160]

El Tantra propone a las mujeres entrar en un estado de tranquilidad y receptividad; en el elemento femenino no distorsionado, perceptivo, espontáneo, sensitivo e interno. Se trata de un estar abiertas a recibir amor y estar absolutamente presentes en nuestras sensaciones físicas más sutiles.

Cuando hablamos de «amor» no nos referimos al amor romántico, sino de estar abiertas a un toque consciente y respetuoso, a la presencia amorosa de la persona que tenemos delante o de nosotras mismas, abiertas al Amor en mayúsculas, sea cual sea su fuente.

Olvídate de metas. Solo existe el momento presente

En el instante del amor,
el pasado y el futuro no existen.
El amor te abre al infinito,
a la eternidad de la existencia.[161]

Ya no hay una meta a la que llegar, sino un estado de presencia en el aquí y el ahora donde celebramos lo que sucede en este instante. Tampoco hay ninguna sensación que tener. Solo existe el momento presente.

«Orgasmo» proviene de «orgía»

La palabra «orgasmo» procede del latín, *orgia*. La orgía era una ceremonia pagana de agradecimiento a la madre Tierra, en la que los asistentes —grupos muy numerosos— entraban en éxtasis. Sus cuerpos sentían la energía divina, y en sus mentes se paraba el tiempo. Conseguir ese estado era una forma de expresar gratitud a la Tierra.

---

160. Richardson, *op. cit.*, pp. 20-21.
161. Osho, *Tantra, espiritualidad y sexo*, *op. cit.*, p. 21.

En la ceremonia bailaban y cantaban al compás de tambores; llegaban a estados de gran sensibilidad y sensualidad. Estas celebraciones eran toda una experiencia sensual y espiritual.[162]

Anécdota

En un curso de mujeres me explicaron la siguiente historia:

¿Sabéis de dónde viene la palabra «prostituta»? Prostitutas eran las sacerdotisas de los templos dedicados a la madre naturaleza. Cuando un hombre y una mujer se enamoraban, estas sacerdotisas enseñaban a los hombres a dar a una mujer siete orgasmos antes de penetrarla. Les enseñaban las artes amatorias y la sexualidad sagrada. Los hombres, a cambio, portaban presentes al templo. Así se aseguraban de que las mujeres de la comunidad fueran tratadas como se merecían, y los hombres se sintieran poderosos al ser capaces de dar placer y presencia a sus amadas; de este modo la felicidad reinaba en la comunidad.

(En el mismo curso me explicaron que María Magdalena era una de estas sacerdotisas del sexo sagrado.) Puedes navegar por internet con la palabra «prostitutas sagradas» «hieródulas», «sacerdotisas de Afrodita» y verás diversas opiniones al respecto.

En nuestra sociedad patriarcal, el cuerpo físico ha perdido importancia a favor de la mente. Hemos perdido el acceso a la espiritualidad por medio del cuerpo, del orgasmo. La energía sexual es inconscientemente reprimida y con ello la creatividad disminuye. Para el Tantra, muchos de los males de nuestra sociedad como, por ejemplo, la violencia o el desconcierto general, tienen que ver con una sexualidad insana, poco nutritiva. La sexualidad predominante no nos regenera ni nutre lo suficiente.[163]

Los humanos estamos hechos para experimentar estados alterados de conciencia durante el encuentro sexual que nos generen una experiencia de unión con la totalidad de la existencia. De esta forma,

162. Richardson, *op. cit.*, p. 27.
163. *Ibíd.*, p. 28.

el taoísmo en China y el Tantra en la India, nos enseñan a canalizar la energía sexual de forma ascendente.

En el juego sexual se trata de alinear los genitales masculino y femenino, generando una energía que se desplaza hacia arriba, a través de canales internos hasta llegar y retornar a las glándulas endocrinas «maestras» del cerebro (principalmente la pituitaria y la pineal), que son la fuente principal de toda información hormonal.[164]

«Cuando la energía se eleva en espiral, produce una vitalidad que irradia de todo el ser. Uno se siente celularmente empapado de satisfacción, amor y paz. El sexo experimentado de esta forma es fortalecedor. No se libera energía, se produce, lo cual vigoriza el sistema inmunológico y propicia toda clase de creatividad.»[165]

Si la mujer desconoce su cuerpo y su potencial sexual, es fácil someterla a una sexualidad patriarcal. Por desgracia, los hombres tampoco conocen el cuerpo de la mujer y ni siquiera el suyo propio. Si las mujeres nos conectamos con nuestra intuición, si nos escuchamos y sentimos dentro de nosotras, podemos liderar esta sexualidad generativa y el amor que le sigue. Además, el hombre —o tu amante mujer— debe aprender a «hablar» al cuerpo femenino para subir por él en espiral. La mujer solo aceptará ser penetrada cuando su cuerpo esté preparado y entonces su sexo absorberá al del hombre, sin necesidad de forzar la penetración. En este momento, se dará una danza sinuosa entre dos cuerpos. Una experiencia como esta, en la que se permite a la mujer empoderarse y tomar conciencia de su propio potencial, también empodera al hombre en una nueva masculinidad.[166]

Las mujeres hemos de aprender a mantener una relación amorosa con nuestro cuerpo, dejar de juzgarlo, sentirlo desde dentro en vez de «verlo» desde fuera. Se trata de que despertemos nuestros sentidos para, así, transformar la atmósfera que nos rodea. El Tantra

164. *Ibíd.*, p. 30.
165. *Ibíd.*, p. 31.
166. *Ibíd.*, pp. 32-33.

nos invita a mantenernos serenas y receptivas, relajadas y centradas en la energía que emiten nuestros pechos, sintiéndonos una con nuestra vagina, notando su relajación y receptividad a lo largo de todo el encuentro sexual.

Según Osho, «el orgasmo es un estado en el que tu cuerpo no se siente como materia; vibra como energía, como la electricidad. [...] solo hay ondas de energía; te conviertes en una energía danzante, vibrante».[167]

Es importante señalar que, cuando hablamos de orgasmo femenino, existen tantas clases de orgasmos como mujeres que los experimentan.

Orgasmo de pico y orgasmo de valle

Según el Tantra, hablamos de dos tipos de orgasmo, el de pico y el de valle, y hay una gran gama de experiencias entre uno y otro. Lo que distingue el orgasmo de pico del de valle es la base en la que se asientan: el de pico tiene su base en un progresivo aumento de excitamiento, el de valle en un estado de relajamiento.[168]

El orgasmo de pico

El logro del orgasmo de pico conlleva una actitud de búsqueda, tenemos una meta: llegar al orgasmo. Se trata de una actividad lineal, con intención, en la que la mente interviene y hacemos cosas para conseguir llegar a la meta. Hay esfuerzo físico y movimientos mecánicos y repetitivos de la pelvis que van ganando velocidad. Se va acumulando tensión muscular y la energía se concentra en los genitales. Este orgasmo puede durar máximo unos diez segundos y tiene un principio y un final bastante definido. La energía se mueve hacia abajo y hacia fuera. Hay excitación y una placentera descarga de energía. Después del orgasmo desaparecen las ganas de hacer el amor.

167. Osho, *Tantra: La comprensión suprema*, en Diana Richardson, *op. cit.*, 2004, p. 36.
168. Richardson, *op. cit.*, p. 39.

El orgasmo de valle

En la experiencia de valle la actitud es muy diferente: no hay expectativa de llegar al orgasmo, no hay ningún lugar a dónde ir ni una experiencia que vendrá en un momento futuro. En su lugar, hay una vivencia atemporal de presencia en el *aquí y el ahora*, no hay destino, sino camino. En la vía del valle *estamos más y hacemos menos*, nos mantenemos en un ritmo lento, perezoso, evitamos esforzarnos y tensarnos. Si hay penetración, es muy lenta, al igual que son lentos los movimientos de la pelvis. Se genera energía en los genitales que se expande a otras zonas del cuerpo. Puede haber excitación seguida de momentos de relajación, la excitación no se provoca o aviva, sino que se es consciente de los movimientos internos de energía, en la sutileza de las sensaciones que acontecen. Para ello es necesario mantener los músculos relajados, las paredes de la vagina relajadas y permanecer en el *no hacer*. Se trata de despertar la sensibilidad interna. El orgasmo de valle es un proceso sin comienzo ni final específico, es un proceso que puede durar unos instantes o unas horas, se trata de un estado de conciencia, una experiencia ajena al tiempo.

«La energía entra, se expande y se proyecta a raudales hacia arriba. En vez de ser descargada o liberada desde el cuerpo [...] genera vitalidad y creatividad.»[169]

El Tantra nos propone que experimentemos la vía del orgasmo de valle en nuestros encuentros sexuales. Pero ¿cómo? En primer lugar, hemos de confiar en la relajación y en nuestra receptividad, es decir, en nuestra polaridad femenina. Y dado que el patriarcado ha menospreciado «lo femenino», este camino no va a ser fácil para nosotras, mujeres occidentales.

La propuesta que te hacemos es, por lo tanto, la siguiente: «En

169. *Ibíd.*, p. 41.

vez de intentar que algo suceda, tú simplemente recibe, y sé, y absorbe la energía en el centro de tu cuerpo a través de la vagina [...]. La mayor diferencia estriba en la actitud y en el estado de conciencia de la mujer dentro de ella misma; en la disposición de esta para irrumpir en su verdadero espíritu femenino».[170]

A menudo las mujeres occidentales hemos hecho de la vida sexual una «prueba» más, un lugar donde hemos de «esforzarnos» o hacer para tener «éxito», un lugar más de competición y esfuerzo —que no son otros que los valores del patriarcado—. Sin embargo, el Tantra nos invita a probar otra manera de acercarnos al sexo, ni mejor ni peor que la que ya conocemos. Simplemente, distinta. ¿Te atreves a darle una oportunidad?

Relajación y orgasmo (más satisfactorio) van de la mano

Los orgasmos de pico y de valle son más satisfactorios si estamos relajadas. Cuando relajamos una parte del cuerpo la energía se expande y puede fluir mejor. Si nos relajamos, aumenta nuestro estado de conciencia, nuestra sensibilidad corporal y nuestra conexión emocional. Al relajarnos, conectamos con las cualidades esenciales de la energía femenina.

El orgasmo de pico no es lo más importante. Para valorar tu experiencia después de un encuentro sexual, pon atención a cómo te sientes «después».

Efectivamente, el Tantra nos pregunta: ¿cómo te sientes después de un orgasmo de pico? ¿Y cómo te sientes después de la experiencia de valle? ¿Te sientes plena? ¿Llena de energía? ¿Amorosa? Si es así, sea cual sea que haya sido la experiencia, ha sido buena para ti.

---

170. *Ibíd.*, p. 43.

Una mujer comparte su experiencia

Mi experiencia en el Tantra es que cuando me he sentido tocada con presencia y sutileza, cuando he sentido que mis pechos o genitales no eran «cosas» que se «manejan» para conseguir la excitación o el orgasmo, sino partes sagradas y veneradas, cuando no he sentido la presión de la «meta», mi cuerpo se ha relajado y mi corazón se ha emocionado. Estos encuentros se han grabado para siempre en mi memoria, son mágicos y sanadores.

De la misma manera, después de un taller de dos horas de Tantra, he conseguido aflojar mi cuerpo, respirar conscientemente, sentir intimidad con los compañeros por medio de la mirada consciente y blanda, sentir la energía que circula por mi cuerpo y despertar los movimientos y sonidos espontáneos que se suceden (hace poco entendí que, si la respiración se libera, se producen de un modo espontáneo —sin que mi mente intervenga— los movimientos pélvicos propios del encuentro sexual). El resultado es un estado de plenitud y alegría profunda, una sensación de «globo» (me parece que estoy bajo los efectos de una droga). Estos estados me proporcionan un gozo similar al de uno de mis partos y al gozo de los mejores encuentros sexuales de mi vida.

Me parece extraordinario sentir que no necesito «hacer nada», solo respirar, llevar la atención a mi cuerpo y mi respiración y así, cuando acontece, sentirme vibrar, sentir que estoy haciendo el amor desde el corazón.

La propuesta del Tantra es la siguiente: valora lo sublime del baile que has bailado, las delicias del proceso, la belleza del encuentro, la unión espiritual que has sentido con tu amante, con la vida, en vez de luchar por «lograr un orgasmo» y luego *chao*. Ojo con algunas personas, porque existe la descabellada idea —fruto del narcisismo— de que tan solo somos «buenos amantes» si tenemos y damos orgasmos. Por lo tanto, el orgasmo no es algo que tengamos que pedir, esperar o perseguir. Las expectativas siempre generan frustración. Además, tampoco hay que tener orgasmos cada vez que hacemos el amor. Olvídate del orgasmo. ¡Sé orgásmica!

Astiko, gran maestra de Tantra, suele decir: «Relájate, déjate caer dentro de ti, nada que hacer, ningún lugar a donde ir». No obstante, somos conscientes de que aprender a vivir de esta manera supone un proceso lento porque es absolutamente contradictorio a los cánones que marca nuestra sociedad. «Cuando no estás en la mente, estás orgasmeando.»

Y así, cuando hagas el amor, no pienses tanto en el orgasmo, acoge y recibe en tu cuerpo al «invitado», y pon toda tu atención en las microsensaciones en todo tu cuerpo, y, si hay penetración, pon toda tu atención en las microsensaciones de tu vagina. Mantente en calmada meditación. El orgasmo no es necesariamente una explosión, puede ser una relajante sensación de sentir que flotas en el espacio, fundida en la luz y empapada de amor universal. Y puede ser que, en este valle, en este estado orgásmico, sin esfuerzo, emerja un pico de energía, sin que tú ni nadie haga esfuerzo alguno.

¿Cómo conseguir un estado orgásmico?: una cuestión de polaridad

Para conseguir un estado orgásmico debe haber un encuentro entre la polaridad femenina y la polaridad masculina. Se establece así una corriente de energía sutil que produce el estado orgásmico. Hombres y mujeres tenemos dentro de nuestro cuerpo una polaridad positiva —masculina— y otra negativa o receptiva —femenina—. Las mujeres emitimos energía por los pechos —nuestro polo positivo— y recibimos energía por la vagina —nuestro polo negativo—. Los hombres, sin embargo, reciben energía por el corazón y el pecho —su polo negativo— y emiten energía por su pene —su polo positivo.

Entre los polos opuestos del cuerpo de la mujer se establece una corriente de energía sutil —también llamado eje de magnetismo— ascendente y en espiral que es la causa de la experiencia orgásmica. Por lo tanto, la causa del orgasmo femenino está dentro de nuestro cuerpo.[171] En el hombre también hay una corriente electromagnética entre sus dos polos internos, el positivo y el negativo.

Para el Tantra, por consiguiente, el ser humano es autoextático: si se da el entorno adecuado, podemos entrar en un estado de éxtasis sin que exista una relación con otro cuerpo.

171. *Ibíd.*, p. 56.

Una mujer comparte su experiencia

En cada taller de Tantra me es un poco más fácil sentir momentos de éxtasis. Mi mente todavía interfiere y me queda un largo camino,... pero poco a poco voy acercándome a ser «más cuerpo» y «menos mente».

En el último encuentro estuvimos respirando solas, estiradas, poniendo mucha conciencia en la respiración y abriendo y cerrando brazos y piernas al ritmo de esta. Astiko nos iba recordando que nos centráramos en las sensaciones. No sé qué me pasó, pero la verdad es que al final, en cada expiración, todo el cuerpo se me movía, vibrando, y la sensación era muy agradable, de mucha paz.

¡Después me sentí dichosa y alegre, llena de energía, como si hubiera hecho el amor!

Por lo tanto, la experiencia orgásmica no depende de lo que «haga» la otra persona o de lo que hagamos nosotras mismas, sino de relajarnos y de generar o sentir el eje de magnetismo interior.

Según Diana Richardson, «la dicha solo requiere tres elementos esenciales: intemporalidad, ausencia de egoísmo y naturalidad. [...] Dando marcha atrás y recuperando, en lo sexual, a nuestras inocentes, naturales y desprendidas identidades, entramos en un ámbito donde el tiempo se difumina y la dicha desciende».[172]

Podemos crear el circuito energético que nos lleva al estado orgásmico solas con nosotras mismas, o buscar la compañía de un hombre para reactivar y dar vida a nuestro opuesto interno. Al unir el cuerpo de un hombre y una mujer, los polos se atraen mutuamente: el corazón de la mujer —polo positivo— con el corazón del hombre —polo negativo— y la vagina de la mujer —polo negativo— con el pene del hombre —polo positivo.

El círculo de luz

De esta manera se crea una corriente energética entre estos dos imanes y acontece el circuito energético siguiente: la mujer recibe energía en su vagina, la canaliza hacia arriba y la irradia hacia el hombre (de los pechos de ella al corazón de él) quien, a su vez, la recibe y

172. *Ibíd.*, p. 57.

la dirige a su pene para volverla a irradiar hacia la mujer, que la recibe en su vagina y la vuelve a canalizar de forma ascendente. A este circuito energético se le llama «círculo de luz». La mujer recibe energía, se vigoriza, y la devuelve al hombre, que, a su vez, le da a la mujer. Se crea una comunicación energética fortalecedora. Este fenómeno se puede experimentar con o sin contacto físico. De hecho, si el contacto es «demasiado apretado» o con tensión, puede perderse la sensación energética del «círculo de luz».

Como dice Diana Richardson, «debe haber una clase de porosidad que sirva para que el otro respete la energía de tu cuerpo, la cual, [...] se extiende más allá de tus límites físicos. En el encuentro poroso, un abrazo puede durar varias horas, durante el cual las energías de los cuerpos se van fundiendo entre sí cada vez más. Lo normal es que en el contacto físico no pensemos en la energía corporal de la otra persona; sin embargo, todos tenemos una, aunque algunos tengamos más conciencia de ella o seamos más sensibles a ella que otros».[173]

El Tantra nos invita a practicar el círculo de luz, pero, con «actitud tántrica», con «inocencia», sin convertirlo en una meta.

«La feminidad que surge a través de un estado de conciencia interno posee un magnetismo mágico. [...] La mujer, al ser amada, se convierte en amor cuando el centro del corazón se hace más y más vibrante. Los estados orgásmicos comienzan a formarse cuando te relajas en la cooperación electromagnética dentro y entre un cuerpo femenino y otro masculino.»[174]

Una vez más, te recordamos que cuando en Tantra hablamos de amor, ¡no estamos refiriéndonos al mito del amor romántico! Hablamos de amor universal, de la aceptación amorosa de lo que está sucediendo y de la veneración al cuerpo y alma propios y de la persona o personas con las que estamos compartiendo la experiencia.

173. *Ibíd.*, p. 60.
174. *Ibíd.*, p. 61.

Los siete centros de energía, los chakras, de las mujeres y los hombres se atraen porque tienen cargas energéticas contrarias. En la mujer el primero es negativo, el segundo positivo, el tercero negativo, el cuarto positivo, el quinto negativo, el sexto positivo y el séptimo negativo. En el hombre la polaridad es inversa. Como ves, hombres y mujeres somos como «pilas», nos atraemos al tener cargas opuestas en cada uno de los chakras.

El Tantra nos invita a conocer y a valorar nuestro magnetismo interior. Si restablecemos el flujo energético interno de nuestro cuerpo, nuestra salud y bienestar aumentarán. A las mujeres, nos invita a concentrarnos en lo que pasa en nuestros senos y nuestra vagina. El Tantra considera que, en el sexo convencional, nuestra vagina y nuestros senos están muy mal utilizados. De hecho, los pechos de la mujer son esenciales para alcanzar el orgasmo. ¡Han de ser los primeros en ser activados!

Ahora que conocemos el circuito energético que provoca el estado orgásmico (la corriente electromagnética entre nuestro pecho y nuestra vagina), podemos crear esta experiencia de un modo consciente. Cuando hay complejos respecto a los pechos o cuando hay traumas y dolor acumulado en ellos, la energía no puede fluir de la forma natural, y el estado orgásmico no sucede.[175]

175. Véase apartado 4.1, «Dificultades y trastornos sexuales», p. 287.

Meditación guiada para activar tus pechos, aceptarlos sin condiciones y sentir o visualizar el circuito energético entre tu pecho y tu vagina.

(Si estás muy mental o muy tensa, puedes hacer la primera parte de la meditación guiada de la página 209 para relajar tu cuerpo y prepararte para esta meditación.)

Siéntate con la columna recta y la barbilla ligeramente inclinada hacia el pecho. (Si no puedes mantener la postura sentada —una silla, sillón o un cojín de meditación te pueden ayudar—, también puedes hacer la meditación echada.)

Haz unas respiraciones conscientes, déjate caer dentro de ti.

Siente tu corazón e imagina que en él se halla una fuente que emana una luz limpia y brillante, dorada, blanca o de un color claro que sea bonito para ti. Esta luz es sanadora y está llena de paz. Siente o visualiza cómo la luz va surgiendo de tu corazón y va iluminando el espacio que se encuentra entre tus axilas. Pon toda tu atención en esta zona de tu cuerpo. Siente o imagina cómo se ilumina cada órgano, tejido, espacio y célula que se hallan en tu pecho. Al ser iluminada por la luz de tu corazón, las células se expanden, se relajan y sonríen... Es una energía de aceptación y amor incondicional hacia ti misma. Siente tu respiración y tus pechos desde dentro. ¿Cómo te estás sintiendo? (Haz unas respiraciones.)

Imagina ahora que la luz dorada sigue emanando de tu corazón y va expandiéndose hacia tus brazos y manos, cabeza, resto del tronco, órganos sexuales, genitales, piernas y pies. La luz va regenerando todos los tejidos, hasta que rebosa por todos tus poros e ilumina también el espacio que te rodea, hasta medio metro alrededor de ti.

Cuando sea tu momento, imagina que, al inspirar, la energía sube desde tu vagina por tu columna vertebral hasta tus senos y mientras expiras puedes sentir o visualizar que la energía desciende desde tus senos hasta tu vagina por la parte delantera del tronco.

Se crea así un circuito energético entre tu polo positivo (tus senos) y tu polo negativo (tu vagina). Haz unas cuantas respiraciones sintiendo este «círculo de luz». Date cuenta de cómo te vas sintiendo dentro de tu piel; atiende a tus sensaciones corporales y energéticas.

Cuando sea tu momento, mueve los dedos de las manos y los pies, abre los ojos y recoge la información de lo que ha acontecido en esta visualización.

¡Si ha sido agradable y sientes que es beneficiosa, repítela a menudo!

Así que, ya sabes, acostúmbrate a conectarte con tus senos desde dentro varias veces al día: siéntelos, sujétalos, mímalos, nota la energía que fluye de ellos. Vivimos en una sociedad muy visual, por eso, ponte, con mucha presencia y amor, cada día aceite o crema en los pechos. No lo hagas de forma mecánica y mirándolos con mirada de juicio. Cierra los ojos y siente el masaje, las sensaciones que acontecen en ellos mientras los masajeas. Y cuando hagas el amor estate atenta a ellos en todo momento.

Si vives el encuentro sexual teniéndolos presentes, es probable que aparezcan emociones. Puede pasar en cualquier momento del encuentro sexual. Eso significa que estás sanando el dolor que se acumuló energéticamente alrededor del corazón. A medida que sanes viejas heridas, la sensibilidad y receptividad de tus pechos aumentará. Te invitamos a expresar estas emociones: llora, grita, respira lo que sea que suceda. ¡No hace falta que lo entiendas, simplemente, vívelo!

Muchas pacientes nos han hablado de procesos curativos vividos gracias al sexo: tetanias y accesos de lloro después del orgasmo. Mantente presente y acepta y honra estas «crisis de sanación». ¡Alégrate!, con estas «crisis de sanación» tu energía sexual ha purificado tu canal energético central, es decir, la cadena de los siete chakras.

Recuerda:

Los pezones irradian energía. Equiparables a la cabeza del pene masculino, nuestros pezones irradian energía. Cuando sientas el interior de tus senos, presta a los pezones la máxima atención. Son muy sensitivos y por ello demandan un trato exquisito lleno de amor y respeto (ten en cuenta que la sensibilidad de los pezones puede cambiar a lo largo de la vida de una mujer).

Muestra a tu pareja cómo te gusta que trate tus pechos. Enséñale, muéstraselo y hazlo tú de la manera que sientas que tus pechos son honrados y amados. Procura que el roce provoque la expansión de tu energía corporal más que excitamiento o estimulación.

Evita todo aquello que genere contracción, retirada o cierre de tu energía corporal. La energía se contrae o se expande, esta es la brújula que te indica el camino. Si algo en ti se contrae es que no es bueno para ti, al menos en este momento. Retírate un poco, vuelve a ti. Pon límites si lo necesitas.

Mientras haces el amor, toca tus senos a menudo con un toque femenino, presente, relajado. Así aumentará la conexión con tu experiencia interna. Hazlo de la manera que te guste, con las manos relajadas y ahuecadas, cruza los brazos, acaricia los costados, haz movimientos circulares; hazlos vibrar, acaricia los pezones si lo deseas, prueba hacerlo con un poco de saliva... y nota las sensaciones en tus pechos y en tu vagina cuando lo haces.

¡Arriésgate en cada encuentro sexual! ¡Atrévete a tocarte delante de tu pareja!

En palabras de Diana Richardson: «Arriésgate cada vez que hagas el amor y serás recompensada con amor. [...] La mujer ha estado demasiado tiempo complaciendo al hombre en asuntos de sexo y dejando a un lado su expresión femenina. Ya va siendo hora de que [...] la mujer comience a complacer su cuerpo y a cooperar con los mecanismos internos de este».[176]

Que tus pechos sean tocados con presencia y amor, suavemente, aumentará tu magnetismo. Al principio, no hagas nada que provoque excitamiento. Cuando iniciamos el juego sexual, los toques demasiado estimulantes en los pechos y pezones pueden excitarnos demasiado y hacernos desear tener un orgasmo de pico o, por el con-

176. Richardson, *op. cit.*, pp. 73-74.

trario, pueden enfriarnos. Las sensaciones sutiles se pierden, y con ellas el magnetismo que acontece en nuestro interior.

El tipo de toque que nos propone el Tantra es uno de presencia amorosa: que las manos acojan los senos, los sientan, los amen en actitud meditativa, con contacto visual y respiración consciente por la boca. Este roce produce tal energía en los pechos, que esta se desborda y, en consecuencia, las glándulas lubricadoras de la vagina se «despiertan» y hacen su cometido. De esta forma, hay más lubricación que si el juego sexual se iniciara en el clítoris o en la vagina.

Las mujeres que han sufrido una extirpación de pecho también pueden sentir estas sensaciones por igual —energía en los pechos que se desborda y lubricación vaginal—, ya que los circuitos energéticos sutiles permanecen activos.[177]

En el orgasmo, la vagina es secundaria respecto de los senos; y el clítoris, secundario respecto de la vagina. La energía que procede de los pechos «inunda y enciende internamente a la vagina».[178] Solo cuando la vagina se enciende energéticamente y se lubrica puede ser penetrada. Los pechos, por lo tanto, son la llave que abre la puerta del polo negativo de la mujer. Cuando la energía fluye de la manera adecuada ya no es la mente de la mujer que desea ser penetrada o que acepta los deseos de su pareja. Por el contrario, se trata de algo que acontece energéticamente de manera espontánea.

En la vagina la energía fluye del hombre a la mujer. Para que así sea cada uno debe mantenerse en su polaridad natural.

En la interacción genital hay mucha confusión. Y de ahí que debamos hacernos la siguiente pregunta: ¿qué es lo que le apetecería a nuestra vagina —y al pene— si no ponemos las expectativas de nuestra mente? ¿Qué les apetecería si no hiciéramos lo que nos han dicho que se ha de hacer o lo que hemos visto en las películas?

En la interacción genital del sexo convencional, el contacto suele

177. *Ibíd.*, p. 75.
178. *Ibíd.*, p. 85.

ser «demasiado pronto» para ella y los movimientos, de frotamiento —del pene en la vagina— hacia delante y hacia atrás. De esta forma, perdemos el estado orgásmico. La penetración que se realiza antes de que la mujer esté energéticamente preparada y el frotamiento que se sucede a continuación, provoca el deterioro de los tejidos de las paredes vaginales, lo que conlleva una disminución de sus capacidades receptivas y sensitivas.

En el sexo que hace caso de la polaridad y de los circuitos energéticos, llega un momento en que la vagina de la mujer atrae como un imán al pene del hombre, de tal modo que lo absorbe. Ya no hay penetración activa del hombre, sino atracción electromagnética.

Forzar la penetración, no escuchar el deseo de la vagina de ser o no ser penetrada, rigidiza la musculatura vaginal y disminuye su sensibilidad, además de cerrar el corazón de la mujer. Con los movimientos pélvicos mecánicos, la mujer tiende a tensar las paredes vaginales, que se hacen más estrechas. La vagina se endurece y se protege, pierde las cualidades femeninas de receptividad, apertura y confianza. La mujer pierde así la polaridad negativa; la vagina se vuelve positiva —casi masculina— y así se impide que reciba la energía del hombre y la canalice hacia arriba.

Cuando esto ocurre, el círculo de luz no puede acontecer, pues, para que se dé, hace falta polaridad femenina y masculina. Pero al no conocer la importancia de la polaridad, nos perdemos el estado orgásmico.

La mujer debe respetar y preservar su sensibilidad vaginal. Es nuestra responsabilidad impedir que nuestra vagina pierda sensibilidad. Para el Tantra, la introducción de dedos de forma mecánica o juguetes sexuales también va formando una capa protectora que a la larga hace que pierda sensibilidad. Esto hace que cada vez necesitemos más estimulación para obtener el mismo placer.

Podemos recuperar la sensibilidad de nuestra vagina atendiendo al cérvix. Para el Tantra, la zona más significativa de nuestra vagina es la parte más alta, en especial la zona que rodea el cuello del útero —el cérvix—. Aquí es donde el polo femenino es más negativo y receptivo, y donde podemos acceder a estados alterados de conciencia más profundos. El pene no toca normalmente esta zona, ya que la vagina suele estar estrecha y tensa para protegerse de la posibilidad de que el pene choque violentamente contra el cuello del útero en una penetración rápida y profunda, porque podría ser muy doloroso.

Resumiendo: ¿Penetración? ¡Solo cuando la vagina atraiga electromagnéticamente al pene!

Y no olvidemos que los movimientos han de ser siempre lentos y ¡al ritmo que marque la mujer!

Si queremos experimentar una potente conexión electromagnética entre el glande —la parte más positiva del pene— y el cérvix —la parte más negativa de la vagina—, la penetración tiene que ser sumamente lenta, con pausas y al ritmo que la mujer dicte. De esta manera, la vagina podrá permanecer relajada. Al unirse, se dará una potente interacción electromagnética acompañada de una descarga de tensiones acumuladas en los tejidos y que son las causantes de la insensibilidad. De esta manera, los tejidos vaginales irán recuperando sensibilidad y viveza.

Según Barry Long, la verdadera función del pene es liberar las tensiones vaginales de la mujer. Cuando el hombre permanece tranquilo y presente, el glande se convierte en un imán de gran potencia. Entre el glande y el cérvix fluye energía divina.[179]

El masaje tántrico de sanación sexual

También podemos re-sensibilizar nuestra vagina por medio del masaje tántrico de sanación sexual. De hecho, muchas mujeres han conseguido sentir más en su vagina y acceder a orgasmos sin la intervención del clítoris después de recibir sanaciones sexuales —masaje

179. Long, Barry, *Haciendo el amor. Amor sexual. El modo divino*, Gulaab, Madrid, 2003.

tántrico de sanación sexual—. En este apartado hablaremos del masaje tántrico en general. No obstante, es importante que sepas que existen varios tipos de masajes tántricos.

En primer lugar, el masaje tántrico pone intención en el objetivo: sanación en el ámbito psicoemocional, energética y espiritual. No se busca el excitamiento ni el orgasmo. Se inicia con un ritual en que se honra la energía y el cuerpo de la persona que recibe el masaje y se crea un ambiente de confianza entre la persona que lo recibe y quien lo da.

A continuación, se da un masaje relajante por todo el cuerpo, se activan los nadis —circuitos energéticos—, y se despiertan las zonas erógenas con un toque muy suave —y muy diferente del que se suele utilizar en la sexualidad convencional— o se trabaja sobre los bloqueos respiratorios, del diafragma o de otros músculos. La persona que da el masaje está totalmente presente y sintiendo donde están instalados en el cuerpo los «nudos» que contienen memorias.

A veces, se acarician muy dulcemente los genitales sin la intención de excitar y se utiliza la energía sexual, en caso de que se despierte, para desbloquear memorias asociadas a la sexualidad: maltrato, abusos, abandono, dolor emocional, etc. Se trabaja de acuerdo a cómo está la persona que recibe el masaje, sin forzar, a veces llegando al desbloqueo del punto G o de otras zonas sensitivas de la vagina.

Con el masaje se puede conseguir aumentar la sensibilidad y el potencial orgásmico del cuerpo. Es un masaje que dura al menos hora y media y en el que pueden aparecer emociones muy intensas, visiones, descargas de rabia, llanto, tetania (agarrotamiento de la musculatura que se relaciona con memorias de miedo y terror), y también estados alterados de conciencia. Durante el masaje es muy importante respirar de forma consciente y por la boca. El sanador/a armoniza su respiración con la de la persona que recibe el masaje. En algunas escuelas, el sanador o sanadora realiza *mula bandha* —contracción de la musculatura perineal— en cada inspiración. Se mantiene el contacto visual.

Es muy importante que el masaje no re-traumatice a la mujer. Se trata de un toque sin intención, no hay ninguna meta, no se busca la excitación ni el orgasmo. La introducción del dedo del masajista tántrico (sea hombre o mujer) en la vagina nunca puede suceder antes de que la mujer lo permita. Hay que pedir permiso y esperar a que nos lo dé, así como sentir si la vagina está «receptiva». La penetración se dará solo si la vagina está relajada y «atrae» o «absorbe» el dedo de la persona que realiza el masaje.

La sanación puede requerir de varios encuentros, no es un viaje rápido ni automático.[180]

Anécdota

En un curso de Masaje Tántrico y sanación sexual nos explicaron lo siguiente:

En culturas antiguas, cuando los hombres de la comunidad volvían de la guerra, no les dejaban regresar a la comunidad ni relacionarse con sus mujeres e hijos hasta que sanaran sus heridas emocionales. Recibían masajes tántricos para curarse del dolor, miedo, o lo que fuera que habían «acumulado» en el conflicto, de modo que no pagaran este sufrimiento con los miembros de la comunidad, llevando violencia, rigidez o falta de presencia a las relaciones familiares y comunitarias. Una vez que el varón había limpiado la energía de «contracción», de dolor, podía ir al encuentro de sus seres queridos.

Al oírlo, pensamos en las anécdotas de los excombatientes de Vietnam, en las historias que nos llegan de algunas de las personas que sufrieron en los campos de exterminio o en la guerra civil española y que «nunca volvieron a ser como antes» o que «parecían muertos en vida».

Si recibes un masaje tántrico, cuando aparezcan sentimientos, sumérgete en ellos y exprésalos con tu voz o con los movimientos espontáneos que surjan. No es necesario recuperar los recuerdos ni saber de dónde procede toda esa rabia o dolor. Hemos visto mujeres

180. Si quieres ver lo que es y puede producir un masaje tántrico, la película de Hollywood que antes mencionamos, *Bliss, el amor es éxtasis*, 1997, dirigida por Lance Young, muestra una sanación tántrica.

que conectan con traumas de su vida; otras, con el dolor colectivo o ancestral de las mujeres, y otras experimentan sensaciones nuevas y placenteras.[181]

Veamos el relato de una mujer que recibe un masaje tántrico y de una mujer que es masajista tántrica:

Una mujer comparte su experiencia

Cuando recibí un masaje tántrico de una mujer me sentí muy cómoda en la primera parte. La masajista me trató con sumo cuidado y dulzura. Al llegar al punto sagrado sentí «sensaciones metálicas»; estaba todo muy frío, y se me activó la herida de abandono. Recordé la ausencia de mi madre cuando era niña y sentí que todas las mujeres que me cuidaron se fueron y me quedé sola. Lloré mucho, desconsoladamente, y al final sentí mucha paz y abertura.

Lo que rescato como una experiencia única es ser tocada sin la presión de que debo «reaccionar de cierta manera» para complacer o hacer sentir bien al otro.

Una facilitadora de Tantra y masaje tántrico comparte su experiencia

El Tantra ofrece una oportunidad de despertar, de conocer tu esencia verdadera.

Como facilitadora de Tantra, el enfoque principal de mi trabajo es ofrecer una oportunidad a los demás de conocer de forma directa su naturaleza más esencial y verdadera, la parte más íntima que siempre está aquí, que no cambia, que no puede ser dañada, completa en sí misma, ilimitada.

La práctica del Tantra permite entrar, a través de traer la presencia al cuerpo y a lo que es, en un espacio de no mente, en el cual es posible observarnos en nuestra esencia sin el filtro de los pensamientos. Llegados a ese momento, mi tarea consiste en guiar a la persona para que este darse cuenta, esta observación, sean conscientes. Así, las cualidades de nuestra naturaleza verdadera quedan registradas, y los beneficios de la práctica permanecen mucho más allá de la experiencia en sí... ¡a veces para siempre!

Adelina Premamui (*www.tantradelina.com*)

---

181. Véase el apartado «Dificultades y trastornos sexuales», p. 287, donde encontrarás el relato de una «sanación sexual».

El masaje tántrico de sanación sexual se basa en la certeza de que los traumas o heridas psicoemocionales están grabados en el cuerpo en forma de tensiones que impiden que la energía circule. Las heridas de amor y sexuales están fuertemente grabadas en el «punto sagrado» (el punto G para los occidentales), el cérvix y en otras zonas de la vagina. Si accedemos a ellas con presencia y amor, con el dedo (preferiblemente el dedo anular o corazón) y con máxima lentitud y delicadeza, el dolor puede liberarse, y la energía, y con ella el placer, volverán a fluir por zonas que antes estaban insensibilizadas.

Estimular directamente el clítoris impide que se dé el estado orgásmico

Para el Tantra, la parte exterior del clítoris no es el núcleo de la sexualidad femenina. Considera que «la estimulación directa del clítoris produce un excitamiento, que es más bien una forma de tensión. La tensión causa contracción e impide la propagación de la energía».[182] Por consiguiente, no colabora para alcanzar el orgasmo expandido.

La sobreestimulación del clítoris —llamado «la joya de la corona» en el Tantra— puede causar un cortocircuito en la energía creciente de la mujer. Aprender el tacto correcto es muy importante. Tus necesidades de un tacto más o menos dulce pueden cambiar de un día a otro, o con la edad. ¡Investiga primero tú y después informa a tu amante!

---

182. Richardson, *op. cit.*, p. 102.

El Tantra distingue entre *excitación* y *excitamiento*

- ❖ **Excitación**, reúne todos los atributos relativos al orgasmo de valle: experiencia sin propósito, amplia, inserta en el aquí y el ahora.
- ❖ **Excitamiento** reúne, por contra, los atributos del orgasmo de pico: «es más angosto; tiene un propósito y despierta el fuerte deseo de llevar las sensaciones a un inexorable final».[183]

Por lo tanto, mantente excitada el mayor tiempo posible y evita el excitamiento, sobre todo en la penetración. No busques tampoco el excitamiento del punto sagrado —o punto G.

La vagina es la cavidad electromagnética que incluye el clítoris. El cérvix tiene la carga energética más negativa; el clítoris, la más positiva, y el punto G —punto sagrado— es el puente energético entre cérvix y clítoris. Además, la sensibilidad del punto sagrado es diferente en cada mujer, así como es diversa la capacidad de eyacular amrita —secreciones fluidas— y las sensaciones asociadas a este hecho: mucho, poco o ningún placer.

Como ya hemos explicado, el punto sagrado es un lugar donde a menudo se almacenan todas las heridas asociadas a la sexualidad. Contiene memorias —traumas, dolor emocional, etc.— que pueden disminuir su sensibilidad. Si has tenido experiencias dolorosas con el sexo, si tienes heridas físicas o psicosexuales, el primer contacto con este punto puede ser desagradable o doloroso. Con el trato adecuado y con perseverancia, puedes ir ganando capacidad de placer. Al sanar el punto sagrado, con un ritmo lento y muy tierno, las antiguas heridas se irán disolviendo y puedes sentir cómo se despierta en ti un gran poder.

La persona que te acompañe en este proceso debe *estar* preparada para respetar la naturaleza vulnerable de este lugar tan íntimo. Se

183. *Ibíd.*

ha de aproximar en un momento de armonía entre ambos. Para crearla, podéis utilizar técnicas respiratorias y de meditación como las que te hemos propuesto a lo largo de estas páginas.

Si te dispones a despertar tu punto sagrado, es probable que respondas emocionalmente, incluso con violencia. Tu compañero o compañera tiene que estar ahí para ti, al cien por cien. Es importante que expreses tus emociones, incluso la ira si aparece, y tu acompañante debe aceptar y recibir tus emociones de una forma abierta y amorosa, sabiendo que lo que estás expresando no tiene que ver con él o ella sino con tus heridas del pasado. Recuerda que debes estar cómoda, quizá te ayude un cojín debajo de tus nalgas, tu vejiga debe estar vacía y tu vagina muy lubricada —puedes utilizar lubricantes naturales.

La persona que te acompaña puede introducir un dedo —preferiblemente el anular o corazón— en tu vagina, muy lentamente y solo cuando tú le des permiso. Luego doblará el dedo para que la yema toque la parte superior de la vagina y lo irá deslizando con lentitud por la pared superior de tu vagina hacia el inicio. En este recorrido, a medio camino entre el hueso púbico y el clítoris, encontrará un tejido rugoso. El tamaño puede variar, desde el de un guisante a un champiñón. Cuando se estimula se hincha, con una elevación en el medio. Al mismo tiempo que se posa en tu punto sagrado, puede apoyar los otros dedos en los labios menores y la parte inferior de la palma en el clítoris, siempre con una presión muy ligera y cuidando que haya mucha lubricación y no sea molesto para ti.

Tu acompañante debe estar siempre en contacto visual contigo, acariciándote con la mirada. Hazle saber si necesitas que simplemente pose su dedo, inmóvil en tu punto sagrado, si necesitas que se retire o que haga un pequeño movimiento como de pulsación dulce en él. Probad, investigad, cada vez será diferente. Cuantas más veces realicéis esta sanación, tu tolerancia y las posibilidades de placer aumentarán.

Tu misión es mantenerte en el cuerpo, si te vas a la mente, date cuenta de ello, y de un modo muy amoroso vuelve, con la ayuda de la respiración consciente por la boca, a tu cuerpo y a las sensaciones que este te ofrece. Mantén las caderas y la garganta relajadas. Deja que cualquier sonido o movimiento espontáneo sea expresado. Si hay dolor o molestia, al menos expresa un sonido al exhalar («ahhhhhhhh», por ejemplo).

Cuanto tu acompañante encuentre el lugar, miraos a los ojos y respirad juntos. Alternad momentos de quietud con momentos de suave caricia. Repetid el ciclo varias veces. También puede —o puedes— acariciar tus pechos de forma consciente mientras está presente en tu punto sagrado. Recuerda que, durante el primer período, de «despertar a la diosa» estáis meditando, por lo que todo será muy lento. Cuidad de no crear excitamiento, pues podría darse un «cortocircuito» de tu energía.

Cuando el punto sagrado se haya avivado completamente, cuando esté libre de influencias negativas —en cada mujer el tiempo necesario será diferente: días, meses o años—, entonces accederás a una mayor capacidad de placer. Tu potencial orgásmico será mayor y podrás disfrutar de orgasmos múltiples, así como también de orgasmos extendidos. Pero recuerda, no se trata de hacer una competición contigo misma o con las demás mujeres de tu capacidad orgásmica. Cada mujer tiene su historia, condicionamientos, heridas y lo más importante es que disfrutes de lo que acontece, sin esperar que pase nada concreto.

En las relaciones sexuales, el Tantra propone no dar atención separada, fuerte ni activa al punto sagrado.

Mantén la vagina relajada antes y durante la penetración. El excitamiento tensa las paredes vaginales

Las paredes de la vagina se tensan con el excitamiento. Evita crear excitamiento en el clítoris antes de la penetración y recuerda que la vagina se llena de energía por la atención presente y amorosa de los senos. Según Diana Richardson, solo después de una hora de «danza entre vagina y pene» puedes estimular el clítoris y siempre de manera tranquila, suave y relajada. De este modo incrementarás la conciencia de tu vagina y su sensibilidad, y así favorecer experiencias extáticas.

Hay un nervio que conecta el clítoris con el labio superior de las mujeres. ¡Por tanto, haz la prueba! Actívalo —o pide que te lo activen— chupando, mordiendo o tirando de tu labio superior. Sé consciente de tu excitamiento cuando suceda y relájate. Vuelve a poner tu atención en tus senos, relaja la vagina, respira y expande la energía de excitamiento por todo el cuerpo

Si estás con un hombre, responsabilízate de retardar su eyaculación. Así vuestros tiempos se armonizan

Sabemos que los hombres, si sienten mucho excitamiento y no son expertos tántricos, pueden eyacular mucho antes de que nosotras alcancemos un orgasmo de pico o un estado orgásmico. Si tú permaneces relajada, sentirás más las sensaciones en tu vagina y la sutilidad del encuentro energético. Si te relajas, él también lo hará y podrá retardar la eyaculación y seguir con la danza el tiempo necesario para que los dos armonicéis vuestros ritmos.[184]

Realizad una penetración suave, consciente, no importa si hay erección

Experimentad la penetración suave y sin erección. Iniciad el acto sexual sin excitamiento. Deja que tu vagina y su pene se comuniquen, estad presentes cada uno en vuestra polaridad. Practica a menudo, cada vez aumentará vuestra sensibilidad.[185]

---

184. En la película *No mires para abajo*, antes mencionada, verás cómo la mujer puede enseñar (de manera amorosa y alegre) al hombre a retardar la eyaculación.
185. En la película *No mires para abajo* también tienes una bonita escena que muestra la penetración «blanda».

Mantente centrada en tu polaridad femenina, suave, receptiva y relajada

Siente la receptividad de tu vagina en todo momento. Poco a poco la erección del hombre será más vigorosa y se mantendrá en el tiempo. Sigue en conexión también dentro de tus pechos, sé consciente de los dos lugares a la vez. El resultado puede ser un estado de ternura electromagnética entre el pene y la vagina.

Mantente relajada, fúndete con tu cuerpo, experimenta las sensaciones desde dentro

Permanece en ti y no en tu pareja, en el no hacer, serena y sosegada. Tienes un gran poder sobre tu pareja si te mantienes en este estado. Mantén tu atención en tu cuerpo y, si alguna parte se tensa, invítala a relajarse. Mantente presente en todos y cada uno de tus movimientos corporales, como si de una sinuosa danza se tratara.

Reorienta la energía que sueles dedicar en el sexo convencional para conseguir llegar a una meta a sentir desde dentro el goce de la danza segundo a segundo, incluso notando cómo cada tejido y cada célula se iluminan energéticamente. Sigue en todo momento presente en tus senos y en tu vagina. Recuerda estar atenta a si la vagina se tensa y, si es así, haz de un modo amoroso que se relaje. Los movimientos lentos, que se dan naturalmente si estás en presencia de las microsensaciones en tu cuerpo, facilitan que las paredes de tu vagina sigan en su polaridad femenina, relajadas, porosas y absorbentes. De esta manera, la energía puede fluir y crear el estado orgásmico. Por lo tanto, evita movimientos mecánicos, sin conciencia.

Una mujer comparte su experiencia

«El Tantra transformó mi sexualidad»

Ya desde mi primer taller de Tantra, la forma de relacionarme con los demás (en especial con los hombres) cambió muchísimo; se produjo en mí una apertura hacia la sensualidad, el juego, la espontaneidad, la improvisación, el compartir sin dirección, sin metas, sin prejuicios, simplemente estando presente momento a momento y respondiendo al sentir del ahora en el cuerpo. Por sí mismo, este cambio fue maravilloso.

Una experiencia importante posterior transformó mi sexualidad más aún.

Tantra es práctica y no hay nada como la práctica continuada, para observar su poder transformador.

Sucedió con una pareja con la que me comprometí a practicar juntos la misma meditación tántrica cada día durante veintiún días consecutivos (¡terminó extendiéndose a cuatro meses, pues no quisimos parar!). La meditación consistía simplemente en estar juntos, sin hacer nada, en unión sexual durante media hora, en una postura donde los cuerpos podían estar cómodamente juntos en penetración suave y manteniendo el contacto visual. Nada que hacer más que estar presentes con nosotros mismos, con el otro, con nuestra respiración y con lo que acontecía. ¡Esta práctica transformó nuestra sexualidad por completo, del hacer al ser! Nos abrió a la frescura, a la curiosidad, al movimiento energético cuando acontecía (y si acontecía), en total relajación porque no había lugar al que llegar, nada que conseguir más que estar presentes con lo que sucedía. Fue sorprendente observar que a pesar de que la práctica era la misma cada día durante meses y con el mismo hombre, sentí que cada momento era fresco y distinto. Era como si estuviese con un hombre diferente cada día (a veces me resultaba el más guapo del mundo, a veces feo, a veces joven, otras viejo...), a veces nos quedábamos dormidos, a veces se movía muchísima energía, a veces no se movía nada, a veces estábamos totalmente sincronizados como un organismo único, a veces entraba en un estado de amor y expansión extraordinarios... y todo sin tener que hacer nada. ¡La calidad de este tipo de encuentro íntimo y sexual nos transformó!

Adelina Premamui (*www.tantradelina.com*)

¿Qué nos ayuda a estar en relajada presencia?

Respira lenta, profunda y conscientemente por la boca

Te ayudará a no perderte en tus pensamientos. El estado orgásmico es incompatible con estar en la mente. ¡Solo con la respiración puedes alcanzarlo!

Intenta que el aire llegue hasta tu vientre. Para que te sea más fácil respirar de este modo, practica si puedes a diario la respiración consciente. Hay muchas aplicaciones (Insight Timer, por ejemplo) que te ayudan a practicar, así como grupos de meditación, talleres de *mindfulness* e incluso talleres de respiración. Además, el trabajo corporal —bioenergética, meditaciones dinámicas de Osho, trabajo específico con el diafragma, baile, etc.— mejora la capacidad respiratoria.

En la página 209 tienes una visualización para ayudarte a respirar conscientemente.

Armoniza tu respiración con la de tu compañero o compañera

Utiliza la imaginación para aumentar los efectos de la respiración

Puedes visualizar o sentir cómo una luz plateada, blanca o dorada sale de tus senos mientras espiras y entra en tu vagina cuando inspiras (en la página 244 tienes una visualización guiada de esta técnica).

Utiliza besos suaves y jugosos entre tus labios y los de tu pareja, mayoritariamente sin lengua. Mientras os beséis, mantén toda tu presencia en tus labios

Mantén los labios y la boca relajados en todo el encuentro sexual. Sonríe levemente

Deja que la garganta y la voz se liberen

Deja que surjan sonidos espontáneos. Pueden ser suspiros, gemidos, llantos o gritos; sea lo que sea, permite que salgan de manera natural. No los contengas, ¡déjalos fluir!

Todos estos sonidos son la traducción que hace el quinto chakra —o el chakra de la garganta— de las respuestas físicas del cuerpo, y son música importante para el baile del amor. Utilízalos para hacer saber a tu amante que estás presente, lo que te agrada y lo que no.

Cuando sientas que tu pareja se ha desconectado y no está presente, puedes decirle cariñosamente: «Amor, ¿estás aquí?, ¿vuelves aquí conmigo?». Si eres muy contenida, la meditación dinámica de Osho te puede ayudar a desbloquear la respiración, la garganta y así poder abrir emociones reprimidas.

Mirada blanda: miraos a los ojos mientras hacéis el amor

Si necesitas cerrar los ojos para sentir, está bien. Pero en la medida que puedas, intenta permanecer con los ojos abiertos y una mirada sin juicio, pasiva, suave y receptiva. Una mirada femenina, desde dentro y desde la calma. El contacto visual aporta intimidad y sanación: nuestros ojos son la puerta del alma.

Expresa lo que sientes y dónde lo sientes, así se amplía el abanico de sensaciones. Comparte el aquí y el ahora de forma breve, sin entrar en diálogo

Deja que surjan los movimientos espontáneos de tu cuerpo

Permanece muy sosegada y muy presente. Relájate dentro de ti misma

Recuerda que, para el Tantra, la pasión es pura presencia, un estado anímico en el que vibra cada célula de tu cuerpo. Por eso, la relajación es crucial para un orgasmo satisfactorio.

Una mujer comparte su experiencia

El Tantra me ha ayudado a conectar con mi cuerpo, a darme cuenta cuando se contrae y cuando se expande, y, así, saber qué es lo que quiero vivir y qué no. Cuando siento que mi cuerpo se contrae, ahora sé que he de decir «no», poner límites, pedir que se me trate o toque de cierta manera, o alejarme para sanar algo que necesita ser atendido.

Dado que siempre estamos trabajando la presencia, es más fácil darme cuenta de qué pasa en mi cuerpo (expansión o contracción), en todas las áreas de mi vida y también en la intimidad.

El Tantra, además, me ha permitido cuestionar y salir de roles y automatismos en mi vida afectiva y sexual. He podido decir por primera vez: «este tipo de sexualidad no la quiero, no me satisface».

Una mujer comparte su experiencia

¿Qué ha significado el Tantra para mí?

El Tantra me ha dado el espacio para reconocer mi parte femenina, para poner armonía y paz entre esta y mi parte masculina. He podido darle a cada una un lugar de honor, de manera que ahora puedo utilizarlas cuando las necesito.

Además, el Tantra me ha posibilitado poner luz en un tema, la sexualidad, donde yo solo tenía sombra, tabúes, miedos y prejuicios.

Mi sexualidad ha cambiado y, además, he podido salir de un paradigma de «control» en todos los ámbitos de mi vida.

¿Cómo conseguir orgasmos más largos y gozosos?

> Cuando en el abrazo se agiten tus sentidos,
> —cual hojas de un árbol—
> adéntrate en este estremecimiento.[186]

Con la respiración

Dicen que el Tantra es la madre de todos los yogas.

Todos los yoguis, no solo los tántricos, trabajan la respiración, ya que consideran que quien controla su respiración, controla su vida. La respiración yóguica relaja el cuerpo físico, el cuerpo sutil y la mente, proporcionándonos más energía.

Para aumentar la duración y profundidad de tus orgasmos, cuando estés a mitad de camino hacia el pico del orgasmo, inhala lo más lentamente que puedas. La sensación creciente de clímax continuará durante todo el tiempo que mantengas la inhalación. Cuando hayas llegado al final de la inhalación, suelta el aire lo más sonoramente que puedas. Cuanto más larga sea la expiración, más durará la experiencia orgásmica. Del mismo modo, el volumen del sonido que emitas influirá en la profundidad de tus sensaciones orgásmicas. ¡No importa si te oyen los vecinos, quizá les ayudes a liberar su sexualidad! Con la práctica, podrás alargar este proceso hasta cuatro, seis o más respiraciones lentas y completas.

Te invitamos a practicar ejercicios respiratorios para aumentar tu capacidad pulmonar, así podrás experimentar orgasmos más largos y más profundos. ¿Cuánto goce te atreves a sentir?

Al incluir el quinto chakra —situado en la garganta— en la experiencia orgásmica facilitas que la energía sexual fluya hacia tus chakras superiores, ya que la voz se convierte en un imán que hace subir tu energía sexual.

186. Osho, *Tantra, espiritualidad y sexo, op. cit.*, p. 43.

Visualizando cómo sube y baja la energía sexual

Cuando inspires, puedes ampliar esta subida energética visualizando —tú sola o al unísono con tu amante— cómo la energía sexual, que puedes visualizar como una luz dorada, asciende por la parte delantera de tu cuerpo, en forma de espiral del primer al segundo chakra, y así paulatinamente hacia arriba, hacia cada uno de los chakras, bañándolos, iluminándolos, incluso llenando tu tercer ojo —sexto chakra, situado entre los ojos—. A continuación, siente cómo entra en el cerebro y experimenta cómo explosiona en tu coronilla e irradia hacia arriba (hacia el universo). Siente cómo esa luz te baña también por fuera. Eres un ser radiante, con un halo de energía a tu alrededor. Imagina un aura de energía dorada, esponjosa y muy luminosa a tu alrededor.

Al expirar y soltar el aire sonoramente, siente que la energía también te inunda bajando en espiral por tu columna y empapando cada chakra. Al realizar esta visualización, eres una «antena» o canal que conecta la energía de la madre Tierra con la energía del Cosmos. Ya no hay dualidad, eres una con el universo. Si practicas esta visualización a menudo, cuando estés meditando, te será más fácil hacerlo en el baile del placer.

Puedes encontrar muchas visualizaciones para sentir este recorrido energético ascendente y descendente de tu energía sexual. La meditación activa de Osho llamada «chakra breathing» es una de las muchas existentes en esta línea. Te la recomendamos especialmente, es muy potente. Si la practicas a menudo, irás experimentando el poderoso flujo energético que acontece en tu cuerpo, sentirás tu poder de autosostén, te enraizarás y conectarás con la energía del universo.

Para finalizar, si eres una de estas mujeres que siente estas corrientes energéticas de manera natural y espontánea, ¡nos alegramos por ti! Hay mujeres que nos han expresado cómo, desde siempre o desde algún momento de su vida sexual, al vivir sus orgasmos sienten una corriente energética que parte de su sexo y sale por su coronilla para subir hasta muy arriba. Lo relatan con gran alegría y placer, ¡con una graaaan sonrisa! Ellas no necesitan hacer estas visualizaciones, tienen intacto ese don natural que poseemos en potencia todas las mujeres pero que muchas hemos perdido.

En los momentos de máxima energía sexual, aprovecha para absorber nuevas y positivas sensaciones sobre «quién eres»

Al crecer tu energía sexual y acercarte al clímax, o cuando experimentes estados orgásmicos, te puede ser más fácil sentirte una diosa o sentir a la diosa en ti (al notar cómo la energía *shakti* explota dentro de ti).

Además, estás en un estado de máxima apertura, aquello que te digas o te digan se imprimirá en el fondo de tu alma, en tus creencias sobre ti y sobre lo que mereces. Aprovecha estos momentos para aumentar tu paz interior. Las palabras de valor, amor, respeto, reconocimiento, etc., que recibes en un momento de mucha energía sexual no son procesadas primeramente por la mente analítica, sino que llegan directamente al corazón.

Si estás acompañada, comparte esto que te escribimos. ¡Te animamos a que pruebes! Porque tú también puedes ofrecer sanación y tranquilidad interior a tu amante.

Para el Tantra, la energía sexual es utilizada para sanar y evolucionar, para ganar en autoestima y gratitud por la vida y por ser quien eres, perfecta tal y como eres (perfecta en tu imperfección humana y abierta a la espiritualidad).

En el libro *Tantra. El arte del amor consciente*,[187] encontrarás más información sobre secretos sexuales, técnicas exóticas, y otras enseñanzas dedicadas a parejas heterosexuales que quieran experimentar con la sexualidad tántrica. Se trata de un libro muy sencillo, ameno y claro. ¡Muy recomendable!

187. Muir, Charles y Caroline, *op. cit.*

El tiempo y la calidad del encuentro son muy importantes para alcanzar el orgasmo femenino o el estado orgásmico

Tiempo. En palabras de Diana Richardson: «Para despertar en él —cuerpo femenino— el deseo de hacer el amor, el cuerpo femenino requiere un amoroso juego preliminar plagado de besos en la boca, de caricias sensibles y suaves, y de tocamientos idóneos. Todo el proceso se da en tiempo real, aunque cuando se alcanza un estado orgásmico una entra en una experiencia que es totalmente intemporal. El tiempo mínimo para hacer el amor debe ser de tres cuartos de hora a una hora y, por supuesto, si se tarda dos o tres horas, mucho mejor. Cada cierto tiempo, pásate todo el día en la cama haciendo el amor una y otra vez».[188]

Calidad. Paradójicamente, muchas mujeres nos abrimos al sexo y a nuestro potencial de placer, cuando sentimos que nos tocan con presencia, sin intención de calentarnos o para conseguir sexo. Percibimos la intención con la que nos acarician o besan. Cuando hay amor y presencia, respeto y juego, inocencia y frescura, las mujeres lo notamos, y nuestro cuerpo dice sí, se abre, y goza de lo que sea que acontece.

Si programas tiempo para el trabajo o para las relaciones sociales, ¿por qué no quedar para hacer el amor?

Volver al sexo «natural» requiere práctica y cierto aprendizaje. Cuanto más practiques, mejor será. Resérvate tiempo de calidad y preparad los cuerpos y el espacio. Crea tu templo.

Si eres una mujer muy ocupada, si tienes hijos, o si tu trabajo te absorbe mucho tiempo y esfuerzo... entonces es muy recomendable que hagas el amor con «premeditación». Quizás *a priori* te parezca forzado, pero pruébalo y después decide si vale la pena programar hacer el amor para disfrutar más de tu cuerpo y de la sexualidad.

188. Richardson, *op. cit.*, p. 156.

Bloquea en tu agenda un tiempo de calidad para encontrarte con tu amante o contigo misma; desconectad teléfonos, olvidaos del mundanal ruido; prepárate mentalmente: vacía tu mente, vuelve al cuerpo y sintonízate con tu amante. ¿Cómo?: con respiraciones conscientes, visualizaciones, sincronización sutil, meditación, baile, meditaciones activas de Osho. Prepara el lugar a tu gusto, báñate de forma consciente y prepara tu cuerpo. ¡Si estás acompañada, tu amante también puede hacerlo!

Recuerda no discutir en el lugar donde sueles hacer el amor, reserva este lugar para tu encuentro sagrado.

Cuando acabe el baile seguid unidos, respirad conscientemente

El estado orgásmico es mágico, un momento potencialmente transformador. Puedes sentir a la diosa dentro de ti, la conexión con el cosmos, una gran expansión.

Seguid en profundo abrazo, sed conscientes de respirar al unísono, y, si podéis, miraos en algún momento con presencia. Si estás con un hombre, es mejor que permanezca dentro de ti. El tiempo posterior al estado orgásmico es un regalo para ti por la conexión íntima que te ofrece con tu amado. Esta intimidad suele ser muy apreciada por las mujeres y nutre todos los aspectos de la relación y de tu vida.

Recurso extra: el «expreso» tántrico

A veces estamos muy cansadas, no tenemos tiempo, y cada vez intimamos menos con nuestro amante. Esto va apagando nuestra conexión sexual con nosotras mismas y con nuestra pareja. Si estáis muy cansadas para el intercambio de energía sexual, inténtalo de todas formas, ¡es justo cuando más lo necesitas!

Dado que el sexo para el Tantra es intercambio de energía y no búsqueda de orgasmos u otros objetivos, ¡practícalo y comprueba cómo te llenas de energía!

Te proponemos, en esta línea, que probéis algo diferente de lo habitual —es decir, «o hacemos el amor, o nada»—: dedicad quince minutos a practicar la penetración suave. Antes de ir a dormir o al levantarte. Sin meta. Solo para conectar y cargaros de energía fortalecedora. Si estás con un hombre, su *lingam* no tiene por qué estar erecto; introduce su pene en tu vagina —o ponlo cerca de ella—, respirad conscientemente y miraos a los ojos. Visualizad o sentid cómo vuestros chakras se armonizan y se atraen (podéis utilizar la postura de *yab/yum* —uno frente al otro, tus piernas sobre las de él de manera que tu vulva esté sobre sus genitales— para facilitar la armonización natural de los chakras), y si os apetece, visualizad el círculo de luz.

Si estáis muy cansados, limitaos a respirar y a sentir vuestros cuerpos fundirse en el abrazo (a continuación, hablaremos de esta meditación fortalecedora).

Observa cómo influye esta práctica en vuestro día a día y en vuestra sexualidad.

Practica la meditación fortalecedora una o dos veces al día

Este secreto tántrico es tan simple de realizar, como profundo en sus beneficios. Te nutre y crea intimidad en la pareja.

Se trata de crear el equilibrio necesario para sentir armonía, para ajustar las energías de las dos personas de modo que vibren en la misma frecuencia. Tumbaos —tú y tu amante— sobre los costados izquierdos; la persona que está dentro da la espalda a la que está en el exterior —se le llama «abrazo de cuchara»—. El que está fuera envuelve con sus brazos al que está dentro. Ahora vuestros chakras están alineados.

Quien esté más cansado, estresado, o quien sienta más necesidad de ser nutrido se colocará dentro. Cerrad los ojos y relajaos. Poned toda vuestra atención en la respiración como una manera de tranquilizar la mente y el cuerpo. Durante unos pocos minutos, armonizad vuestra respiración —inspiráis juntos, retenéis, expiráis juntos, retenéis— y visualizad cómo unís vuestros chakras energéticamente. El que está fuera envía energía al que está dentro, chakra a chakra.

A continuación, cambiad la respiración: cuando uno respira, el otro inspira —siguiendo el patrón de inspiración, retención, inspiración, retención—. De esta manera creáis un círculo de intercambio energético —respiración de carga recíproca— en que los dos dais y recibís energía de vuestro amante. Dedicadle más o menos diez minutos a esta meditación compartida. Al finalizar, miraos, miraos con presencia, ver al ser que hay dentro de la persona que tenéis delante, aprecia si la mirada es más luminosa, más tranquila, más profunda.

Con esta meditación fortalecedora —mejor realizarla sin ropa, puedes probar al despertarte y al acostarte—, te comunicas con tu pareja a tres niveles: piel, respiración y chakras, cada uno más sutil que el anterior. Si practicáis con regularidad, vuestros chakras se irán armonizando. Además, sentirás que al acabar esta meditación os sentiréis más energéticos que al principio.

Practica al menos cinco minutos de meditación sentada al día, si tienes pareja o amante, hazlo con él o ella

Sí, ya sé lo que estarás pensando: «¿de dónde saco yo tiempo para estas prácticas?». Ya lo hemos dicho, aprender una nueva forma de vivir requiere motivación, tiempo, cambiar rutinas y constancia.

Puedes robarle tiempo a ver la televisión, mirar redes sociales, el móvil, y dárselo a practicar estas meditaciones sola o en compañía. Si consigues convertir estas prácticas en parte de tu rutina, sentirás tantos beneficios en tu vida que las mantendrás, igual que te duchas a diario o te lavas los dientes. Meditar es como limpiar la mente y armonizar tu cuerpo. «Tantrear» es traer el gozo a tu vida. ¡Te mereces más energía, paz interior, bienestar y armonía!

Y todo, desde una actitud amorosa y compasiva hacia ti y tus amantes, el Tantra es un arte, ¡mejorarás (y mejoraréis) con el tiempo y con la práctica!

AVISO PARA NAVEGANTES:

SI TE ATREVES CON EL SEXO TÁNTRICO, TE ENCONTRARÁS CON TU VULNERABILIDAD

Si te mantienes relajadamente en el aquí y el ahora, sin metas, sin mente, presente, respirando, mirando a los ojos con mirada blanda, expresando aquello que surja, sea lo que sea, te abres a ti misma en canal.

Las tensiones son una forma sutil de protegernos y defendernos de la vulnerabilidad. En el pasado, en algún momento de nuestra vida nos tensamos (muscularmente) para no sentir dolor. Y las tensiones se han ido cristalizando. Al abrirte y relajar la tensión muscular, puedes entrar en estado emocional. Toma nota de que distinguimos entre emociones y sentimientos: las emociones vienen del pasado. Los sentimientos y el amor verdadero surgen, se sienten, solo en el presente.

Entramos en estado emocional cuando algo que sucede en el presente nos activa una herida no cicatrizada del pasado. Si no pudimos expresar el sentimiento de ese momento —llorar, gritar, poner límites, ser amorosos... en fin, expresar corporalmente lo que sentíamos—, entonces la Gestalt queda abierta y por resolver. Metafóricamente, es como si una goma elástica nos llevara sin posibilidad de control hacia nuestra niña interior y de golpe nos sentimos invadidas por una sensación de abandono, furia, de ser abusadas o incluso de un miedo irracional que no se corresponde con lo que está pasando en el presente.

Un ejemplo: tu pareja no actúa como tú deseas y en vez de seguir en el presente y expresarle tu anhelo o sentimiento de forma amorosa, te invade una sensación de abandono o rechazo y sientes mucha ira o mucha pena... incluso puedes empezar a juzgar a tu pareja o a desear causarle daño. Lo que ha ocurrido es que te has conectado con la herida de abandono o de desvalorización que sentiste de niña respecto de alguna figura importante para ti —madre, padre, hermanas o hermanos, compañeros de escuela, etc.—. Las emociones que sientes no tienen que ver con el presente, ni con tu pareja. Son tuyas y emanan de tu historia. (También acumulamos heridas del pasado más reciente, de otras relaciones de pareja, etc.)

Cuando te des cuenta de que estás entrando en estado emocional —tu cuerpo te hace saber que afloran heridas del pasado en forma de malestar físico, sensación de parálisis, pérdida repentina de energía, imágenes o recuerdos desagradables, no poder mirar a los ojos a tu compañero/a, sentirte sola, incomprendida o abandonada—, en primer lugar, date cuenta y valida —dale valor— esta experiencia.

En segundo lugar, compártelo en voz alta con tu compañero o compañera: «Estoy en estado emocional». Comunica a tu pareja que necesitas retirarte un momento para estar sola. Déjale claro que volverás y que lo que sientes no tiene que ver con él o ella. De esa manera estás cuidando a tu amante o pareja, a la vez que no activas su herida de abandono o desvalorización (si es que la tiene). Retírate y mueve tu cuerpo al mismo tiempo que expresas las emociones contenidas en el pasado: grita, golpea cojines, corta leña, vete a correr, sacúdete, grita lo más alto que puedas, llora, expresa tu amor no correspondido, saca la ira que contuviste hacia alguien que te lastimó, habla en jerigonza (esto es, sin sentido, como si hablaras en una lengua desconocida para ti), o lo que tu cuerpo te pida en ese momento.

Puedes, además, coger un cojín que te guste y abrazarlo, mecerlo, y hablarle amorosamente a tu niña emocional (o parte emocional que quedó dañada en esa experiencia del pasado) recordándole que es digna de amor y respeto, que tu parte adulta y racional la protegerá para siempre de experiencias similares, que tú siempre la apoyarás y le darás valor, que es digna de ser quien es y que si se equivoca siempre seguirás a su lado. Recuérdale que puede volver con tu amante y que ahora tú —la adulta— la vas a proteger, alentar y acompañar en todo lo que vaya a vivir.

Cuando sientas que la niña emocional se ha calmado y tu cuerpo haya vaciado la rabia o dolor contenidos, ya puedes volver junto a tu compañero o compañera. Si puedes mirarle a los ojos y sentirte conectada, adelante con la intimidad. Si no puedes, significa que no has limpiado totalmente las memorias de dolor reprimidas. Necesitas alejarte otra vez y mover más tu cuerpo.

Para no acumular más emociones (dolor no expresado en el pasado), recuerda expresar tus sentimientos verdaderos en el aquí y el ahora. Cualquier frustración, dolor, tristeza, etc., que sientas en tu vida —y lógicamente todas sentimos frustraciones a lo largo del día— siéntela, dale aire, respírala y exprésala en el momento sin que la mente te coarte. Llora, grita, salta, saca la lengua. Si lo haces, si vives tu sentimiento en el momento en que sucede, la intensidad de este subirá y después bajará, y en unos segundos desaparecerá. También puedes expresar estos sentimientos sola, en el caso de que hacerlo delante de otras personas no sea lo más indicado.

Recuerda: expresa sin echar la culpa a nadie, no lastimes ni física ni emocionalmente a las personas que te rodean y ¡tampoco te lastimes a ti misma!

Es importante que sepas que, por desgracia, las heridas no las eliminamos una vez expresadas. Lo que nos permite el trabajo personal (que es lento y requiere constancia y mucha paciencia) es la capacidad de reconocerlas y poderlas sostener sin entrar en el drama (culpar a la otra persona o a nosotras mismas por sentir la herida). Con el trabajo personal verás que las detectas antes, que entras menos profundamente o menos tiempo en ellas, que tienes más recursos para sostenerlas y los pones en acción con menos esfuerzo.

Cuanto más evolucionada estés, te sentirás más inocente y por tanto te será más sencillo decirte o decir: «Me siento dolida, se me ha activado la herida de abandono».

Por ejemplo: me encuentro con un enfado, lo acepto, lo abrazo y no me identifico con él. De esta manera mi *shiva* —principio masculino, meditación, presencia que todo lo incluye— y mi *shakti*

—energía— están unidos, acogiéndose mutuamente y, de este modo, el enfado se me pasa más rápido.

> **Una mujer comparte su experiencia**
>
> Ahora que he entrado en contacto con el Tantra y la «codependencia» y he leído sobre qué es entrar en «estado emocional», entiendo muchos de los conflictos que tuve con mi exmarido. A veces no podía controlar actitudes que parecían más de una niña que de una adulta, miedos que no correspondían al presente.
>
> Un ejemplo: cuando él iniciaba un encuentro sexual de forma «rápida» yo me bloqueaba; si parábamos un momento y reiniciábamos a un ritmo más lento o «yo llevaba el control» las relaciones eran satisfactorias para mí. Ahora sé que cuando él iniciaba la relación de manera rápida, yo conectaba con experiencias de abuso sexual que viví en mi infancia y adolescencia.
>
> ¡Ojalá hubiera tenido más recursos en esa época para entender lo que me pasaba y poder hacer un trabajo de descarga corporal para sanar esas heridas del pasado!

(Si quieres ampliar estos conceptos, Diana Richardson en su libro *Orgasmo tántrico para mujeres* dedica un capítulo completo a este tema. Los talleres de codependencia y trabajo con las heridas de la infancia también te pueden ser de gran ayuda.)

Los tres niveles de la sexualidad. Relación entre sexualidad, deseo, intimidad y vulnerabilidad

Al hilo de lo expuesto anteriormente, vamos a hablar de los tres niveles de sexualidad, concepto que aprendimos en los talleres de codependencia que imparte Ketan Raventós.[189]

189. Para más información, véase Sammasati, Instituto de Consciencia Emocional: *www.transformación-interior.com*

El primer nivel de la sexualidad

Cuando conocemos a alguien que nos gusta y a quien gustamos, e iniciamos una relación afectivo-sexual con ella, es probable que la atracción, el deseo y la pasión fluyan de forma fácil. Si hay «química», la experiencia sexual suele ser intensa y gozosa. Todo es nuevo, la otra persona nos atrae, la queremos conocer, conquistar, le dedicamos un tiempo de calidad, le mostramos lo mejor de nosotras mismas, al igual que la otra persona lo hace con nosotras. Hay tensión sexual. Proyectamos nuestros anhelos en él o ella, y fantaseamos con la idea de que con él o ella al fin no nos sentiremos solas, al fin rozaremos la felicidad. Hay mucha ilusión y, si además de haber química entre los dos, se nos abre el corazón, es posible que experimentemos el enamoramiento.

Cómo dice Bert Hellinger: «El otro —o la otra— nos mueve mucho, pero, en realidad, no lo vemos y no sabemos quién es.»[190]

Esta experiencia nos posibilita acercarnos a otra persona, descongelar nuestra energía, entrar en intimidad. El problema es que solemos confundir este fogonazo inicial que nos permite acercarnos a otra persona, con el amor. Muchas personas creen que, al dejar de sentir el enamoramiento (que no es más que una proyección de ideales y anhelos en la otra persona), y al empezar a ver al ser humano real que tienen delante (un ser imperfecto que no puede cubrir todos tus anhelos), entonces se ha acabado el amor.

A todo esto, lo llamamos «el primer nivel de una relación». La relación sexual es intensa y satisfactoria. Queremos compartir nuestra energía, nos impulsa el deseo, la novedad, la curiosidad, la búsqueda del placer y del orgasmo.

En nuestra sociedad este primer nivel está sobrevalorado, muchas personas son adictas a esta primera fase. Es importante decir, no obstante, que no todas las personas pueden experimentar esta primera fase de la sexualidad. ¡Algunas se encuentran con dificultades des-

190. Hellinger, *op. cit.*.

de el primer encuentro sexual, aunque se sientan atraídas por esa persona! Por lo tanto, pasan directamente al segundo nivel. Es muy duro darse cuenta de la siguiente experiencia: «Mi cuerpo no responde como se supone que debería responder, no me puedo soltar y gozar de la sexualidad como otras personas o como aparece en las películas».

En nuestra sociedad el primer nivel está sobrevalorado y «se supone» que todos tenemos que acceder a él, obviando que no siempre es así. Muchas personas que tienen dificultades en este nivel optan por fingir, desconectarse mientras hacen el amor, o por rechazar la intimidad y el sexo. Se sienten acomplejadas, culpables y «defectuosas». Al no acoger amorosamente la dificultad y abordarla, al no atreverse a compartirlo con la pareja, se niegan la posibilidad de gestionar estas dificultades en aras de un mayor gozo e intimidad.

El segundo nivel de la sexualidad

¿Cuándo aparece la sexualidad de segundo nivel? El segundo nivel aparece cuando surgen dificultades en la sexualidad, que pueden ser muy diversas, por ejemplo:

- ⅄ uno de los miembros de la relación empieza a manifestar que quiere tener un tipo de sexualidad diferente,
- ⅄ alguien quiere conectar más profundamente con la pareja,
- ⅄ se despiertan incomodidades, bloqueos, disfunciones sexuales...
- ⅄ alguien empieza a poner excusas para no tener sexo,
- ⅄ surgen heridas del pasado (*shock* traumático),
- ⅄ nos alejamos de la otra persona evitando la intimidad,
- ⅄ una de las personas quiere tener más sexo,
- ⅄ mucha demanda sexual para tapar algo incómodo que está sucediendo,

⅄ tenemos sexo, pero nos «desconectamos» para no sentir lo que nos pasa realmente (acudimos a drogas —alcohol, marihuana u otras— o practicamos sexo «mecánico», con la energía en la cabeza, utilizando pornografía, etc.).

Lo que está pasando es que empieza a despertarse nuestra «vulnerabilidad». Este proceso puede acontecer desde el principio de la relación, después de unos meses o años después de su inicio. ¿Qué nos está pasando?: Se nos están activando las heridas del pasado, los traumas o las incomodidades. Suele ser desagradable conectar con «nuestra sombra» y con las dificultades que nos surgen en el ámbito sexual y de pareja. Tenemos miedos a mostrarlo y a ser juzgadas, rechazadas o abandonadas.

Es un momento de «depresión», de «desilusión», de «frustración» y de conflictos. Es un momento de grandes retos, ya que según cómo gestiones estas dificultades y conflictos, construyes un tipo de relación u otro. De crecimiento o de «estancamiento».

> Cuando se suprime el corazón,
> se crean necesidades simbólicas.
> Se crean falsas necesidades,
> y estamos llenos de falsas necesidades,
> por eso no estamos satisfechos.[191]

En este momento, tenemos dos opciones: compensar o pasar al tercer nivel

Necesitamos mucha autoestima para amarnos y respetarnos total y completamente con lo que nos ocurre. Es un momento, por tanto, de «no juicio», de gran compasión hacia nosotras mismas. Y, también, es un momento de paciencia y de gran valentía para mos-

191. Osho, *Tantra, espiritualidad y sexo, op. cit.*, p. 33.

trarnos a la otra persona tal y como somos. Si lo logramos, entramos en el tercer nivel.

Necesitamos también que la otra persona tenga estas mismas capacidades: autoestima, compasión, ausencia de juicio, paciencia, valentía y amor incondicional.

Por lo tanto, si ya sabes que tu sexualidad es de segundo nivel desde el primer momento, como acto de amor y respeto hacia ti misma, antes de entrar en intimidad sexual con una nueva persona, es muy importante que crees primero un vínculo de amistad y confianza. Además, es crucial que vayas muy lentamente en el acercamiento afectivo y sexual. Como afirman Ketan y Astiko[192] en sus talleres: «Ir demasiado rápido o vivir una sexualidad inconsciente —que no respeta las necesidades y ritmos adecuados de nuestro cuerpo y nuestro corazón—, puede ser retraumatizante».

A menudo, estamos muy faltas de autoestima y nos sentirnos inadecuadas y poco merecedoras (eso nos pasa cuando nuestra niña interior tiene una herida de vergüenza e indignidad). Además, tenemos mucha necesidad de amor, atención y compañía. Con todos estos ingredientes, nos podemos traicionar, no mostramos nuestra sensibilidad y no expresamos nuestras necesidades.

Compensar es decir «me cierro», «me desconecto» y «cumplo». Por inconsciencia y por falta de autoestima, por falta de comprensión de lo que nos sucede, por querer cumplir con un ideal de lo que se espera de nosotras, etc., nos desensibilizamos y «realizamos una actividad sexual mecánica», basada en mantener el excitamiento y perseguir el orgasmo y aparentar que «todo va bien», desconectándonos de nuestro corazón y de nuestro amante. Tenemos tanto miedo a perder al otro/a, tanta vergüenza de mostrar nuestra vulnerabilidad o nuestros deseos más íntimos; tenemos tanto miedo a ser

---

192. Discípulos de Osho y pioneros en la introducción del Tantra y los talleres de codependencia en nuestro territorio. Para más información, véase *www.tantrawithastiko.com* y Sammasati, Instituto de Consciencia Emocional, *www.transformación-interior.com*

rechazadas por ser quienes somos, que nos falseamos y nos perdemos a nosotras mismas y el contacto íntimo con la otra persona.

Y así, al falsearnos, al cerrarnos, dañamos la relación, pues pierde autenticidad y presencia, y, por lo tanto, nos nutre mucho menos, y solo se da en un nivel superficial. Este tipo de sexualidad puede derivar en un rechazo a la sexualidad (la mayoría de las parejas de largo recorrido no mantienen relaciones sexuales) o en tener que «crear situaciones excitantes» de forma artificial para compensar la desensibilización de nuestro cuerpo y nuestra alma.

Compensamos de esta manera cuando, de manera consciente o inconsciente, no queremos «ver» el nivel dos. Nos aferramos a la «ilusión» del nivel uno. Rechazamos abrirnos a lo que nos está pasando realmente, ya sea en nuestro cuerpo o en nuestro corazón. Cerramos la puerta al crecimiento personal y como pareja. El amor y la intimidad no brillarán ni aumentarán con el paso del tiempo. De esta manera estamos al lado de la otra persona, de nuestra pareja o amante, y quizá tendremos convivencia y sexo, pero si somos muy sinceras con nosotras mismas, en lo más profundo, nos sentimos solas.

El tercer nivel de la sexualidad

Cuando entramos en este nivel, nos mantenemos abiertas a lo que nos está sucediendo tal y como es (que no es como nos gustaría que fuese). El objetivo de la relación sexual no es ya llegar a una meta (el orgasmo). No buscamos un desahogo, no buscamos desestresarnos u olvidarnos de nuestros problemas personales o conflictos de pareja, sino conectar con nosotras mismas y con la persona que nos acompaña y crear intimidad. Buscamos sentirnos, conectar. Estamos abiertas a lo que suceda, sea placer, alegría, dolor, vergüenza, o lo que sea que pase. Todo se incluye, nada se rechaza. Esta es la esencia del Tantra, el Tantra lo incluye todo, no niega nada de la existencia.

En el tercer nivel hay mucha relajación y presencia. Esto es, en resumen, lo que significa el sexo tántrico. Lo importante es que, para empezar, yo esté conmigo. En este nivel no nos estamos empujando hacia un lugar determinado previamente, no vamos en busca de lo que una idea o ilusión nos ha dicho que debemos sentir o desempeñar; simplemente estamos aquí y ahora con lo que hay, con lo que nos está sucediendo, tan solo sostenemos lo que acontece.

En palabras de Evania Reichert en su libro *Infancia, la edad sagrada*, «la presencia auténtica es el estado humano de estar presente de modo incondicional y completamente abierto, donde la reactividad del programa personal puede ser regulada por la conciencia de sí mismo y por la intención amorosa y ética para con el otro».[193]

Otras definiciones amplían el concepto de presencia: estar enraizadas en el propio cuerpo, conectadas con nuestro corazón, abierto a lo que es. El estado de presencia incluye la autenticidad, es decir, darnos permiso a sentir y expresar la energía que se manifiesta momento a momento y fluir con ella.

En este nivel, nos conocemos a nosotras mismas y nos aceptamos tal y como somos. No hay esfuerzo por encajar con un ideal. Por supuesto, también aceptamos a la persona que nos acompaña tal y como es en cada momento. Si el otro no colma mis expectativas, en vez de rechazarlo o culparlo, me responsabilizo de las emociones que se generan en mí. También me responsabilizo de poner límites o pedir lo que necesito.

En el tercer nivel hacer el amor es una meditación.

En el tercer nivel entramos en verdadera intimidad. Intimidad en el sentido de exponerme ante la persona que tengo delante, de mostrar mi vulnerabilidad, desprenderme de todas mis defensas y quedarme completamente desnuda. Todas anhelamos intimidad y todas tenemos miedo a la intimidad, pues hemos crecido en una cultura enferma en la que ocultamos nuestras heridas y las partes de nosotras que no nos gustan para conseguir aceptación, cariño y amor.

193. Reichert, Evania, *Infancia, la edad sagrada. Años sensibles que hacen las virtudes y los vicios humanos*, Ediciones La Llave, Barcelona, 2017, p. 97.

La mayoría de las personas creemos que el primer nivel es «lo normal», y las demás experiencias (las dificultades que aparecen cuando nos abrimos a la intimidad y a nuestra «sombra» —miedos, bloqueos, traumas...—) son cosas «raras», «defectos» que debemos ocultar. Si no vivimos la sexualidad del primer nivel solemos culparnos (yo soy defectuosa) o culpar a la persona con quien compartimos sexo (ella es «defectuosa»). Nadie nos ha contado que el primer nivel es, para la gran mayoría de las personas, solamente un «capítulo del libro».

Hay muchas ideas equivocadas (sobre todo cuando estás en una relación de pareja de largo recorrido) sobre cómo es la sexualidad y el deseo: que hay que estar excitada para hacer el amor y que hay que llegar siempre al orgasmo, etc. Es una estrategia de nuestra sociedad separarnos de nuestro cuerpo (y por lo tanto de nuestra sexualidad) y de nuestra humanidad completa, diciéndonos cómo tiene que ser. De esta manera nos avergonzamos de nosotras mismas, nos rechazamos y ocultamos lo que nos han dicho que no es «correcto».

En resumen, en el nivel uno nos estamos relacionando desde la «coraza»; en el nivel dos entramos en contacto con la «vulnerabilidad», y en el tres nos relacionamos desde nuestra «esencia».

Es complicado amar a la gente real, y amarnos también a nosotras mismas (a mí misma «real», imperfecta, humana). Las personas «reales» no cumplimos las expectativas de los demás (ni las propias). La verdadera dificultad a la que nos enfrentamos es amar a un ser humano concreto. Y esta dificultad es universal, es propia del ser humano. La relación con el otro conlleva conflictos; podemos aceptarlos cuando aparecen y «atravesarlos», «incluirlos» y «abordarlos», o, por el contrario, podemos negar el conflicto, culpabilizar al otro, querer esclavizarlo o negar nuestros sentimientos para que el conflicto no salga a la luz.

El amor es un arte, y la vida es una oportunidad para aprender «qué es el amor». Necesitamos deshacer las ideas de que «el amor es perfecto», «el amor es eterno», «si hay amor todo fluye con facilidad». Por otro lado, la relación de pareja tampoco tiene que buscar encajar con un ideal. La pareja es un lugar de crecimiento siempre y cuando «abracemos su imperfección».

Quizá te dé miedo este camino del tercer nivel, pero te aseguro que los beneficios y la transformación son enriquecedores. Si te atreves y la relación sobrevive a la verdad, será magnífico. Si la relación muere, también será magnífico, ya que habrás acabado con una relación falsa y estarás más preparada para una relación más auténtica y nutritiva.

Osho nos dice que la verdad da miedo, pero cuando la empiezas a probar, quieres más y más. Si no puedes ser verdadera con la persona a la que amas, ¿con quién lo serás? ¿Con quién serás completamente libre si no lo eres con tu pareja? Ese es el significado del amor, poder quedarnos completamente desnudas ante la persona que amamos.

Y ¿qué pasa con la masturbación y el Tantra?

> ¿Qué hay de malo en gozar de ti mismo?
> ¿qué hay de malo en ser feliz?
> Si hay algo malo siempre está en tu infelicidad,
> porque la persona infeliz siempre crea
> infelicidad a su alrededor. ¡Sé feliz![194]

Para empezar, queremos decirte que no nos gusta la palabra «masturbación». Nos gusta más «hacerme el amor» o «hacerse el amor a una misma». Cuando lo decimos así, el cuerpo se relaja y se nos dibuja una sonrisa. Obviamente, esto tiene mucho que ver con nuestra educación, con los condicionamientos negativos de la infancia referentes a la palabra «masturbación», etc. Pero, desde aquí, nos gustaría reivindicar que las palabras tienen una cierta vibración y,

194. Osho, *Tantra, espiritualidad y sexo, op cit.*, p. 57.

mientras que «masturbación» nos resulta una palabra fría y «técnica», «hacer el amor» tiene una vibración mucho más cálida. Al decirla o escucharla, se nos abre el corazón y sentimos una agradable sensación de calor en el pecho.

Cuando hablamos de masturbación, nos vienen recuerdos de las veces que hemos utilizado —mecánicamente y sin cariño— partes de nuestro cuerpo para conseguir un orgasmo a modo de «descarga». Mientras que «hacerte el amor a ti misma» nos evoca todas las veces que hemos disfrutado de nuestro cuerpo mientras nos acariciábamos con presencia y respeto, respirando cada sensación, hablándonos a nosotras mismas con amor, o bailando y sintiendo nuestros cuerpos danzantes, es decir, ¡gozando de nuestro cuerpo! Y sintiendo después alegría, dicha, éxtasis.

¿Cómo es para ti?

Todos los principios tántricos que hemos presentado hasta este momento se aplican al «arte de hacerse el amor a una misma». Acaríciate en un estado de presencia y relajación. Ámate y trátate como te gustaría ser tratada. Retén la energía en tu cuerpo, mantente relajada (el cuerpo en general y la vagina en particular), y no te centres solo en el clítoris. Evita contracciones innecesarias en tu vagina o en cualquier parte de tu cuerpo.

Cuando acaricies tu clítoris, hazlo sin intención, sin meta, siente las microsensaciones y respira. Prueba a darle un toque muy sutil aplicando el «menos es más». Mantén en todo el proceso el estado de presencia, respiración y relajación. Deja que fluyan los sonidos y movimientos espontáneos que acontezcan. Centra tu atención en tus pechos, dales un trato amoroso y esponjoso y deja que la energía se expanda por todo el cuerpo. Haz de tus pechos «los protagonistas del viaje».

No descargues la energía de una manera automática, no fuerces el orgasmo. Y cuando el orgasmo acontezca, relájate en él, respíralo tal y como te hemos indicado en párrafos anteriores.

¡Aprovecha el gozo para imprimir amor y mensajes bonitos en ti!

Conclusión, por Astiko, maestra de Tantra

Sin saberlo pasé muchos años de mi vida sintiéndome menos valiosa que un hombre. Pero, a lo largo de algunos años de terapia, descubrí el porqué. Esta herida fue, en parte, la que me hizo buscarme a mí misma, buscar mi esencia y buscar el amor dentro de mí. Gracias a mi maestro, recordé la belleza de ser mujer y de encarnar la energía que todo lo crea. Un buen día, meditando, me conocí siendo amor. No desde el yo que ama, sino siendo amor. Puro amor.

En el Tantra, el hombre encarna la conciencia ilimitada y atemporal que lo acoge todo, se enfoca en la creación mientras que la mujer encarna la energía, la materia prima y las aguas primordiales desde donde emana la creación. Ella es la creación misma. Cuando es presenciada y penetrada por la conciencia, su vibración es amor. Y, cuando ella es amor, es presenciada y penetrada a su vez por la conciencia de él. No existe la distinción entre el principio masculino y el femenino porque, en realidad, son uno mismo. Tan solo que se ha dividido en dos para crear Todo lo que Es.

Pero todo esto no son conceptos, se trata del camino para despertar estos principios en una misma, el recuerdo de lo que ya es y hemos inhibido. Vivimos en un momento crucial en el que el despertar de las mujeres es muy importante para que se expanda la conciencia y el poder se ponga a disposición del amor y de la verdad. A pesar de que nuestros corazones estén heridos, es el momento de sanar nuestra relación con nosotras mismas y, también, con el hombre.

Nosotras encarnamos el amor y la energía que crea el mundo. Si cada una de nosotras aprende a zambullirse en las profundidades de sus aguas emocionales, de los misterios de su cuerpo, de su esencia y seguimos el ritmo del latido de nuestro corazón con honestidad. Si cada una de nosotras hacemos el esfuerzo de diferenciar la emoción del amor y honramos nuestra sensibilidad, entonces podremos transmitir esto a nuestros hombres y a nuestros hijos. Es un camino interno que está esperando a ser recorrido por cada una de nosotras. Es nuestro viaje al corazón.

Este libro es un acto de amor de mujeres para mujeres, una invitación a que recorras este camino, a que presencies toda la belleza de la naturaleza en la redondez de tus pechos y en la calidez de tu piel. Una invitación a que descubras todas las posibilidades de expresión de tu energía, tu infinita pasión y ternura por la vida. Además de ser práctico e inspirador, es una llamada a la acción para que gires la flecha de tu atención 180 grados hacia ti misma y abraces tus duelos, tus sombras, tus deseos y tus miedos. En esa intimidad contigo misma, en la que tu conciencia abraza tu energía, te descubrirás siendo mujer, bendita junto a todas las mujeres, caminando por la tierra encarnando el amor y la alegría misma de la creación. ¡Qué gratitud!

4

Otros temas por considerar

4.1. Dificultades y trastornos sexuales

En la vida se tienen experiencias que, en ocasiones, no sabemos cómo gestionar y pueden sobrepasarnos. Las tres autoras de este libro somos terapeutas, y acompañamos, desde varios enfoques, a las personas que se atreven a hacer frente a las piedras que se encuentran en su camino. No siempre es fácil; sin embargo, decidirse a buscar ayuda es uno de los pasos más importantes a la hora de solucionar un posible problema o dificultad.

El primer paso siempre es descartar que lo que nos está ocurriendo no es algo que tenga una base fisiológica y, por lo tanto, que pueda tener una solución médica (quirúrgica u hormonal). Cuando visites a tu ginecólogo, ten en cuenta que la mirada de los médicos muchas veces está influida por la ideología patriarcal y, a veces, será necesario consultar a más de uno, o escoger a una mujer que tenga la mirada abierta.

Una vez descartada una razón física que nos impida sentir placer o tener una sexualidad satisfactoria, entonces podemos ponernos manos a la obra para encontrar las razones emocionales que nos están limitando. A través de nuestra experiencia, hemos podido comprobar que, muchas veces, las pequeñas dificultades no confrontadas o el desconocimiento sobre algún tema son los principales motivos que nos pueden llevar a tener problemas mayores y derivar en trastornos sexuales graves. Esta es una afirmación demasiado atrevida para generalizar, y estamos de acuerdo en que lo ideal sería poder analizar cada caso en su propio contexto. Pero lo que queremos desde aquí es precisamente eso, alentarte a que hagas frente a ese pequeño bache que te impide disfrutar de tu sexualidad con plenitud y evitar que se convierta en un problema mayor. La información es poder. No lo olvides.

Sin embargo, este libro no pretende ser una enciclopedia sobre sexualidad y es por eso que no vamos a nombrar todas las disfunciones sexuales reconocidas por los manuales médicos ni sus tratamientos recomendados. Lo que te proponemos a continuación es una serie de reflexiones para que entiendas la importancia de normalizar algunas de las situaciones que vivimos día a día, comprender de dónde vienen, otorgarles la atención que merecen y, por supuesto, aplicar la solución que sea necesaria para que puedas vivir una sexualidad plenamente satisfactoria.

Desinformación sexual

Parece muy básico, pero es un hecho muy real. No estamos bien informadas en materia de sexo. En la mayoría de escuelas de educación primaria y secundaria, se centran en explicar a los adolescentes en qué consiste la reproducción y cuáles son los métodos anticonceptivos más comunes. Básicamente, nos advierten de la importancia de usar protección y de ser cuidadosos a la hora de tener relaciones sexuales. Obviamente, la salud sexual es una parte muy importante de nuestra sexualidad, pero no la única. Y con este tipo de educación sexual sesgada tan solo se consigue que, desde niños, asociemos la sexualidad a algo más peligroso que placentero. Y si encima el colegio es católico, resulta que, además de peligroso, el sexo también es pecado. Introyecto al canto.

Lo más grave de todo, a nuestro entender, es que cuando se da información sexual, ya sea en los colegios, los centros de salud o en casa, no se habla del placer. Lo cierto es que, a pesar de vivir en una sociedad totalmente sexualizada, todavía no está muy bien visto hablar de sexo con naturalidad. Y no solo eso, recuerda que el clítoris no se definió anatómicamente ¡hasta 1998! Y, por supuesto, en la mayoría de los libros de anatomía no aparece, mientras que el pene está en todos ellos. Esta falta de interés por la sexualidad femenina es, a las claras, una de las consecuencias de la cultura patriarcal.[195]

Desconocimiento de una misma

Otro básico. Las mujeres no nos exploramos. Porque no se nos está permitido experimentar y porque fisiológicamente lo tenemos más difícil que los hombres, ya que nuestros genitales tienen mucho de internos y son de difícil acceso.

Esperamos de veras que con todo lo que te mostramos en este libro, pongamos fin a este drama o, por lo menos, despertemos tu curiosidad para seguir investigando y conociéndote a ti misma.

El fatal concepto de los «preliminares»

¿Preliminares de qué? En las sociedades patriarcales, el lenguaje es un reflejo inequívoco de los valores imperantes. De hecho, se podría decir que es toda un arma ideológica. El concepto mismo de relación sexual está mal entendido. Se basa en una sexualidad coitocéntrica y falocéntrica, que lo único que provoca es una gran insatisfacción, tanto en hombres como en mujeres. Y cuando se reduce el sexo al coito, se corre el riesgo de pensar que todo lo demás (caricias, besos, masajes, sexo oral, etc.) no son más que el preludio a un objetivo.

En nuestra opinión, no es que las mujeres necesitemos más tiem-

---

195. *El clítoris, ese gran desconocido*, documental dirigido por Michèle Dominici, 2003: *http://www.youtube.com/watch?v=cTUA4Hl2bVg*.

po para excitarnos, sino que nos gusta disfrutar de todo el proceso y, en especial, de los pequeños detalles. Además, los gustos y requerimientos son variables en cada mujer y en cada relación. Los hombres, por su parte, están más centrados en la eficacia y la descarga, y se olvidan muchas veces de disfrutar desde el principio y durante cada instante del encuentro.

En resumen, lo que normalmente entendemos por «preliminares» debería ser entendido como una relación sexual en sí misma. La finalidad del encuentro erótico nunca debería ser el coito y/o el orgasmo, sino la búsqueda del placer constante.

Los guiones sexuales

Nos hemos referido a ellos en otros capítulos del libro, pero a modo de resumen, diremos que se trata de aquellos pasos que se suelen seguir en un encuentro sexual, especialmente en parejas de largo recorrido. No hay nada escrito al respecto, sin embargo, la mayoría de las personas acabamos siguiendo un mismo patrón en nuestras relaciones sexuales sin ser muchas veces conscientes de ello.

No obstante, hay que entender que el ser humano es un animal de costumbres y está programado para desarrollar hábitos que ha comprobado efectivos. Por lo tanto, estos guiones tienen su lado positivo porque ofrecen cierta seguridad sobre las técnicas que funcionan en la pareja y que sabemos que la satisfacen, así que, ¿por qué no íbamos a llevarlas a cabo una y otra vez?

El problema surge cuando siempre se sigue la misma estructura: orden, tipo de caricias, zonas de estimulación, frecuencia, etc. Cada pareja tiene su propio guion, aquel que le funciona. Pero cuidado, porque es un arma de doble filo, así que es importante reconocer nuestro guion y, aunque sea de vez en cuando, hay que salir de él.

Una cuestión de respeto

Ya hemos visto la variabilidad emocional y hormonal de las mujeres. Nosotras somos cíclicas y ellos son más lineales. Así que la propuesta es conocer, entender y aceptar los ritmos de ambos sexos y, también, los personales de cada uno.

John Gray en *Marte y Venus en el dormitorio*,[196] plantea un tema que resulta muy interesante: «Las mujeres son como la Luna y los hombres como el Sol». Gray firma que «las mujeres son como la Luna, en el sentido de que su experiencia sexual siempre está creciendo o menguando», haciendo referencia a la variabilidad cíclica que, como ya hemos visto en capítulos anteriores, nos caracteriza.

Dentro de ese ciclo puede ocurrir que un día la mujer desee un orgasmo, mientras que al día siguiente prefiera permanecer abrazada a su pareja sin otro objetivo que el de disfrutar del placer de estar entre sus brazos, para terminar no queriendo ni el más mínimo contacto justo al día siguiente. El deseo sexual de la mujer es variable en cada fase, y los hombres acostumbran a no entender este hecho tan crucial, no porque no sean capaces, sino porque ellos lo viven de forma diferente. Según John Gray:[197] «Los hombres son como el Sol. ¡Cada mañana se levantan con una gran sonrisa!».

Generalizando, la satisfacción del hombre normalmente va relacionada con la consecución del orgasmo que, a su vez, se relaciona directamente con la eyaculación. Cuando esta ocurre, el hombre se siente aliviado y literalmente descargado. Y como es así como él funciona, tiende a comparar e intentar que su compañera obtenga el mismo beneficio buscando los mismos resultados, sin entender que quizá la mujer no los desea ni obtiene satisfacción de la misma manera. La mayoría de veces esto resulta tan complicado de explicar y de entender que se acaba aceptando un guion sexual o manera de

---

196. Gray, John, *Marte y Venus en el dormitorio*, HarperCollins, Nueva York, 1995, p. 79.
197. *Ibíd.*, p. 80.

funcionar sin más. Cuando sería mucho más fácil aceptar que no obtener un orgasmo es algo que puede ocurrir y que también puede estar bien. Pero en lugar de eso, preferimos fingir el orgasmo y evitar tener que hablar del tema.

Por supuesto, en este apartado cabrían numerosas especificaciones en cuanto a las distintas prácticas de género y de cultura, pero en este caso, hemos preferido centrarnos en la cultura occidental de forma generalizada. Sin embargo, uno de los aspectos clave y extrapolable a todas las personas, sea cual sea su sexo, religión, cultura, etc., es que conocer nuestros ritmos vitales nos ayudará a entender y disfrutar mejor de cada situación desde la tranquilidad y sin sentirnos culpables por nada. Los amantes tienen que respetarse y negociar, si hace falta. Sí, has leído bien, negociar. Lo que nos lleva al siguiente punto.

Aprender a negociar

Negociar es una palabra que no solemos asociar al ámbito de las relaciones amorosas. Pero nada más lejos de la realidad. La relación de pareja, incluida su práctica sexual, conlleva un sinfín de negociaciones. Y eso no es malo. De hecho, aprender a negociar desde la empatía y la asertividad es vital para la felicidad en pareja.

Negociar consiste en conocerse, saber lo que nos gusta y lo que no, lo que queremos y lo que no. Porque, solamente a partir de ahí, se pueden llegar a acuerdos que respeten nuestra individualidad como personas.

En el sexo entran en juego muchos factores, algunos de los cuales, aunque parezca frío decirlo, es necesario aprender a negociar, nunca a imponer.

Expectativas de película

Las películas de Disney, las comedias románticas, las de acción e incluso las pornográficas tienen algo en común: son ficción. En estas películas, desde distintas perspectivas, se nos muestran parejas que después de sortear algunas dificultades (algunas ni eso), siempre tienen su final feliz. Además, tienen relaciones sexuales memorables (en las de Disney no, por supuesto), con satisfacción insuperable, y no solo siempre llegan al orgasmo, sino que además lo hacen en el acto.

Esto es lo que nos venden y lo que se nos ha quedado grabado a fuego en nuestra psique. Pero la vida real es bien diferente. En nuestra cotidianidad, las relaciones no son mágicas y, por supuesto, existen altibajos, malentendidos y distintos puntos de vista que hay que negociar. De igual manera, hay momentos en los que el deseo está de vacaciones, aparecen gatillazos o en los que no hay manera de conseguir el orgasmo.

Tal contradicción entre lo que nos cuentan y lo que experimentamos, no hace sino añadir presión a algo que debería ser placentero. Por lo tanto, es necesario aceptar que, a lo largo de nuestra vida sexual, tendremos encuentros sexuales muy buenos, buenos, normales y, seguramente, también alguno malo. Y esto es aplicable tanto a los encuentros casuales como a la sexualidad en pareja. Las causas pueden ser diversas y de naturaleza muy distinta. No obstante, lo importante es no caer en la culpa ni en la acusación, porque de forma automática aparecerá la frustración, y esa no es buena compañía para el disfrute.

Convertir un mal momento en un problema, trastorno o disfunción sexual

Esta situación es más propia de los hombres, sin embargo, dada nuestra tendencia a culpabilizarnos, también la encontramos en muchas mujeres.

En ocasiones, se produce alguna situación aislada durante la relación sexual que no nos produce satisfacción. A pesar de ser conscientes de que es algo puntual y que no tiene por qué volver a repetirse, nuestra cabeza puede obsesionarse con dicho acontecimiento y activar el botón de ansiedad anticipatoria → miedo → desgana y evitar volver a pasar por ello a toda costa.

Intentemos quitarle hierro al asunto. Y si esto no funciona, porque realmente nos está empezando a preocupar mucho, pongámosle remedio. No esperemos a que la situación que nos está generando estrés se resuelva por sí sola. Pidamos ayuda externa si es necesario y no dejemos que la piedra se convierta en una roca que nos impida seguir paseando por el camino.

Es importante, además, hacerse la siguiente pregunta: ¿para quién supone un problema?, ¿para ti o para tu pareja, amigos, familia, sociedad? A veces, tendemos a preocuparnos por cuestiones que son más de fuera que propiamente nuestras.

Un ejemplo claro sería una pareja que acude a consulta preocupada y muy agobiada porque está convencida de que hay algo que no marcha bien, pues sus relaciones sexuales se producen una vez cada dos meses. Tras indagar en la relación, se descubre que realmente este hecho no supone un problema para ellos. Más bien, se trata de una creencia transmitida por sus amigos y la sociedad, que nos hacen creer que si no se tiene una relación sexual cada semana es que hay algo que no funciona en la pareja. Pero ¿para quién no funciona? Desde aquí, te animamos a que escuches tus propios ritmos y lo que el cuerpo te pide y lo compartas con tu pareja.

Aun así, debemos aceptar que, en algún momento de la vida, todos sufriremos alguna dificultad sexual. Puede estar relacionada con el deseo y la excitación, con el orgasmo o con el dolor, pero lo importante es analizar la situación, descartar motivos físicos y buscar una solución. Así que, tranquila, en la mayoría de los casos, no será más que una llamada a salir de nuestra conocida y segura zona de confort. Además, hay que tener muy presente que nuestra sexualidad no deja de evolucionar a lo largo de nuestra vida y que, tarde o temprano, habrá que afrontar cambios vitales muy importantes que influirán de forma determinante en nuestra manera de relacionarnos eróticamente con los demás. Pero, por ahora, paciencia. Los veremos en el último capítulo.

Para finalizar, queremos recoger todas las causas posibles que pueden hacer que se desencadene algún trastorno sexual con el fin de que tomes conciencia de ellas. Comprueba las que pueden estar influyéndote a ti y ponles remedio tan pronto como te sea posible: Creencias. Traumas. Pautas de conducta. Rasgos psicológicos. Dificultades de relación. Actividades y enseñanzas de la familia respecto al sexo. Primera experiencia coital traumática (física o psicológica). Educación religiosa estricta. Temores que bloquean los mecanismos de la respuesta sexual (al acto sexual, al embarazo, a las enfermedades venéreas, al rechazo, a la pérdida de control, al dolor, a la intimidad, al éxito, etc.). Culpa. Depresión. Baja autoestima. Falta de información sexual. Mitos culturales. Tabúes. Luchas de poder con la pareja. Diferencias en cuanto a preferencias sexuales, frecuencia o tipo de actividad. Desconfianza. Falta de atracción física. Mala comunicación. Enfados con la pareja. Influencias psicoanalíticas (complejo de Electra). Respuestas condicionadas y aprendidas (si no disfruto en los encuentros sexuales, perderé las ganas). Refuerzos positivos (¿qué mantiene la dificultad?). Efectos secundarios de la toma de un medicamento, droga o fármaco. Consecuencia de una enfermedad. Dificultades ambientales. Cambios hormonales. Aburrimiento. Rutina sexual. Estrés. Cansancio. Falta de intimidad. Intervenciones quirúrgicas. Incapacidad de sentir placer de la madre. Vergüenza. Ansiedad. Profesiones muy demandantes. Personas muy independientes.

El libro de Christiane Northrup, *Cuerpo de mujer, sabiduría de mujer*,[198] está lleno de ejemplos y fantásticas reflexiones. Os dejamos con dos que nos han parecido interesantes para este capítulo:

«Los trastornos de la vulva, la vagina, el cuello del útero y la vía uterina inferior se relacionan principalmente con los sentimientos de violación que tiene la mujer en su relación con otra persona o con su trabajo».[199]

198. Northrup, *op. cit.*
199. *Ibíd.*, p. 351.

«Muchas mujeres están desgarradas entre su necesidad de ser amadas y de placer sexual, por un lado, y el deseo de decir no a la relación sexual. Los problemas ginecológicos de vulva, vagina y cuello del útero suelen estar relacionados con la incapacidad de la mujer para decir no a la entrada en esa parte de su cuerpo cuando en realidad desea negarse, pero le parece que no debe».[200]

Aportaciones del Tantra a las dificultades y trastornos sexuales

Todo lo expresado en el apartado dedicado al Tantra (véase p. 216) en «La sexualidad que te proponemos» sirve para hablar acerca de las dificultades y trastornos que podemos vivir las mujeres en el terreno sexual.

En el Tantra no nos gusta hablar de que tenemos «trastornos sexuales», sino de que nuestro cuerpo nos habla. Nos muestra que tenemos creencias limitantes sobre nuestra capacidad de validar nuestros deseos y sobre nuestro derecho al goce. Nos dice que no le gusta ser tocado con falta de presencia. Nos avisa de que hemos negado nuestra fuerza y nuestra agresividad. Nos señala que arrastramos traumas del pasado. Nos alerta de que vivimos una sexualidad que busca el orgasmo y no el placer de cada momento, y nos dice que ya no puede más, que él quiere vivir experiencias significativas, gozosas, alegres y juguetonas. Quizá nos dice que está harto de ser «usado» con fricción y movimientos bruscos, que no le gusta la rutina, que está cansado de un sexo insatisfactorio. También puede que nos avise de que nuestra relación está en un momento difícil, de que hay que mimarla, ver qué está pasando de verdad y enfrentar temas no resueltos. ¡Quizá nos grite que la relación simplemente ha muerto! O nos dice que el sexo tradicional no le gusta, que no es el que quiere. Quizá nos expresa que necesita más tiempo, más presencia, más tiempo de calidad, mimos y cuidados. También puede ser que se haya

200. *Ibíd.*, p. 354.

«cerrado» después de una herida de amor o tras recibir una enfermedad de transmisión sexual.

A veces todo empieza en la primera experiencia sexual: el *shock* se puede originar por un inicio demasiado rápido, porque aceptamos un ritmo que no era el nuestro, porque sentimos incomodidad, pero «consentimos» para obtener amor, poder o reconocimiento. Por desgracia, a menudo llegamos a nuestro despertar sexual torpe y temerosamente, a ciegas, desinformadas y desperdiciando o bloqueando nuestro potencial sexual.

Es entonces cuando, para que le escuchemos, para que seamos conscientes de su malestar, nuestro cuerpo se protege, se cierra, se seca, se vuelve rígido, pierde el deseo, no nos regala orgasmos o no los disfruta.

El dolor acumulado, los recuerdos de abuso y el miedo se alojan en el cuerpo, especialmente en la vagina, en el bajo vientre y en los ovarios en forma de tensiones y de bloqueos energéticos. Por lo tanto, ¡no somos frígidas! Es nuestro cuerpo que se niega a un sexo que no es el que necesitamos, o se niega a abrirse ante un roce que no nos agrada o ante un amante que nos pide que accedamos a algo que no nos apetece. Es nuestro cuerpo quien nos indica que hay traumas, que algo desagradable pasó cuando estábamos en el útero de nuestra madre, o cuando éramos niñas, o en nuestra primera experiencia sexual, o simplemente que hemos accedido a relaciones sexuales en las que no nos hemos respetado. Y por eso nos quedamos congeladas, se bloquea la energía en algún lugar de nuestro cuerpo, se nos hiela el corazón, y la vagina se endurece tanto que ya no podemos recibir energía en ella y mucho menos subirla al corazón. Y no, ¡no estamos secas! Es nuestro cuerpo que nos indica que hay algo que se truncó, algún dolor oculto, algún enfado que no nos permitimos expresar o incluso alguna experiencia traumática que anhela ser sanada. Quizá somos muy sensibles y nuestro cuerpo manifiesta el dolor sufrido por nuestras antepasadas o, incluso, por todas las mujeres. O quizás, el estilo agresivo e insensible de hacer el amor característico de nuestras relaciones sexuales, que no es sino una forma sutil de abuso sexual aceptada y normalizada en nuestra sociedad, provoca que el cuerpo se cierre al placer y a las sensaciones.

Por lo tanto, para el Tantra, las «disfunciones» son indicios de heridas emocionales no sanadas y de bloqueos energéticos que impiden que la energía fluya. Asimismo, reflejan la sexualidad que vivimos, una que no tiene en cuenta el funcionamiento real de nuestra energía sexual, que es extremadamente limitante y que nos impide gozar de nuestra extraordinaria capacidad para ser orgásmicas (véase el apartado dedicado enteramente al Tantra donde ampliamos estos conceptos, p. 216).

La «disfunción», para nosotras, es como la fiebre en relación con la infección. Para sanar la fiebre, es necesario saber dónde está la infección y curarla después. La «disfunción» es un síntoma de algo que ocurre en la profundidad y, para que el síntoma se resuelva, hay que atreverse a ir más adentro, más profundo, y poner luz donde hay oscuridad. Comunicar, expresar corporalmente los sentimientos reprimidos y contenidos en algún lugar de nuestro cuerpo, desbloquear el plexo solar, el diafragma, expresar rabia, dolor, tristeza, pedir, comunicar, respirar... en otras palabras, vivir lo que no se pudo vivir. Y el camino es poner amor y conciencia allí donde hubo desamor y falta de conciencia. El amor y el respeto sanan el corazón herido. Por eso el Tantra utiliza el amor como tranquilizador, como tónico y como vehículo de curación de las heridas sexuales.

El Tantra afirma que las impresiones negativas de prejuicios sexuales y de experiencias pasadas se instalan en el segundo chakra; las heridas de miedo, en el tercero, y las de amor en el cuarto. La sanación tántrica consiste, por lo tanto, en el tratamiento del chakra que está afectado. El Tantra afirma que, cuando un *lingam* (pene) tiene unas vibraciones electromagnéticas potentes, al unirse con el fondo de la vagina, sana las heridas emocionales producidas, por ejemplo, por un padre ausente y una madre controladora. Es decir, el amor sana las heridas de amor.

En el libro *Sanación sexual sagrada. El método chamánico de magia sexual*,[201] de Kamala Devi, encontramos una interesante clasificación de la actividad sexual: la actividad sexual puede ser reproductiva, recreativa, restauradora y transformadora. Es del nivel restaurador de la sexualidad del que estamos hablando. Esta sexualidad sana el cuerpo y la mente, construye poder personal y cultiva la salud y, lo más importante, reequilibra todos los chakras centrándose especialmente en el del corazón.[202]

Un amante presente y empático, conocedor del poder de la sanación sexual (véase el apartado 3.13, «Introdúcete en la filosofía del Tantra», p. 216) puede llegar a sanarnos. Hay que destacar que no es un camino rápido ni lineal. Hace falta mucha paciencia, mucha presencia y grandes dosis de amor incondicional para descongelar la energía de *shock* y para que la energía sexual suba al corazón. Es importante saber que, una vez que se hayan borrado los recuerdos traumáticos y desaparecidos los dolores que sentimos, puede pasar un tiempo antes de que la polaridad energética se restaure por completo. Si no tenemos la suerte de encontrar un amante «sanador», podemos recurrir a un terapeuta tántrico para que nos ayude. ¡Cuidado! Actualmente hay personas que se anuncian como masajistas tántricos o sanadores sexuales que lo que realmente practican son masajes eróticos. De lo que aquí estamos hablando (¡y sin menospreciar el placer de un masaje erótico!) es de algo profundo, terapéutico, espiritual y restaurador, de trabajo sobre el trauma y los bloqueos corporales.

Para finalizar, creemos que este relato del terapeuta Jordi Gatell[203] es de lo más clarificador:

201. Devi, Kamala (autor) y Nichols, Baba Dez (colaborador), *Sanación sexual sagrada. El método chamánico de magia sexual*, Zendow Press, San Diego, 2016.
202. *Ibíd.*, pp. 4-5.
203. Para más información, véase: *www.jordigatell.es*

Sanación tántrica

Estrella vino a verme porque al entrar en intimidad con otra persona le sucedían tres cosas: a veces se quedaba helada (*shock*), dejaba de sentir y no tenía la capacidad de expresar lo que necesitaba (parar, ir más despacio, pedir que le tocaran otras zonas del cuerpo y cómo deseaba ser tocada), otras veces le entraban náuseas y ascos (arcadas y sensación de angustia) y, en cambio, en otras ocasiones, disfrutaba de una sexualidad satisfactoria. El origen y las causas de todo ello no estaban claras (para el trabajo que íbamos a realizar no era del todo necesario saberlo).

Enfoqué la sesión de una forma lenta y respetuosa para el cuerpo, dando tiempo a que el sistema nervioso se acostumbrara a mi tacto. Desde la cara y el cuello fui bajando hasta la zona de los hombros y pecho combinando momentos de quietud con caricias, con la intención de relajar y permitir que Estrella fuera sintiendo cada situación. Más que estimular o provocar excitación, lo que pretendí fue que la respiración llegara a las zonas superiores para que las sensaciones (fueran las que fueran) nacieran por sí mismas y no provocarlas yo.

Como todo camino místico, el Tantra basa gran parte de la atención en la respiración como vehículo de conexión entre la mente, el cuerpo y las emociones. La respiración que proponemos es circular, en la que dura lo mismo la inspiración que la expiración y no hay intervalo de tiempo entre tomar el aire y permitir que el aire salga del cuerpo.

Al ver que la respiración era correcta, que el oxígeno le llegaba a los centros superiores y que Estrella estaba relajada y enfocada, me dirigí hacia los centros inferiores. Posé mis manos sobre las caderas (crestas ilíacas) acompañando a la respiración y al minimovimiento que estas tienen cuando respiramos, invitando al oxígeno a llegar a la barriga y cuenco pélvico (vagina, ano, sacro, músculo perineo...), y así dar amplitud, movimiento y oxígeno a estas zonas. Al rato, y para dar más espacio (si no hay espacio, la energía sexual no tiene forma de expandirse y, al igual que el agua, busca lugares por donde escaparse), me dispuse a entrar en el *hara* con dos dedos: durante la expiración permitía que mis dedos entraran hasta donde el cuerpo me permitía y, cuando notaba que el sistema nervioso se contraía, dejaba de apretar hasta que me daba permiso de nuevo. En la inspiración, al inflarse la barriga, permitía que mis dedos salieran del cuerpo para no interferir en la respiración.

Fue en ese momento, con dos dedos introduciéndose en el hara, cuando a Estrella le empezaron las náuseas y sensación de asco. Me quedé un rato ahí dando permiso a Estrella a que expresara la sensación en un entorno seguro, sin juicio y sanador. Poco a poco al darles espacio, los ascos fueron a menos hasta desaparecer. Fue entonces cuando empecé la sanación sexual. Consiste en poner la punta de un dedo (en pareja también se puede hacer con el pene, es realmente impresionante la capacidad sanadora que tiene un pene sobre una vagina y una vagina sobre un pene cuando están en contacto y en un estado meditativo suave y relajado en la entrada de la vagina. Al poner el dedo en ese lugar, escucho y siento qué reacciones tiene el *yoni* (vagina) al estar esperando, en meditación, sin ninguna intención más allá que permitir que los genitales se expresen, muevan y sientan, sin querer llegar a ningún lugar, solamente dejar ser, dejar que acontezca lo que sea que tenga que venir.

Al rato de esta espera en quietud comencé a sentir cómo las paredes de la vagina de Estrella se iban relajando y abriendo lentamente. Asimismo, unas pequeñas contracciones provocadas por los músculos vaginales atraían mi dedo hacia el interior de su cuerpo (los músculos vaginales, con sus impulsos, a veces te atraen hacia el interior igual que otras veces te expulsan hacia el exterior, indicando si quieren más penetración o no). Mi dedo relajado permitió la atracción y muy paulatinamente se iba introduciendo un poco más con cada espasmo. Llegado a un punto, volvieron de nuevo las náuseas, las arcadas y las sensaciones de asco. En un momento tan vulnerable, la escucha del cuerpo es importantísima. Respetar los impulsos vaginales es básico para la sanación. En esta ocasión el *yoni* seguía absorbiendo mi dedo a medida que las náuseas aumentaban.

Le pedí a Estrella que le diera todo el espacio que le fuera posible a las sensaciones que estaban por debajo de los ascos. No tardó nada en dar golpes con los brazos y patalear con las piernas mientras gritaba, maldecía y lloraba, mientras su vagina seguía agarrada a mi dedo como señal de que lo quería dentro. Fue entonces cuando pasó algo sorprendente, maravilloso y el porqué de este relato. A medida que la energía sexual fue provocando, empujando y expulsando la emoción contenida durante tantos años y la emoción fue presenciada, admitida, abrazada y se le dio el espacio necesario para expresarse, mientras Estrella gritaba y pataleaba, la vagina se abrió como una flor y se humedeció, por primera vez durante toda la sesión, como una lluvia de verano.

Después de un buen rato, la emoción fue pasando (vivir tu emoción intensamente es tan importante como dejarla marchar totalmente) y Estrella fue quedándose en quietud, reposando tras tanta descarga energética. La contracción vaginal fue expulsando suave y cariñosamente mi dedo de su interior hasta echarme con un dulce beso al cerrarse los labios vaginales sobre la puntita.

Para finalizar, coloqué una mano sobre el monte de Venus y otra sobre el corazón uniendo así sexo y amor, una de las combinaciones sanadoras más poderosas que los humanos tenemos a nuestra disposición [...].

Jordi Gatell (*www.jordigatell.es*)

4.2. Sexualidad e hijos

Convertirse en madre es uno de los momentos que conlleva más cambios en la vida de toda mujer. Empieza una nueva etapa llena de altibajos a todos los niveles. Es imprescindible mencionar que cada mujer es distinta y que la variabilidad personal es indiscutible durante todo el proceso que abarca desde el embarazo hasta meses (incluso en algunos casos, años) después del parto.

Tal como apunta Antoni Bolinches en *Sexo sabio*,[204] durante la fase de procreación —embarazo, parto y posparto— se reduce la frecuencia y la fogosidad de los contactos sexuales por diversas causas, especialmente por las biológicas, psicoestéticas y emocionales que se producen en la gestante. Lo más común es que el deseo sexual se vea afectado, y su recuperación se suele producir, en la mayoría de los casos, muy lentamente.

Cada estadio del proceso tiene sus propias características. Veamos algunas.

Durante el embarazo

Masters y Johnson[205] constataron una disminución de la sexualidad durante el primer trimestre, un aumento importante en el segundo, y un nuevo descenso durante el tercero, que puede prolongarse durante algunos meses después del parto.

Esto puede explicarse, entre otros factores, por la influencia neuroquímica que se produce en el cerebro de la mujer. Louann Brizendine lo detalla perfectamente en *El cerebro femenino*[206] donde afirma que «la maternidad te cambia, porque transforma el cerebro de una mujer, estructural, funcional y, en muchas formas, irreversiblemente [...]. En el cerebro materno, la transformación acontece desde la con-

204. Bolinches, Antoni, *Sexe savi: com mantenir l'interès sexual en la parella estable*, Pòrtic, Barcelona, 2002.
205. Madueño, Concha, *El ABC del sexólogo*, Editorial LIBSA, 2011, p. 219.
206. Brizendine, Louann, *El cerebro femenino*, RBA, Barcelona, 2007.

cepción y puede dominar incluso los circuitos de la mujer más dedicada a su profesión, modificando la forma en que piensa, siente y da importancia a las cosas. A lo largo del embarazo el cerebro de una mujer está inundado de neurohormonas manufacturadas por el feto y la placenta».

Las sustancias químicas de las que hablamos son:

❖ **La progesterona y el estrógeno.** Aumentan y producen un efecto tranquilizante.

❖ **El cortisol.** Que también aumenta, y provoca en la madre preocupación por su seguridad, la mantiene vigilante y hace que se centre en esta nueva vida que está a punto de llegar.

Las sensaciones corporales y emocionales siempre acaban aflorando en la mujer, lo que provoca más conexiones energéticas y espirituales con el mundo que nos rodea.

La doctora Christiane Northrup en *Cuerpo de mujer, sabiduría de mujer*[207] afirma que, el embarazo «es un período en el que podemos conectar con nuestro hara (el centro de creación del cuerpo) de la manera más directa y poderosa posible». Además, también nos recomienda «tiempo de silenciosa reflexión para sintonizar con nuestro cuerpo y descansar».

Se considera que, en la mitad de los partos prematuros, el estrés materno es el responsable de que el embarazo no pueda llegar a término.[208] Necesitamos urgentemente que la vida tenga un espacio de privilegio en nuestra sociedad. La mujer embarazada necesita descanso, conexión con la naturaleza y apoyo para que nuestro útero sea un lugar adecuado para la vida.

207. Northrup, *op. cit.*, p. 589
208. Olza, Ibone, *Parir. El poder del parto*, Penguin Random House, Barcelona, 2017, p. 125.

Recomendaciones durante el embarazo

Es importante que la gestante tenga orgasmos mientras está embarazada, ya que es el primer contacto que tiene el futuro bebé con la sensación orgásmica. Si la madre tiene orgasmos es más fácil que sus descendientes también los tengan.

Además, en beneficio de la vida afectiva de pareja, es muy recomendable no abandonar las relaciones sexuales en sus múltiples variantes durante todo el embarazo, a excepción de situaciones como:

❖ Indicación del médico especialista.
❖ Historial de partos prematuros /abortos espontáneos.
❖ Si el cérvix ya está dilatado.
❖ Si hay pérdida del líquido amniótico.

Parto

Northrup asegura que «muchas mujeres describen el parto en un ambiente natural como algo incluso erótico».[209] Tal y como describe Louann Brizendine,[210] durante el parto el nivel de progesterona desciende y aumentan la oxitocina y la dopamina, que provocan contracciones del útero y crean de inmediato emociones de vínculo y apego con el bebé.

Recomendaciones durante el parto

Durante el parto es importante que la pareja esté presente y preste apoyo a la madre en todo el proceso, ya que además de un momento muy bonito e intenso en la vida de ambos, puede llegar a ser bastante doloroso. Así que la mujer agradecerá profundamente su presencia amable, respetuosa y completa, que reforzará el vínculo entre ambos.

Según Antonio Bolinches en *Sexo sabio*,[211] «la serenidad durante

209. Northrup, *op. cit.*, p. 632
210. Brizendine, L., *op. cit.*, p. 145
211. Bolinches, A., *op. cit.*, p. 113

las horas previas y durante el alumbramiento es de vital importancia para la mujer. Tanto es así que muchas mujeres reconocen que esos momentos fueron determinantes y marcaron un punto de inflexión, para bien o para mal, en el concepto que tenían de sus parejas».

El mismo autor hace otra recomendación para evitar el síndrome del padre en el parto. Bolinches afirma que «la intensa experiencia puede resultar contraproducente para la libido masculina. [...] No es conveniente que la vagina pierda su condición de cálido espacio propiciador de placer y se asocie a un conducto dilatado y sangrante». Lo que él sugiere es que «participar en el natalicio no debe implicar forzosamente presenciar el parto en primera línea, sino que cada uno en función de su disposición y sensibilidad debe encontrar la manera de sentirse implicado sin debilitar el deseo sexual».

El parto forma parte de la sexualidad de una mujer

Por ello, todo lo que hemos mostrado en el apartado dedicado a la sexualidad tántrica está en íntima sintonía con lo que a partir de ahora os vamos a exponer. Pero para comenzar, quédate con una idea clave: el parto es nuestro. Nos pertenece. Nos empodera. Merecemos ser respetadas y respetarnos en él.

Ya lo dice Ibone Olza, experta en partos, cuando nos recuerda que «para parir bien se necesita lo mismo que para hacer el amor bien: intimidad, confianza, sentirse segura, respetada [...] son las mismas hormonas las que dirigen el acto sexual y el parto, se liberan de la misma manera».[212]

A continuación, veremos lo que dicen al respecto matronas y otros profesionales de la medicina. Te darás cuenta, además, de que la mayoría de estas definiciones están en línea con todo lo que hemos ido exponiendo a lo largo del libro.

Para Ina May Gaskin, autoridad mundial del parto y la matronería, el parto es «una mezcla de connotaciones biológicas, espirituales

---

212. Olza, *op. cit.*, p. 148.

y sexuales».[213] Para la Federación de Asociaciones de Matronas Españolas, en el parto están implicados factores psicológicos y socioculturales y no implica más intervención que el apoyo integral y respetuoso de este.[214]

Reivindicamos que las mujeres podemos parir (en la mayoría de los casos) sin necesidad de intervención médica, episiotomías u oxitocina química. Cuando un parto no tiene complicaciones, es seguramente la experiencia más intensa que una mujer puede tener. Y no queremos que nos la roben. No obstante, en la actualidad, no siempre se nos da la opción de hacernos cargo de nuestro propio parto y, casi sin darnos cuenta, nos vemos hospitalizadas y rodeadas de médicos y medicinas.

En el magnífico libro de Ibone Olza, *Parir*, encontramos el testimonio de Icíar Bollaín, que nos relata cómo parir ha sido para ella la experiencia más intensa, profunda y animal de su vida: «Es cuando me he sentido, no más cerca de la naturaleza, sino parte de ella. [...] Sentí una potencia que no sabía que tenía. [...] Cuando todo pasó, me sentí invencible. [...] El parto es pura fuerza. Pura potencia. Me pregunto si no será por esa razón, en el fondo, por la que se trata de controlar. [...] Rodearlo de miedo es neutralizar esa potencia. Es, una vez más, echarnos de un espacio que nos pertenece».[215]

¿Cómo nos robaron el parto?

Los partos eran atendidos por mujeres fuertes, valientes, expertas y que solían tener conocimientos de plantas y otros remedios. En el siglo XVI los médicos —varones— empezaron a intervenir en los partos. Y, con la invención de las herramientas obstétricas, el parto dejó de ser un viaje espiritual, sexual, instintivo, un viaje femenino,

213. *Ibíd.*, p. 25.
214. Véase definición de parto de la Federación de Asociaciones de Matronas Españolas, junio de 2006:*http://www.federacion-matronas.org/documentos/profesionales/parto-normal-definicion-fame/*
215. Olza, *op. cit.*, pp. 14-15.

para convertirse en un procedimiento médico, situación que evolucionó hasta lo que ahora acontece.[216]

Fue en este momento en el que se nos colocó en un papel pasivo y, además, en una postura —echadas boca arriba, con las piernas levantadas— que es cómoda para el médico, pero muy poco favorable para parir.

El miedo al parto: la traición al instinto y al poder femenino

Como afirma Evania Reichert,[217] las mujeres estamos empezando a despertar de la condición pasiva en la que se nos ha colocado en las últimas décadas, en las cuales el parto se ha convertido en un acto médico, generalmente quirúrgico. Las estadísticas indican que el miedo al parto se ha apoderado de la mayoría de las mujeres. Nos hemos desconectado de lo instintivo y de nuestra ancestralidad femenina. El miedo inyecta adrenalina en nuestros cuerpos, nuestros esfínteres se contraen en consecuencia... y, obviamente, de este modo el parto se hace más difícil. Según muchos estudios, el número de cesáreas es alarmante y no siempre están relacionadas con necesidades de carácter médico. Del mismo modo, el uso de recursos anestésicos, que afectan al bebé y a la madre de forma negativa, deberían utilizarse solo cuando son realmente necesarios. Pero, por desgracia, estos se han convertido en una herramienta de uso casi obligado en los centros obstétricos.[218]

La mayoría de los obstetras pactan con ese miedo, utilizando anestesias y practicando cesáreas programadas, haciéndose cómplices de una traición al instinto femenino, aceptando la falsa idea de la fragilidad femenina y desempoderándonos al impedirnos conectar con

---

216. *Ibíd.*, pp. 146-147.
217. Reichert, Evania, *Infancia, la edad sagrada. Años sensibles que hacen las virtudes y los vicios humanos*, Barcelona, Ediciones La Llave, 2017, p. 97.
218. *Ibíd.*, p. 158.

nuestra fuerza y coraje.[219] De hecho, la OMS hace años que critica la excesiva medicalización de la atención al parto y al nacimiento.[220]

Muchas de estas intervenciones interfieren en los procesos naturales que se dan en el parto, de manera que son más peligrosas y dañinas que no intervenir de ningún modo. Por ejemplo, el uso de oxitocina sintética, tan utilizado para acelerar el parto, ahora parece que puede ser uno de los factores que explica la actual epidemia de autismo.[221] Del mismo modo, la oxitocina química produce en la mujer un dolor innecesario que la impele a pedir anestesias. Además, se ha demostrado que aumenta considerablemente el riesgo de depresión posparto.[222]

La oxitocina natural produce las contracciones en el parto y en los orgasmos, la salida de la leche de los pechos, la erección y la eyaculación. Además, tiene que ver con todas nuestras conductas sociales, sexuales y espirituales. La oxitocina nos hace sentir confianza, bienestar, amor, comunión con los demás y conexión con el todo. Interviene en el enamoramiento, la crianza; es la hormona del amor, el bienestar y el placer, y es la que hace que en el parto sintamos estados alterados de conciencia.[223]

Por ello, cuando se truncan los procesos biológicos naturales que nuestro cuerpo vive al parir y se interfiere en la liberación de esta hormona, se nos está negando la posibilidad de sentir la alegría, el empoderamiento, el éxtasis e incluso los estados orgásmicos que somos capaces de vivir al parir. Para poder sentir estos estados, un acompañamiento respetuoso, sensible y amable es imprescindible. Así como un ambiente tranquilo, sin ruidos ni distracciones —nada de personas que entran y salen, cambio de personal sanitario, conversaciones innecesarias, etc.

219. *Ibíd.*, p. 98.
220. Johanson, Newburn y Macfarlane, 2002. Citado en Olza, *op. cit.*, p. 135.
221. Olza, *op. cit.*, p. 20.
222. *Ibíd.*, p. 120.
223. *Ibíd.*, pp. 43-45.

Por un parto natural, íntimo y amoroso

Estamos de acuerdo en que el nacimiento se ha deshumanizado y la mujer está obligada a parir desde la pasividad y la sumisión. Entender que cuanto más natural sea el parto, más íntimo y amoroso, más rápida y mejor será la adaptación del bebé al mundo y más rápida será también la recuperación de la madre, es el primer paso para cambiar las cosas.[224] Debemos humanizar el parto y el nacimiento. Hemos de priorizar las dimensiones subjetivas de la madre y del bebé al mismo tiempo que los recursos obstétricos han de asegurar la reducción de la mortalidad materna y neonatal. ¿Por qué no utilizar los avances de la medicina sin desempoderar y sin herir a las mujeres y a sus bebés? Urge humanizar todos los partos, también las cesáreas, haciendo solo aquellas estrictamente necesarias, y cuando sea el caso, practicar una cesárea respetuosa y fisiológica, es decir, esperar a que se inicie el parto de forma natural, con la pareja de la mujer presente en todo el proceso, sin separaciones innecesarias, piel con piel, y si no es la pareja, la persona más significativa para la madre.

Al igual que en las experiencias sexuales, no se suele hablar de la riqueza y la profundidad del parto desde un punto de vista psíquico y existencial. En lo que respecta a lo psicológico, después del parto nos podemos sentir empoderadas y listas para proteger a nuestras crías o, por el contrario, enormemente vulnerables y dañadas. La atención y el acompañamiento que recibimos antes, durante y después del parto es la clave para que sea de una manera u otra.

Del mismo modo, durante el embarazo y parto, muchas mujeres tienen vivencias trascendentales o místicas, de conexión con la naturaleza, con su linaje femenino o con todas las mujeres del planeta. Es bueno que lo sepamos y que nos permitamos el espacio para poder hablar de ello antes y después del parto. Este proceso tiene que ser concebido como algo importante y muy significativo en la vida de

---

224. Reichert, *op. cit.*, p. 153.

una mujer desde el punto de vista psicológico y espiritual. Es un viaje interior, una experiencia muy intensa, solo comparable con el proceso de morir. Desde estas líneas reivindicamos que el parto deje de ser, en el discurso dominante y en la praxis, reducido a un acto médico, consumible y olvidado una vez que ha pasado. Las mujeres necesitamos hablar de nuestro parto antes y después de él. Necesitamos integrar la experiencia, y nuestro entorno debe darnos un espacio para ello.[225]

El escenario neuroquímico del parto está repleto de hormonas del amor

En palabras de Ibone Olza: «Lo más fascinante del parto en la especie humana para mí es que cuando nos ponemos a observar desde la neurobiología cómo es el escenario neuroquímico del cerebro en el parto, todo lo que nos encontramos son hormonas del amor a raudales que promueven el placer y el bienestar inmediatamente [...] que hacen que en condiciones ideales [...] la madre esté en un peculiar estado de conciencia en el que todo lo que suceda va a quedar profundamente grabado y en el que lo más fácil es que sienta fascinación y ternura o amor por esa criatura que acaba de salir [...] de su vientre.»[226]

> «[...] Parir es poder: las mujeres somos poderosas porque podemos parir. Porque mi cuerpo es mío y mi cuerpo sabe.
> Parir es poder: sentir, creer en ti misma y en tu bebé porque tu cuerpo sabe amar. Parir es poder, es libertad, parir es poder ser protagonista del parto, poder ser dueña de una misma, parir es poder en confianza y con amor, parir es ser. Parir nos cambia, nos recuerda de lo que somos capaces... Parir es poder aprender que nuestro cuerpo es sabio.»
> Asociación El Parto es Nuestro, en Olza, *op. cit.*, p. 28.

225. Si estás interesada en estos temas, en el libro *Parir*, de Ibone Olza, podrás encontrar mucha información al respecto.
226. Olza, *op. cit.*, p. 22.

Las mujeres podemos parir: nuestro cuerpo sabe parir

Como ya te habrás dado cuenta, todo lo dicho hasta ahora en relación con el parto refuerza lo expuesto en el apartado sobre el patriarcado y el Tantra. Nuestro cuerpo sabe. Nuestro corazón, nuestra vagina y todos nuestros músculos necesitan relajación y respeto para poder abrirse y gozar de la experiencia. Necesitamos sentirnos parte de la naturaleza y fluir con ella. Necesitamos empoderarnos y sentirnos diosas capaces de sentir placer y capaces de parir. Parir es cuerpo, es piel, es amor, es experiencia íntima y espiritual si la mente y las interferencias externas nos dejan ser quienes somos en realidad. Y nosotras, mujeres cuerpo, mujeres instinto, mujeres poder, sabemos parir. No lo dudes.

Pero, al igual que sucede en la sexualidad consciente, para parir necesitamos ser una con nuestro cuerpo, sentirnos desde dentro. Parir es poder, es aprender —o más bien recordar— que nuestro cuerpo es sabio.

Para poder parir debemos saber qué nos ayuda a parir y qué nos lo impide: la transmisión del arte de parir

Si las previsiones para el parto son buenas, es decir, que no será de riesgo para la madre o para el bebé, podemos parir incluso en casa, tan solo con un equipo de asistencia y acompañamiento. Numerosos estudios señalan que el parto en casa, si se reúnen ciertas condiciones, puede ser más seguro que el parto hospitalario.[227] Sin embargo, solemos parir en hospitales en los que, en general, no se cuidan nuestras necesidades psicológicas ni tampoco las del bebé. Es justo señalar, no obstante, que en los últimos años se han ido introduciendo pequeños cambios positivos en algunos centros hospitalarios.

227. *Ibíd.*, p. 140.

Para poder parir sin dolor —o con un dolor que podemos asumir y transitar— hace falta que nos permitan permanecer en aquellas posturas que facilitan que las contracciones no sean dolorosas. No es recomendable permanecer echada boca arriba —¡y mucho menos con las piernas en alto!— en la fase de dilatación. Si permanecemos echadas, el trabajo de parto es menos eficaz y aparece un dolor innecesario. Podemos caminar, estar en cuclillas, sentadas, de pie moviendo la cadera, bailar, sumergidas en una bañera... o en cualquier posición que nos haga sentir cómodas. Aunque es conveniente tener en cuenta que siempre es mejor si la fuerza de la gravedad va a favor del proceso.

La mujer debe tener una posición activa y debe ser respetada y apoyada emocionalmente para que pueda relajarse y así poder parir. Las personas que nos acompañan deben saber dónde posar sus manos de forma sutil, amorosa y consciente para disminuir la presión que sentimos en nuestro bajo vientre o sacro —según la posición del bebé, la presión estará más focalizada en el sacro o en el bajo vientre—. Necesitamos creer que podemos parir, nosotras mismas y también las personas que nos acompañen en este proceso. La confianza en nuestras capacidades es de vital importancia. Necesitamos estar en contacto con nuestras sensaciones e intuiciones y dejarnos llevar por nuestros impulsos. Estar totalmente presentes en nuestro cuerpo y con una actitud meditativa.

Al igual que podemos aprender el arte de amar y despertar nuestro potencial orgásmico, podemos aprender el arte de parir. De hecho, nuestro cuerpo sabe. Pero, en nuestra cultura, la mente siempre interviene en todos los procesos vitales, negándonos la capacidad y el poder de parir por nosotras mismas.

Prepararse para parir también significa deshacerse de creencias limitantes y miedos que están en nuestra mente. Te recomiendo ver partos respetuosos, escuchar a otras mujeres que han tenido buenas experiencias, empaparnos de la verdad de que una mujer puede parir de manera consciente y tranquila. Y, sobre todo, no permitir que te bombardeen con historias, imágenes y relatos de partos difíciles y traumáticos. No es el momento de escucharlo ni de verlo.

Y, recuerda: el parto no es un examen ni hay que competir con nadie. No tenemos el parto que queremos sino el parto que acontece. Nos preparamos para él con amor, y después soltamos todo control y expectativas. Es importante ir al parto lo más descansadas y relajadas posible. Los días antes del parto deben ser días de vacaciones, estar sosegadas, dormir mucho, alimentarnos bien, conectar con la naturaleza, etc.

Parir es una meditación. Es relajarnos, confiar, expresar y movernos con libertad

Así como en el sexo podemos aprender a entregarnos al momento presente, sin metas ni mente que nos alejen de la sabiduría natural del cuerpo, acogiendo los sentimientos que afloren y los movimientos y sonidos espontáneos que acontezcan; también podemos entregarnos de la misma forma al parto que la vida nos ofrezca.

Parir es un esfuerzo, un esfuerzo positivo. Igual que cuando te subes a una atracción, puedes dejarte ir y gritar o controlarte e intentar mantenerte inmóvil. Pero si gritas es más agradable, ¿verdad? Pues en el parto pasa lo mismo, parirás mejor si te dejas llevar por lo que te pida el cuerpo. ¡Olvídate de ser correcta! ¡Sé cuerpo vivo y vibrante! Puedes parir con verdad o parir de mentira, y desde aquí, te invitamos a parir de verdad.

Es muy importante aceptar el parto que va llegando, el parto que estoy teniendo, sin aferrarnos al parto que deseábamos tener. Aceptando el parto que acontece ayudamos a que este se desarrolle de la mejor manera posible. Si no, estaremos poniendo barreras a la naturaleza.

Parir entre las 38 y 42 semanas es el período normal. Es mejor no estar demasiado pendiente de cuándo nos vamos a poner de parto. Suele pasar que, al acercarse el día, te encuentres excepcionalmente bien. Es el bebé quien decide cuándo se inicia el parto. Así que, ¡relájate y déjate llevar!

En el sexo como en el parto, el tiempo y la calidad del encuentro, la relajación, la presencia, la respiración consciente, los movimientos espontáneos y los sonidos que acontecen libremente abren nuestro cuerpo a ser canal de vida y despiertan a la diosa que llevamos dentro. Del mismo modo, evitar todo aquello que provoque contracción en nuestro cuerpo facilitará la experiencia de parir.

Para que todo esto pueda acontecer, la disponibilidad emocional de las personas que nos atienden en el parto es fundamental. Deben ofrecernos un ambiente de intimidad sexual en el que podamos escuchar nuestro cuerpo y dejar que se exprese libremente, sin inhibiciones. Necesitamos intimidad, libertad y poder. Apelamos a la autoescucha y la escucha externa, al autorrespeto y el respeto exterior.

El miedo bloquea y contrae. Por el contrario, la confianza, el amor y la escucha empática relajan y conectan con el bienestar. El ambiente y las personas que rodean a una mujer que está pariendo han de cultivar la escucha, la empatía y el amor para generar confianza y relajación en la mujer. Con ello, el parto puede ir avanzando a un ritmo natural. Cuando sentimos cariño y empatía a nuestro alrededor, ¡creamos oxitocina de forma natural!

El orgasmo acontece, así como el parto acontece. La maternidad nos coloca en un lugar poco frecuentado por muchas de nosotras: perdemos control y tan solo podemos entregarnos a la vida. No controlamos cuando nos quedamos embarazadas, ni el embarazo que tenemos, ni el día que nos ponemos de parto, ni el tipo de parto, ni la cantidad de leche que producimos. El cuerpo nos lleva, la mente consciente poco puede controlar. Podemos fluir con él, aceptar, rendirnos, ser una con el proceso, o, por el contrario, luchar, resistir y sufrir. Por ello, en la maternidad, como en el sexo, nos ayuda el cultivar las cualidades femeninas no distorsionadas: tranquilidad, receptividad, espontaneidad, atención hacia nuestro interior, presencia, capacidad de esperar, intuición, capacidad de fluir, entereza, conciencia de conexión con el universo, etc.

Parir con placer es posible

«Cuando se comprende cómo es el útero y se reflexiona cómo la naturaleza ha potenciado el placer como manera de garantizar la reproducción, la salud y en última instancia la vida, se puede aceptar que probablemente, sin tantos condicionantes, muchas o casi todas las mujeres podríamos parir de forma gozosa y placentera. Sin embargo, este conocimiento sigue sin ser enseñado en las facultades de Medicina ni en los servicios de obstetricia, igual que no se enseña que las mujeres tenemos próstata y podemos eyacular.»[228]

Sí, parir con placer es posible: lo hemos leído, algunas mujeres nos lo han contado, algunas lo hemos vivido. Hay mujeres que se acarician durante el parto para hacerlo más placentero. Hay mujeres que tienen partos orgásmicos, otras que sienten intensidad, pero no dolor, otras cuentan que el parto fue el orgasmo más intenso de su vida y que durante días vivieron en un estado alterado de conciencia. Hay mujeres que paren bailando, riendo, sonriendo, respirando calmadamente, acogiendo a su bebé en estado de éxtasis. Pero ¿por qué no nos explican esto a las mujeres? ¿Por qué el discurso dominante nos lleva al miedo? ¡Urge divulgar que parir con placer es posible![229]

Testimonio I

En el primer embarazo, me preparé para un parto natural en casa haciendo, a diario, una hora de yoga para embarazadas, bailando a menudo y conectando con la naturaleza. Tuve relaciones sexuales muy satisfactorias durante la mayor parte del embarazo. Mi cuerpo estaba muy sensible y lleno de deseo.

Cada día escuchaba un audio de un parto natural en la India, donde la madre respiraba calmadamente hasta que se oía el sonido del niño que nacía (el bebé no

228. Torres, 2015, citado en Olza, *op. cit.*, p. 175.
229. Si quieres saber más: Rodríguez, Casilda, *Pariremos con placer*, Cauac, Murcia, 2009.

lloraba, solo hacía ruiditos suaves, todo el proceso era muy tranquilo, muy pausado). Esta rutina me ayudó a limpiar memorias y creencias de que el parto es algo horrible o dramático. Considero que las películas y los relatos sobre el parto que nos suelen ofrecer a las mujeres desde la infancia nos condiciona y nos desempodera. Me asombra ver imágenes de mujeres pariendo gritando o descontroladas. Nada que ver con mi experiencia.

La comadrona que me preparó para el parto (una mujer muy mayor y con mucha experiencia como comadrona en entorno hospitalario, domiciliario y, además, profesora de yoga) me dio una imagen que me sirvió muchísimo durante el parto: las contracciones, me dijo, son como las olas en una tormenta en alta mar. Tú eres la capitana del barco que navega en el mar agitado. Puedes entrar en pánico, correr por la nave gritando: «¡Socorro, socorro, viene una ola muy alta!» o puedes tomar el timón, observar cada ola que se va acercando y colocar el barco en la mejor posición para sortearla. No puedes controlar las olas, pero sí puedes elegir la actitud con la que las afrontas.

Testimonio 2

Mi experiencia ha sido la siguiente: en cada parto (los dos naturales y en casa) mi cuerpo me indicó qué postura necesitaba tomar en cada fase, qué necesitaba de las personas que me acompañaban y qué emoción o creencia estaba impidiendo que el parto avanzara.

Preparé mi primer parto como una meditación, la casa se convirtió en un templo y mi compañero y la comadrona facilitaron que todo fuese a un ritmo tranquilo. [...] El parto duró ocho horas en tiempo real, pero para mí el tiempo se detuvo, salí de la experiencia espacio/temporal. No sentí dolor alguno durante toda la dilatación. Sí sentí las contracciones, pero con la postura adecuada, la respiración consciente, concentrada y con los movimientos que mi cuerpo me indicaba las pude transitar en un proceso tranquilo y agradable. Cuando faltaban dos minutos para que la dilatación fuera completa, sentí una última contracción, más fuerte que las anteriores. En ese momento pensé «si estuviera en un hospital, ahora pensaría en pedir la epidural, pues más contracciones cómo esta no sé si las sabré gestionar». Para mi sorpresa, en ese momento la comadrona me dijo que la dilatación estaba completa y que en breve el bebé podría salir. Ya no sentí ninguna contracción más ni dolor alguno.

Pensé que, en mi caso, pedir la epidural hubiera significado subir una montaña desde el valle hasta la cima, haber disfrutado la ascensión, haberme esforzado y, a diez metros de la cima, sentir que ya no podía más, y subir a un jeep. Qué pena, ¿no?

Parir de la manera en que lo hice me hizo sentir poderosa, ha sido un antes y un después en mi vida.

En la última fase del proceso, el momento en que mi hijo tenía que pasar por el canal del parto, encontramos alguna barrera en mi cuerpo, veíamos la cabecita del bebé, pero algo le impedía salir, probamos muchas posturas, bailamos para desbloquear la cadera, llamamos a mi homeópata, que nos dio bolitas de homeopatía y le pedí a la comadrona y a mi pareja que «me miraran con una mirada que me confirmara que yo podía parir». Lo hicieron. El parto se desbloqueó y mi hijo nació sin sufrimiento para él ni desgarro ni episiotomía para mí. Yo estaba feliz y energética. Me duché al cabo de un rato. No había dolor alguno en mi vulva ni en ninguna parte de mi cuerpo. Mi pareja y yo gozamos de un estado alterado de conciencia durante tres días, algo parecido a un orgasmo/alegría desbordante/gozo/empoderamiento/unidad que no sé cómo definir. Fueron ocho horas que yo disfruté y viví como una de las experiencias más importantes y gozosas de mi vida.

El segundo parto, veintidós meses después, fue totalmente diferente. Me desperté a las seis de la mañana, sintiéndome «solo cuerpo», con la intuición de que algo importante estaba pasando en mí. Llamé a la comadrona sin saber si estaba de parto. Dos horas después empezaron las contracciones, esta vez muy seguidas e intensas, más que en el primer parto. Mi cuerpo me llevó a colocarme «a cuatro patas» y a cantar como una indígena cada vez que acontecía una contracción. Cantar y mover la cadera hacía que pudiera sostener las contracciones sin perder la calma.

Media hora después la dilatación era completa y en diez minutos indoloros y calmados nació mi segundo hijo. Mi segundo parto duró unos cuarenta y cinco minutos. Sin desgarro y sin sufrimiento para el bebé.

Sé que hay partos difíciles y con complicaciones, pero me gustaría que las mujeres sepan que también es posible parir sin dolor, con gozo, con paz... ¡Ojalá muchas mujeres puedan disfrutar de partos respetuosos!!!!

El parto traumático

El parto puede producir traumas en la madre, el bebé y en las personas que los han acompañado durante el proceso. El trauma es un fenómeno subjetivo. Muchas mujeres no se sienten bien tratadas en el parto y, por consiguiente, pueden desarrollar un estrés postraumático que, en ningún caso, debemos tomarnos a la ligera. Por desgracia, la realidad es que a menudo se nos maltrata durante el parto. Algunos ejemplos de maltrato que podemos sufrir son los siguientes:

❖ Darnos oxitocina sintética para acelerar el parto sin que ello sea necesario, provocando sufrimiento fetal y, finalmente, una cesárea.

- ❖ Forzarnos a consentir procedimientos sin ser informadas con detalle de los riesgos que conllevan.
- ❖ Separarnos de nuestro bebé recién nacido sin motivo justificado.
- ❖ Trato frío, distante, juicioso, autoritario, deshumanizado, descuidado, irrespetuoso, poco empático y sin tener en cuenta nuestras necesidades psíquicas.
- ❖ No recibir información del proceso que estamos viviendo, sentirnos observadoras de lo que nos van haciendo. Desposeernos de nuestro papel central en el proceso de parir.
- ❖ Episiotomías innecesarias y poco respetuosas con nuestro cuerpo.
- ❖ Drogarnos sin nuestro consentimiento.

Las implicaciones de un parto traumático se dejan ver en el estado psicológico de la madre, del bebé, en el vínculo entre la madre y el bebé, en la sexualidad posterior y, por supuesto, en la relación de pareja. Por ello, prevenir el trauma y las complicaciones del parto, significa cuidar el estado psíquico de las mujeres, y con él el estado psíquico de la pareja, la familia, y, por ende, del mundo.

En el caso de que te hayas sentido poco cuidada y respetada durante el parto, te animamos a que hables de ello con personas que sepan escucharte y empatizar contigo, y si sientes que no mejoras, pide ayuda profesional. ¡Mereces sanar esa herida!

Posparto

Después del parto, ocurren muchos cambios que necesitan de un tiempo para ir reequilibrándose y, poco a poco, hacer que la sexualidad de la pareja se restablezca de manera satisfactoria.

El puerperio, período que va desde el momento del parto hasta que el cuerpo materno —incluyendo hormonas y aparato reproductor femenino— se ha recuperado, tiende a ser doloroso. Acostumbra a durar entre seis y ocho semanas, dependiendo de cada caso. Es la conocida «cuarentena». Por lo general, tanto la madre como el padre pierden momentáneamente su interés por las relaciones sexuales, pues la atención está dirigida al nuevo miembro de la familia.

Las hormonas tienen mucho que ver en este proceso. En la madre, la oxitocina y la dopamina aumentan, lo que produce que toda la atención se centre en el bebé. La prolactina, activada en la lactancia para producir la leche materna, actúa como inhibidor sexual y disminuye la libido de la mujer. Y lo que ocurre en el cerebro del hombre no es muy distinto. En *El cerebro femenino*,[230] Louann Brizendine nos explica que la clave está en que, durante esta etapa, la mujer experimenta una disminución de testosterona y un aumento significativo de estrógenos, lo que hace que disminuya su impulso sexual y aumente el vínculo con su bebé.

Los nuevos horarios, rutinas y la falta de sueño son un antiafrodisíaco para la pareja, que ha pasado de ser de dos miembros a tres. Las prioridades cambian y pueden aparecer emociones y sentimientos que no se esperan, como los celos, especialmente por parte del padre. Tal como afirma Antoni Bolinches en *Sexo sabio*[231], «ahora la madre presta más atención al pequeño/a, y la pareja pasa a segundo lugar».

Otra situación que se produce con frecuencia es la depresión posparto. La doctora Christiane Northrup en *Cuerpo de mujer, sabiduría de mujer* apunta lo siguiente: «De un 10 a un 15 por ciento de mujeres sufren alguna forma de trastorno anímico después del parto, desde una depresión importante hasta ataques de pánico».[232] Además, advierte que «las mujeres que sufren de síndrome premenstrual de moderado a grave podrían tener más riesgo de pasar por una depresión posparto» y que «algún punto inconcluso importante que tenga la mujer con su madre en el momento de dar a luz también puede aumentar el riesgo de sufrir una depresión posparto».[233]

230. Brizendine, *op. cit.*
231. Bolinches, *op. cit.*
232. Northrup, *op. cit.*, p. 651.
233. *Ibíd.*, p. 653.

Recomendaciones durante el posparto

Pasada la cuarentena, es recomendable restablecer los contactos sexuales. Cada pareja determinará cuáles según ganas, disposición y recuperación física de la madre. Pero es importante saber que los orgasmos son muy beneficiosos para una mayor recuperación del útero, aunque no es recomendable reanudar el coito vaginal hasta pasado el puerperio.

La comunicación y comprensión dentro de la pareja serán cruciales durante esta etapa.

La crianza en la sociedad actual y sus consecuencias en la pareja

No te quiero desanimar, pero muchas parejas están demasiado ocupadas, cansadas o resentidas para hacer el amor. Lo que supone un claro deterioro con el tiempo y con la crianza.

Los estudios afirman que, en general, las parejas no comparten de manera paritaria las tareas domésticas. En aquellas que sí hay paridad cuando todavía no tienen hijos, esta se pierde con la llegada del primer hijo/a.

El tema de la gestión del dinero suele ser también un tema difícil con la llegada de los hijos. Mayoritariamente, la mujer suele renunciar en parte a su carrera profesional, y ajusta su horario y también su sueldo. Por consiguiente, la mujer pierde poder y reconocimiento social, porque, seamos honestas, las tareas reproductivas no tienen reconocimiento ni prestigio social en nuestro mundo. Con los hijos, las tareas domésticas y de cuidado se multiplican, y el tiempo para una misma y para la pareja se reducen. Y, a menudo, la mujer vive con culpa cualquier tiempo dedicado a sí misma y no a los hijos.

A todo esto, añadamos las decisiones sobre la crianza o las consecuencias en la vida social, puesto que las amistades sin hijos tienen un ritmo muy diferente y suelen alejarse. Aumenta la soledad, y la familia extensa, si la hay, cobra importancia como apoyo y/o como fuente de conflictos.

La autoexigencia de ser una buena madre, seguir cuidando nuestro cuerpo y mantener una vida social y sexual magnífica, se convierte en una carrera hacia un lugar imposible de llegar. Al tiempo, nos sentimos más solas, con menos recursos económicos, con más responsabilidades y más fuentes de conflicto. Y, por encima de todo, con cansancio. Mucho cansancio. Y a este ritmo, es fácil que la mujer sienta estrés y un profundo malestar.

En resumen, menos tiempo, menos descanso y menos dinero, junto con más responsabilidades, más situaciones conflictivas y más emociones nuevas hacen que, lógicamente, la vida sexual también se vea afectada.

En otras sociedades, la crianza recae en la comunidad, la tribu, la familia extensa o en grupos de mujeres. Sin embargo, en nuestra sociedad, muy a menudo todo el peso recae en la pareja y, especialmente, en la mujer. La mayoría de nosotras —de las que tenemos hoy en día hasta 60 años aproximadamente— nos hemos formado para ser mujeres independientes y profesionales. Pero, cuando nos quedamos embarazadas y parimos, todo nuestro mundo cambia. El mundo que conocíamos sigue avanzando y nosotras nos quedamos en casa durante varios meses o años, mayormente solas, con un bebé entre los brazos —muy probablemente el primer bebé que hemos visto nacer y criar—, y sin mujeres experimentadas alrededor que nos apoyen y acompañen. Estar todo el día sola, en casa y con un bebé puede ser extenuante. Y encima tenemos que aguantar que mucha gente, incluidas nuestra pareja, amigos y familiares nos digan ¡que estamos de vacaciones!

En este contexto, es lógico que acumulemos rabia, tristeza, impotencia, resentimiento y otras emociones poco «de moda» y que, inevitablemente, afectarán a nuestra relación de pareja y a nuestra sexualidad. Por lo tanto, necesitamos abrirnos a este malestar, expresarlo y buscar maneras de sobrellevar esta etapa de crisis profunda —crisis en el sentido de cambio—. Es importante saber que el malestar no lo tenemos solo nosotras, que no es que lo estemos haciendo mal. El malestar es estructural, y tenemos todo el derecho a sentirlo.

En el caso del hombre, por ejemplo, si este se sintió «abandonado» por su madre tras la llegada de un hermano menor y no ha trabajado este tema en el ámbito emocional, es muy probable que cuando tenga su primer hijo, vuelva a resurgir esta sensación de abandono y celos, pero en esta ocasión, dirigida a la madre de su hijo. Según esta idea, el hombre tiende a confundir a su mujer con su madre, lo que hace que afloren numerosas emociones reprimidas como, por ejemplo, la rabia, y que acabará proyectando inevitablemente en su hijo y en su mujer. Es, por lo tanto, un gran momento para aprovechar y trabajar la sombra. Si se hace, el hombre madurará y crecerá. Si no se hace, experimentará grandes dificultades para hacer de compañero para su mujer y de padre para su hijo.

Si nuestra pareja puede mirar esta crisis con nosotras, si la abordamos juntos, podremos seguir en «intimidad» y, desde ella, seguir conectando sexualmente de forma auténtica. Sé creativa, sé creativo. Mirad «dónde os duele», en qué lugar se está agotando la relación, qué rompe la armonía y, por consiguiente, el anhelo del encuentro; pensad cómo podéis compensar o aliviar las dificultades y qué nuevos pactos necesitáis para poner a salvo vuestra relación. Además, crea espacios blindados para encontrarte contigo misma y con tu pareja. Haced el amor con «premeditación». Cuidad el tiempo y el lugar. Que sean tiempos de calidad en que estéis descansados, sin interferencias. Prioriza la relación. Los hijos necesitan una madre feliz, no una abnegada e insatisfecha. Primero preparad vuestros cuerpos, bañaos y relajaos. A continuación, vaciad los conflictos de forma asertiva, reconectad los cuerpos energéticos (véase el apartado 3.13 sobre sexo tántrico, p. 216), para después iniciar el tacto consciente y, finalmente, dejad que los cuerpos gocen del encuentro.

Conozco parejas que en la primera etapa de la crianza reservan un fin de semana al mes para reencontrarse. Dejan a los hijos con familiares o pagan a alguien para que los cuide. Se escapan para hacer una sesión intensiva de sexo, descanso, desconexión de la rutina y conexión con ellas mismas o con la pareja. Otras parejas dejan a los hijos en buenas manos de viernes a sábado, semana tras semana. Las hay, también, que tienen un día fijo a la semana para salir por separado y oxigenarse. Conocemos el caso de dos parejas, ambas con hijos únicos, que pactaron acoger un día por semana durante años al hijo de la otra pareja. De esta forma, no solo las niñas experimentaban el compartir y ser hermanas, sino que, además, cada pareja disfrutaba de un día «libre» a la semana. Existen también parejas que viven en comunidad, compartiendo la crianza unas con otras —Cal Cases[234] es un ejemplo muy interesante.

Para tener un buen sexo, para ser mujeres deseantes —y no solo deseadas—, para poder pasar de cuando en cuando un día entero haciendo el amor, para poder relajarnos —la relajación es necesaria para el gozo—, se han de crear las condiciones necesarias con el fin de salir de la depresión, el cansancio, el desbordamiento, la soledad y el resentimiento que tantas veces acompañan a la mujer cuando pasa de ser hija a ser madre. Para ello es imprescindible conectar con nuestra propia intimidad. Estar presentes en las emociones que afloran tanto en el hombre como en la mujer, abrazarlas y aprovechar para sanarlas. Seguro que surgirán heridas de la infancia, la vulnerabilidad, heridas con el padre o la madre, con los hermanos, heridas de abandono, de desvalorización, etc. Pero no debemos anclarnos en ellas. Con nuestra aportación y con la de tantas otras autoras que hemos ido mencionando a lo largo de estas páginas, esperamos que, como mujer, llegues a la maternidad —si así lo deseas— con recursos suficientes para abrirte al dolor, mirar la oscuridad e iluminarla con la luz de la conciencia y del amor incondicional. Te animamos a que expreses las emociones y que las dejes salir, sea a través del cuerpo, de la voz o del arte. Una comadrona nos decía, con gran razón, que:

234. «Cal Cases: Un projecte de vida», programa *Retrats*, TV3, 2 de julio de 2015: *http://www.ccma.cat/tv3/alacarta/retrats/cal-cases-un-projecte-de-vida/video/5499285/*

las mujeres que sufren depresión posparto son las que se quedan solas en el posparto.

¿Cómo educar en el sexo a nuestros hijos?

Es importante expresarles que, cuando hablamos de sexualidad, estamos hablando del cuerpo, del placer, de emociones, de la relación con nosotros mismos y con los demás, de autoimagen y de autoestima, de saber qué quiero y qué no quiero, de los límites y de validar mis emociones, sensaciones y deseos.

Para saber cómo enfocar este tema, es bueno que seas consciente de cómo fue tu infancia en relación con la sexualidad. ¿Qué pasó? ¿Qué crees que te hubiera ayudado? ¿Qué te hubiese gustado que te dijeran los adultos que tenías alrededor? ¿Qué te molestó? Te animamos a que hables con naturalidad del placer, de las emociones, y muestres a tus hijos modelos de comportamiento saludables. ¡Recuerda que les llegará más lo que vives que lo que dices!

Por ejemplo, todavía recuerdo cómo se les iluminó la cara a mis hijos pequeños cuando les dije que, si alguien quería tocarles en un lugar que ellos no deseaban ser tocados, si alguien les obligaba a besarlos sin su deseo, o si alguien les obligaba a entrar en un lugar apartado ofreciéndoles caramelos u otros regalos, les daba mi permiso a que pegaran, patalearan, gritaran, se negaran y pidieran ayuda a cualquier persona que hubiera cerca. A continuación, nos pusimos a jugar a pegar en zonas muy sensibles a un muñeco que quería hacernos algo en el cuerpo que no era agradable para ellos.

Testimonio 3

Un día, mi hijo de seis años, a las 8.30 de la mañana con cara de susto y mientras nos lavábamos los dientes antes de salir hacia la escuela, me preguntó, sin previo aviso, si yo le «chupaba el pene» a su padre. La verdad es que yo, que crecí en un ambiente muy puritano y que demonizaba el sexo, no supe qué decir. Pensé que no era correcto decirle que sí, que me encantaba hacerlo, y tampoco quería mentirle, de modo que le dije, «ahora no puedo contestarte, pero esta tarde lo haré». Después de dejarle en su clase, le comenté a su profesora (una mujer de mediana edad que amaba su profesión y tenía muchos recursos y experiencia) que no sabía cómo contestar a mi hijo. Ella me dio la clave: «Mira, le puedes decir que quieres tanto a su padre que te encanta darle besos y caricias por todo el cuerpo». ¡Me pareció una respuesta genial, y por la tarde pude comunicarme con mi hijo y recibir sus preguntas e inquietudes con más confianza en mí misma!

Además, podemos hablarles de cómo hemos vivido nosotras mismas la relación con nuestro cuerpo: ¿nos gustaba?, ¿nos gusta?, ¿nos sentimos cómodas dentro de él? Permite que exploren su cuerpo y que hablen de sus sensaciones. Uno de nuestros hijos nos llegó a decir una vez: «¿Sabes, mamá?, la piel de mi pene y de mis pezones se parece, tiene una sensibilidad parecida, y cambia de forma y de tamaño».

Es importante «darles permiso» para que tengan vergüenza, para que se sientan inseguros o lo que sea que sientan. Validar su verdad. También es muy importante decirles que pueden preguntarnos todo lo que necesiten, que nunca nos enfadaremos ante sus preguntas. Después, claro, ¡hemos de ser coherentes! Si nos incomoda alguna de sus preguntas, podemos expresar incomodidad, y si algo que nos explican nos desagrada, podemos expresarlo también con un: «Mira, amor, esto que me explicas que hace tu amigo a mí no me gusta, me parece peligroso y no me gustaría nada que lo hicieras tú». La clave está en mostrar coherencia entre nuestro lenguaje corporal y verbal para no confundir a nuestros hijos.

Testimonio 4

Recuerdo un día en la mesa, comiendo, mis hijos eran preadolescentes y me preguntaron cuáles eran las tres cosas que me gustaban más de la vida. Les dije que hacer el amor, bailar y pasear por la naturaleza. Se quedaron un poco «cortados», no dijeron nada. Seguimos hablando de lo que a ellos les gustaba más de su vida...

Les podemos explicar que la sexualidad es tocarse y pasarlo bien, ya sea solo o en compañía, que es comunicarse a través de la piel, que es cuidarse, sentirse cómodo con uno mismo, ir al ritmo que cada uno necesita y, sobre todo, pactar con la otra persona el ritmo común. Hablad en la mesa de lo que os da placer, dónde sentís ese placer, por dónde se expande en el cuerpo —placeres olfativos, gustativos o de cualquier tipo—. Mostradles que es importante dedicar tiempo al placer en la vida, tiempo para el reposo, el goce, el baile, disfrutar de la naturaleza, meditar y sentir.

En la adolescencia, en vez de «la gran charla», busca ocasiones para pequeñas charlas. Cuando en los medios de comunicación, viendo una serie o una película aparezcan temas relacionados con la sexualidad, aprovecha para preguntar o expresar tus ideas de manera breve y espontánea. Intenta sacar el tema del consentimiento, los límites y la diferencia entre ser objeto deseado y sujeto deseante. Háblales de la diferencia entre hacer el amor y la penetración, de que no es lo mismo para un hombre eyacular que tener un orgasmo. Que en el placer no hay metas, sino que el objetivo debería ser disfrutar del momento. Hazles saber que el sexo es vida, es gozo y es alegría. Haz sentir a tus hijos merecedores de placer, de descanso y de bienestar. Háblales del compañerismo, del respeto, de que hay tantas maneras de hacer el amor como personas en el planeta. Háblales de los distintos tipos de orgasmo y del sexo reproductivo, recreativo, sanador y transformador. De que lo que se ve en la pornografía no es real y no es satisfactorio. De que la vagina se abre y absorbe al pene si está deseante, si se siente bien tratada y si es su momento. De que la energía sexual femenina y masculina circulan de forma diferente y de que el sexo ha de ser liderado por la mujer.

Una magnífica idea es dejar un buen libro sobre sexualidad en el salón, como quién no quiere la cosa. Y, sobre todo, transmitirles que el sexo es uno de los grandes placeres de la vida. Comunícales lo que para ti es importante, diles que si tienen dificultades pueden acudir a ti o a otras personas de referencia; explícales que hay servicios gratuitos de información sexual y atención específicos para jóvenes y diles dónde están. Sigue a su lado, y recuérdales que no les culpabilizarás, aunque no estés de acuerdo con ellos. Háblales de tus primeras experiencias sexuales, de las inseguridades y de lo que te hubiera gustado saber antes de iniciar tu vida sexual. Y, por encima de todo, permite que se equivoquen y vivan su proceso.

Piensa en tu adolescencia, recuerda cómo te sentías, explícaselo y ponte en su lugar. Recuerda que es un período muy, muy difícil de la vida.

4.3. Sexualidad evolutiva en la mujer

Recorrido por las diferentes etapas vitales

Nuestra sexualidad se ve influenciada y afectada por las características que acompañan a cada etapa de nuestra vida. Cada uno de estos períodos vividos son transformadores para nosotras, ya que muchos de ellos están asociados a cambios físicos que, por consiguiente, tienen implicaciones en el ámbito psicológico. En otros casos, los cambios no vienen de dentro, sino motivados por factores externos y visiones patriarcales que nos demandan un sobreesfuerzo para lograr el reconocimiento y la conciliación con la sociedad. Algunos de ellos podrían ser:

❖ **Infancia.** Nuestra sexualidad está latente, pero es habitual que las experimentaciones genitales ocurran sin conciencia. Solo por el simple placer de aprender, de descubrir y de sentir una sensación agradable. Es importante no coartar a las niñas cuando se toquen en este período. La educación que les demos será vital para que crezcan con un concepto de sexualidad sano. Dejémosles curiosear, experimentar y jugar (véase apartado anterior, p. 324).

❖ **Adolescencia.** Empieza la revolución hormonal y con ella aparecen los primeros cambios físicos, las primeras atracciones eróticas hacia otras personas, la búsqueda de la identidad individual, el cuestionamiento de la orientación sexual, las primeras prácticas sexuales, etc. Es muy importante seguir aportando una educación clara, natural, abierta y correcta (véase apartado anterior, p. 324).

❖ **Menstruación.** La dismenorrea, el síndrome premenstrual, la endometriosis y otras afectaciones dolorosas pueden influenciar nuestra sexualidad y nuestro placer. Lo primero es entender qué nos pasa exactamente. Buscar un buen asesoramiento. Observarnos. Después encontrar la causa, ver si tiene solución —en la mayoría de los casos, sí— y ponerle remedio, siempre teniendo claras las posibles consecuencias.

Desde el katsugen se habla de que cuando hay una menstruación abundante es debido a que la pelvis no se cierra. Se cree que la regla es como un parto en el que la pelvis se abre para que pueda bajar la menstruación y se vuelve a cerrar cuando se ha terminado. El ritmo de vida que llevamos, el estrés y la exigencia hacen que nuestro cuerpo se rigidifique y que nuestra pelvis pierda flexibilidad. Esta puede ser una de las causas de la dismenorrea.

❖ **Maduración y experimentación.** Aparecen los primeros cambios físicos y nos cuestionamos a nosotras mismas y a nuestras creencias. Aprendemos de las experiencias vividas y varían las inquietudes experimentadas hasta el momento. Estamos en constante evolución. Es conveniente vivir el momento, escucharse, dejarse sentir, aceptarse y seguir experimentando.

❖ **Conciliación con la vida laboral.** Aparece la falta de tiempo, la ansiedad y el estrés. Posibles discusiones con la pareja. Vivimos en la sociedad del cansancio. ¿Qué espacio le damos a la sexualidad en nuestro día a día? Se trata de establecer prioridades y buscar momentos para el placer. No lo dejemos en la cola de la lista (véase apartado «Sexualidad e hijos», crianza, parto, p. 302).

❖ **Embarazo.** Durante este período hay un cambio corporal muy importante. Las hormonas se disparan y podemos sentirnos cansadas, doloridas, hinchadas, mareadas, etc. Pueden surgir miedos o conectar con emociones no esperadas. Funciona informarse muy bien sobre el proceso, buscar apoyo y establecer nuevas prioridades. Es uno de los mayores cambios y momentos de transformación para la mujer.

El sexo tántrico, al basarse en la relajación, favorece el bienestar de la mujer y de su bebé. Al relajarse el vientre, el bebé gana espacio y confort. El bebé puede moverse mejor en el último período del embarazo y así cambiar de postura fácilmente para colocarse cabeza abajo, que es la más ventajosa para el parto. La energía que se expande por todo el cuerpo de la madre al alcanzar estados orgásmicos la beneficia a ella —y la prepara para el parto—, al bebé y al vínculo de pareja, posicionando mejor a la pareja para los cambios que se van a dar.

❖ **Después del parto.** Pueden producirse anemias, depresiones, fatiga extrema, desesperación, falta de deseo sexual, etcétera. Acostumbrarse a este nuevo momento vital requiere tiempo y aceptación del nuevo cambio. Ayuda aceptar lo poderosas que somos las mujeres por poder crear y traer vida a este mundo.

Dependiendo de las experiencias de parto que tengamos,

las mujeres estaremos más abiertas a las relaciones sexuales o no. Cuando ha habido episiotomía, cesárea o hemos experimentado un parto traumático, podemos necesitar mucha sanación para volver a sentir deseo y placer. Si antes del embarazo la mujer disfrutaba y deseaba, la relación de pareja no ha sufrido dificultades profundas y el parto se ha desarrollado de forma natural, es muy probable que las mujeres estemos casi de inmediato abiertas al sexo. Nuestro cuerpo está intacto, no ha habido traumas y todo fluye felizmente.

La mujer puede sentirse más poderosa, más conectada con su feminidad y más sensible. Es por ello que puede ser un momento de reivindicar un modo diferente de sexualidad, quizá más espiritual. El buen sexo, el sexo que haga feliz a una mujer, sea cual sea el modo en el que se practique, alimenta indirectamente a los hijos.

La prolactina, hormona que segregamos después del parto para poder dar de mamar, actúa como relajante y puede hacernos sentir menos libido. No se puede decir propiamente que la perdamos, pero estamos muy implicadas en una tarea intensa de satisfacer las necesidades del bebé —con muchas tomas al día durante varios meses—. Estaremos más relajadas y, por lo tanto, desde la perspectiva tántrica, más abiertas y receptivas. Un sexo tántrico y sosegado puede ser de gran ayuda para transitar este período de cambios y vida nueva.

Cuando amamantes, puedes visualizar el circuito energético senos-vagina, de este modo, creas una atmósfera de placer y vigor muy positiva para ti y tu bebé. La maternidad transforma a la mujer y le posibilita adentrarse en las cualidades femeninas positivas; podemos sentirnos fuente de amor incondicional; hemos creado vida y mantenemos la vida; la maternidad nos empodera.

Además, es de suma importancia reanudar las relaciones sexuales tras el parto, pues alimentan a la mujer, a su amante y el vínculo de pareja. Y, con él, alimentan energéticamente a los hijos, ya que crecerán en un ambiente de amor y bienestar.

❖ **Menopausia.**[235] Descenso o aumento del deseo sexual, sequedad vaginal, cambios físicos genitales, penetraciones dolorosas, piel y músculos más flácidos, implicaciones emocionales difíciles de asumir, etc. Aceptación e implicación para sentirte mejor.

Si las mujeres dejamos el sexo convencional y sentimos que nuestra feminidad y nuestro atractivo sexual nada tienen que ver con nuestra apariencia ni con el hecho de ser jóvenes y tener la regla, podemos percibir que con la edad ganamos confianza en nosotras mismas y que, aunque nuestro cuerpo envejezca, nuestro espíritu sigue joven. De esta forma, podremos seguir disfrutando del sexo durante la menopausia y la vejez.

Las mujeres que practican sexo tántrico descubren que pueden disfrutar de un sexo satisfactorio y disminuyen las molestias de la menopausia. Además, la menopausia es un período de creatividad, de mayor equilibrio personal y libre de las preocupaciones por la anticoncepción. Recuerda, además, que las mujeres que antes de la menopausia tenían relaciones sexuales de dos a tres veces por semana, no suelen presentar síntomas menopáusicos. En los talleres que damos sobre sexualidad femenina, hemos llegado a la conclusión de que lo que necesita nuestra vagina es que haya vibración dentro de ella una o dos veces por semana y, para conseguirlo, puedes utilizar todas las maneras que se te ocurran.

235. Encontrarás más información sobre la menopausia en las pp. 50, 93 y 192.

❖ **Durante o después de una enfermedad.** La sexualidad puede verse muy afectada a todos los niveles cuando sobreviene una enfermedad, ya sea por la misma como por los medicamentos o tratamientos que se sigan. Es necesaria mucha información del proceso, comunicación para expresar las emociones y aceptación de cada momento.

❖ **Accidente o discapacidad.** Cuando ocurre un hecho traumático que tiene consecuencias físicas y, por supuesto, psicológicas que afectan a la autoimagen y a la propia sexualidad, hay que redescubrir opciones, abrir la mente, experimentar de otra manera. Y muchas veces romper mitos y falsas creencias.

❖ **Tercera edad.** La sexualidad no desaparece, pero evoluciona. Hay que aceptar que nuestro cuerpo y posibles dolencias físicas, incluso nuestras necesidades, son otras. Hay que aprender a aceptar y pedir. Nuestra sexualidad evoluciona hacia algo diferente que en décadas anteriores y no priman los mismos gustos, posibilidades y necesidades. Y eso no está mal.

Como puedes ver, hemos utilizado la palabra aceptación en numerosas ocasiones a lo largo de este libro. Para nosotras es un concepto sumamente importante. Porque, para ser, hay que dejarse sentir, escucharse, fluir y, finalmente, aceptar. Si no aceptamos cada experiencia vivida, cada adjetivo que somos, cada cambio que llega, nos quedaremos estancadas en una etapa que no nos corresponde y dejaremos de sentirnos llenas y felices.

5

El camino que nos queda por recorrer: el reencuentro con lo masculino

Según Murdock,[236] el siguiente paso a todo este mágico proceso es la sanación de lo masculino. Nuestro lado masculino también resulta herido en esta lucha sin cuartel entre la parte femenina airada y la parte masculina demoledora. Al igual que nuestro masculino interno, los hombres también pueden haber sido víctimas de la ideología patriarcal y haberse sentido perseguidos, enjuiciados, castrados, en lugar de nutridos y protegidos, que es la verdadera función de lo masculino sano. Cuando esta sanación se produce, podemos salir del patrón de relación dominante-dominado que impera y dejar de lado lo femenino rabioso, iniciando una nueva etapa en la que se pueden establecer vínculos de más igualdad. En la medida en que las mujeres conseguimos integrar todos los aspectos internos que nos conforman, podremos llegar al matrimonio sagrado que propone Murdock donde se reúne lo masculino y lo femenino en paz, representando la etapa final de este viaje. Es en este momento, cuando la heroína por

236. Murdock, Maureen, *Ser mujer: Un viaje heroico*, Gaia Ediciones, Madrid, 1993.

fin se encuentra a sí misma y puede gozar de sus relaciones con plenitud, ya que no hay en ellas ningún atisbo de lucha por el poder, ni intención de destruir al otro, sino acercamiento, cooperación, diálogo, respeto e igualdad.

BIBLIOGRAFÍA ESENCIAL

Libros

ABÉCASSIS, Éliette y **BONGRAND**, Caroline, *El corsé invisible. Manifiesto para una nueva mujer*, Urano, Barcelona, 2008.

ACARÍN, Nolasc, *El cerebro del rey*, RBA, Barcelona, 2003.

ADINOLFI, Grupo Giulia, «Construirnos como sujeto, constituirnos en medida del mundo», *Mientras Tanto*, n.º 48 , enero-febrero de 1992, pp. 19-32.

ALMAGRO, Julia, *La Luna y tú. Sincroniza tus ritmos con sus ciclos*, Arcopress, Córdoba, 2016.

BLANCA RAMÍREZ, Amalia, *Pedir la luna. Los ciclos lunisolares y el matrimonio interior*, Blanvar Estudio Ediciones, Palma de Mallorca, 1996.

BARBACH, Lonnie y **LEVINE**, Linda, *Intimidad sexual. Cuando las mujeres confiesan su vida sexual*, Martínez Roca, Barcelona, 1990.

BÉJAR, Sylvia de, *Tu sexo es aún más tuyo. Todo lo que has de saber* *para disfrutar de tu sexualidad,* Planeta, Barcelona, 2007.

— *Deseo,* Planeta, Barcelona, 2011.

BOLINCHES, Antoni, *Sexe savi: com mantenir l'interès sexual en la parella estable,* Pòrtic, Barcelona, 2002.

BRADSHAW, John, *Crear amor. La siguiente etapa del crecimiento,* Los Libros del Comienzo, Madrid, 1995.

BRIZENDINE, Louann, *El cerebro femenino,* RBA, Barcelona, 2007.

CAPLAN, Mariana, *Tocar es vivir. La necesidad de afecto en un mundo impersonal,* Ediciones La Llave, Barcelona, 2014.

DAMASIO, Antonio, *Y el cerebro creó al hombre,* Ediciones Destino, Barcelona, 2010.

DARDER, Mireia, *Nacidas para el placer. Instinto y sexualidad en la mujer,* Rigden, Barcelona, 2014.

DEIDA, David, *En íntima comunión. El despertar de tu esencia sexual,* Gaia Ediciones, Madrid, 2005.

— *El camino del hombre superior. Los desafíos del amor y del deseo sexual en el hombre de hoy,* Gaia Ediciones, Madrid, 2005.

— *Manual del sexo iluminado. Habilidades sexuales para el amante superior,* Gaia Ediciones, Madrid, 2005.

DELGADO, Josep Francesc, *Sota el signe de Durga,* Columna, Barcelona, 2013.

DESPENTES, Virginie, *Teoría King Kong,* Melusina, Barcelona, 2007.

DURAS, Marguerite y GAUTHIER, Xavière, *Les parleuses,* Minuit, París, 1974.

EASTON, Dossie y W. HARDY, Janet, *Ética promiscua,* Melusina, Barcelona, 2013.

EDEN, Donna y FEINSTEIN, David, *Medicina energética (salud y vida natural),* Ediciones Obelisco, Barcelona, 2011.

FABER, Adele y MAZLISH, Elaine, *Cómo hablar para que los adolescentes le escuchen y cómo escuchar para que los adolescentes le hablen,* Médici, Barcelona, 2006.

FAUSTO-STERLING, Anne, *Cuerpos sexuados*, Melusina, Barcelona, 2006.

FLAUMENBAUM, Danièle, *Mujer deseada, mujer deseante*, Gedisa, Barcelona, 2007.

FLEISCHHAUER-HARDT, McBride, *¡A ver! Un libro de imágenes para niños y para padres*. Lóguez, Salamanca, 1979.

FOUCAULT, Michel, *Historia de la sexualidad, vol. I, La voluntad de saber*, Siglo XXI, México, 1998.

GARCÍA LEAL, Ambrosio, *La conjura de los machos*, Tusquets, Barcelona, 2005.

GRAY, Miranda, *Luna roja: Los dones del ciclo menstrual*, Gaia Ediciones, Madrid, 2009.

GRAY, John, *Marte y Venus en el dormitorio*, HarperCollins, Nueva York, 1995.

GREER, Germaine, *La mujer eunuco*, Kairós, Barcelona, 2004 (ed. orig., 1970).

HAN, Byung-Chul, *La sociedad del cansancio*, Herder, Barcelona, 2012.

HELLINGER, Bert, *Órdenes del amor. Cursos seleccionados de Bert Hellinger*, Herder, Barcelona, 2001.

HERRERA GÓMEZ, Coral, «L'amor romàntic com a utopia de la postmodernitat», en *En defensa d'Afrodita. Contra la cultura de la monogàmia*, Tigre de Paper Edicions, Barcelona, 2015.

KAMPENHOUT, Daan Van, *La sanación viene de afuera. Chamanismo y constelaciones familiares*, Editorial Alma Lepik, Buenos Aires, 2007.

KESTENBERG, K., **LOMAN** S., **LEWIS**, P. y **SOSSIN**, M. *The Meaning of Movement. Developmental and Clinical Perspectives of the Kestenberg Movement Profile*, Brunner-Routledge, Taylor & Francis Group, Nueva York y Londres, 1999.

KOMISARUK, Barry R.; **WHIPPLE**, Beverly; **NASSERZADEH**, Sara y **BEYER-FLORES**, Carlos, *Orgasmo: Todo lo que siempre quiso saber y nunca se atrevió a preguntar*, Paidós, Barcelona, 2011.

KRISHNANANDA, *De la codependencia a la libertad: cara a cara con el miedo*, Gulaab, Madrid, 2004.

LIPTON, Bruce H., *La biología de la creencia: la liberación del poder de la conciencia, la materia y los milagros*, Gaia Ediciones, Madrid, 2011.

LODES, Hiltrud, *Aprende a respirar*, RBA, Barcelona, 2008.

LONG, Barry, *Haciendo el amor. Amor sexual. El modo divino*, Gulaab, Madrid, 2003.

LONGAKER, Christine, *Afrontar la muerte y encontrar esperanza. Guía para la atención espiritual de los moribundos*, Grijalbo, México, 1997.

MARLOW, Mary Elizabeth, *El despertar de la mujer consciente. El ilimitado poder creador del espíritu femenino*, Gaia Ediciones, Madrid, 1995.

MEIZNER, I., «Sonographic observation of in utero fetal "masturbation"», en *The Journal of Ultrasound in Medicine*, vol. 6, n.º 2, febrero de 1987, p. 111.

MIES, MARÍA, «Liberación del consumo, o politización de la vida cotidiana», *Mientras Tanto*, n.º 48, enero-febrero de 1992, pp. 69-86.

MOORE, John, *Sexualidad y espiritualidad*, Cuatro Vientos, Santiago de Chile, 1980.

MORRIS, Desmond, *El mono desnudo*, Plaza y Janés, Barcelona, 1976.

MUIR, Charles y Caroline, *Tantra. El arte del amor consciente*, Oasis, Barcelona, 1991.

MUNTANÉ COCA, María Dolores, *La maté porque era mía*, Díaz de Santos, Madrid, 2012.

MURDOCK, Maureen, *Ser mujer: Un viaje heroico*, Gaia Ediciones, Madrid, 1993.

— *La hija del héroe*, Gaia Ediciones, Madrid, 1996.

NARANJO, Claudio, *La agonía del patriarcado*, Kairós, Barcelona, 1993.

— *La vieja y la novísima Gestalt*, Cuatro Vientos, Santiago de Chile, 1993.

— *La mente patriarcal*, Integral, Barcelona, 2010.

NARDONE, Giorgio, *Los errores de las mujeres (en el amor)*, Paidós, Barcelona, 2011.

NERUDA, Pablo, *Confieso que he vivido*, Seix Barral, Barcelona, 2002.

NICHOLS, Baba Dez y DEVI, Kamala, *Sanación sexual sagrada. El método chamánico de magia sexual*, Zendow Press, San Diego, 2016.

NORTHRUP, Christiane, *La sabiduría de la menopausia: cuida de tu salud física y emocional durante este período de cambios*, Urano, Barcelona, 2010.

— *Cuerpo de mujer, sabiduría de mujer: Una guía para la salud física y emocional*, Urano, Barcelona, 2010.

ODENT, Michel, *Las funciones de los orgasmos: La vía rápida hacia la trascendencia*, Editorial Ob Stare, Tegueste, 2011.

ODIER, Daniel, *Tantra. Relato de la iniciación de un occidental al amor absoluto*, Gulaab, Madrid, 2014.

OLZA, Ibone, *Parir. El poder del parto*, Penguin Random House, Barcelona, 2017.

OSHO, *Tantra, espiritualidad y sexo*, Arkano Books, Madrid, 1995.

— *La suprema comprensión*, Gulaab, Madrid, 2000.

— *Madurez. La responsabilidad de ser uno mismo*, Grijalbo, Barcelona, 2004.

— *Tantra*, Gaia Ediciones, Madrid, 2005.

PAI, Na (s.f.), «Desmuntant la cultura monogàmica», en *En defensa d'Afrodita. Contra la cultura de la monogàmia*, AA. VV., Tigre de Paper Edicions, Barcelona, 2015.

PEÑARRUBIA, Francisco, *Terapia Gestalt: La vía del vacío fértil*, Alianza Editorial, Madrid, 2003.

REICHERT, Evania, *Infancia, la edad sagrada. Años sensibles que hacen las virtudes y los vicios humanos*, Ediciones La Llave, Barcelona, 2017.

RICHARDSON, Diana, *Sexo tántrico para hombres. Hacer del amor una meditación*, Gulaab, Madrid, 2011.

— *Slow Sex, sexo sin prisas: Sensualidad consciente para una sexualidad plena y sostenida*, Gulaab, Madrid, 2012.

— *Tantra, amor y sexo*, Neo Person, Madrid, 2016.

— *Orgasmo tántrico para mujeres. El poder de la energía sexual femenina*, Neo Person, Madrid, 2016.

RODRÍGUEZ, Casilda, *Pariremos con placer*, Cauac, Murcia, 2009.

RYAN, Christopher y JETHÁ, Cacilda, *En el principio era el sexo. Los orígenes de la sexualidad moderna. Cómo nos emparejamos y por qué nos separamos*, Paidós, Barcelona, 2012.

SALVADOR, Mario C., *Más allá del yo*, Elefhteria, Barcelona, 2016.

SAMPEDRO, José Luis, *El amante lesbiano*, Plaza & Janés, Barcelona, 2000.

SHINODA, Jean, *Las diosas de cada mujer*, Kairós, Barcelona, 1995.

SOMÉ, Sobonfu E., *Enseñanzas africanas sobre el amor y la amistad*, RBA, Barcelona, 2004.

TASSO, Valérie, *Diario de una ninfómana*, Plaza & Janés, Barcelona, 2003.

TAYLOR, Steve, *La caída*, Ediciones La Llave, Barcelona, 2008.

TREPAT, Carla, *El tesoro de Lilith: Un cuento sobre la sexualidad, el placer y el ciclo menstrual*. ed. de la aut., Barcelona, 2012.

VALLEJO PAREJA, Miguel Ángel, *Manual de terapia de conducta*, Dickinson, Madrid, 2016.

VAN DER KOLK, Bassel. *El cuerpo lleva la cuenta. Cerebro, mente y cuerpo en la superación del trauma*, Ed. Eleftheria, 2015.

VAN LYSEBETH, André, *Tantra, el culto de lo femenino*, Urano, Barcelona, 1990.

WAAL, Frans de, *El mono que llevamos dentro*, Tusquets, Barcelona, 2007.

WELWOOD, John, *El viaje del corazón. Las relaciones íntimas y el sendero del amor*, Los Libros del Comienzo, Madrid, 1995.

WHITMONT, Edward C., *El retorno de la diosa. El aspecto femenino de la personalidad*, Paidós, Barcelona, 1998.

WOLF, Naomi, *Vagina*, Kairós, Barcelona, 2012.

WOODMAN, Marion, *Adicción a la perfección*, Luciérnaga, Barcelona, 1994.

ZADRA, Elmar y Michaela, *El punto G. La búsqueda iniciática del placer sensual*, Hojas de Luz, Málaga, 2012.

Artículos y otros

ALLENDE, Isabel. Conferencia magistral en el II Congreso Internacional «La Experiencia Intelectual de las Mujeres en el Siglo XXI», celebrado en Ciudad de México en marzo de 2012. http://www.youtube.com/watch?v=tPuXKvHFtlE&list=PLC747D-F3F43D079B7

El clítoris, ese gran desconocido, documental dirigido por Michèle Dominici, 2003.http://www.youtube.com/watch?v=cTUA4Hl2hVg

BIVONA, Jenny y CRITELLI, Joseph, «The Nature of Women's Rape Fantasies: An Analysis of Prevalence, Frequency, and Contents», en *The Journal of Sex Research*, pp. 33-45, 10 de febrero de 2009. Para más información, puedes consultar: https://www.tandfonline.com/toc/hjsr20/current y https://www.tandfonline.com/toc/hjsr20/current

BURGOS, Georgina, «Deseo y fantasía erótica», en *Anuario de Sexología*, n.° 11, 2009.

GONZÁLEZ SAN EMETERIO, Azucena, *Perspectiva feminista y Gestalt*. Tesina inédita, AETG, 2013. http://www.aetg.es/recursos/tesina/perspectiva-feminista-gestalt

MATURAN, H., «Lenguaje y realidad: el origen de lo humano». Conferencia organizada por la Sociedad de Biología de Chile,

3 de noviembre de 1988. Club de Providencia, Santiago de Chile.

ODIER, D., Entrevista: «Aceptando no ser nada, ganamos el mundo», en «La Contra», *La Vanguardia*, 14 de febrero de 2012. http://www.lavanguardia.com/lacontra/20120214/54254139819/daniel-odier-aceptando-no-ser-nada-ganamos-el-mundo.html

PEREL, Esther, «El secreto del deseo en una relación a largo plazo», conferencia en TED, febrero de 2013. http://www.ted.com/talks/esther_perel_the_secret_to_desire_in_a_long_term_relationship.html

SANDBERG, Sheril, «¿Por qué tenemos tan pocas dirigentes mujeres?», conferencia en TED, diciembre de 2010. http://www.ted.com/talks/sheryl_sandberg_why_we_have_too_few_women_leaders.html

TAYLOR, Steve, Entrevista en «La Contra», *La Vanguardia*, 28 de agosto de 2009.

— Entrevista: «Lo que consideramos cordura en nuestra cultura es locura», en «La Contra», *La Vanguardia*, 12 de diciembre de 2016. http://www.lavanguardia.com/lacontra/20161212/412552578752/lo-que-consideramos-cordura-en-nuestra-cultura-es-locura.html

VÁZQUEZ, C., «Rescatar lo femenino», en revista *Sin Fronteras*, n.º 2, Asociación de Yoga Sadhana, 1994.

Películas

BUÑUEL, Luis (director). (1967) *Belle de jour*. Francia: Coproducción Francia-Italia; Paris Film Production / Robert y Raymond Hakim / Five Film. https://www.filmaffinity.com/es/film601862.html

MAÑÁ, Laura (directora). (2000) *Sexo por compasión*. España: Coproducción España-México; Sogedasa / Visual Group / Resonancia Productora.

https://www.filmaffinity.com/es/film724021.html

NAÏR, Mira (directora). (1996) *Kamasutra*. India: Trimark Pictures.

https://www.filmaffinity.com/es/film963186.html

SUBIELA, Eliseo (director). (2008) *No mires para abajo*. Argentina: Pensa&Rocca Producciones Audiovisuales / Charivari Films / Orgon Films.

https://www.filmaffinity.com/es/film194805.html

YOUNG, Lance (director). (1997) *Bliss, el amor es éxtasis*. Estados Unidos: Triumph Films.

https://www.filmaffinity.com/es/film228210.html

Enlaces de interés

OMGYes, La Ciencia del Placer Femenino.

https://www.omgyes.com/es/

MATILDA, Éducation à la Sexualitè. [FR]

https://matilda.education/app/course/index.php?categoryid=26

Agradecimientos

A Yolanda, por confiar en nosotras y en este proyecto.

A Patt Oliver, por toda la paciencia que ha tenido en la gestación de este libro y por saber darle sentido y coherencia a cada una de nuestras palabras, a veces difíciles de entender y con un lenguaje tan distinto entre las tres autoras. Y a Ximena por sus transcripciones y ayuda en la redacción de algunos puntos.

A nuestras parejas e hijos, por todo el tiempo «robado» que no hemos pasado junto a ellos por estar escribiendo este libro.

A todas las mujeres que han participado en nuestros talleres. Sin ellas la motivación de escribir este libro hubiera sido muy distinta. Cada una de ellas, con sus aportaciones y vivencias, nos han enriquecido y hemos aprendido junto a ellas.

A nuestras maestras y maestros, tantos y tan sabios, que nos han acompañado y enseñado gran parte de lo que sabemos sobre sexualidad. Por supuesto, también a nuestras madres, que nos gestaron y parieron.

A nuestras ancestras, de quienes heredamos nuestros saberes más ocultos. Nuestra intuición femenina.

A nuestros cuerpos, que han sostenido un período de muchísimo trabajo.

A nuestros y nuestras amantes, que nos han acompañado en el descubrimiento del buen sexo.

Y a la vida, en definitiva, por permitirnos estar aquí y ahora. Viviendo, amando y soñando.